L
El refug

Obras del Autor

- Las Lunas
- Ascendentes en Astrología - Primera Parte
- Ascendentes en Astrología - Segunda Parte

EUGENIO CARUTTI

LAS LUNAS

El refugio de la memoria

100 años de Sabidurías

Carutti, Eugenio
   Las lunas : el refugio de la memoria . - 1a ed. 4a reimp. - Buenos Aires : Kier, 2010.
   240 p. ; 23x16 cm. - (Pronóstico)

   ISBN 978-950-17-0548-5

   1. Astrologia. I. Título.
   CDD 133.5

Ilustración de cubierta:
"Grafía", Xul Solar - Por gentileza del:
MUSEO XUL SOLAR - Laprida 1212 - Buenos Aires - Argentina
Diseño de tapa:
Graciela Goldsmidt
Composición tipográfica:
Cálamus
Correctora de pruebas:
Prof. Delia Arrizabalaga
LIBRO DE EDICION ARGENTINA
ISBN 978-950-17-0548-5
Queda hecho el depósito que marca la ley 11.723
© 1997, Editorial Casa XI
© 2010 Editorial Kier S.A., Buenos Aires
Av. Santa Fe 1260 (C 1059 ABT) Buenos Aires, Argentina
Tel: (54-11) 4811-0507   Fax: (54-11) 4811-3395
http://www.kier.com.ar - E-mail: info@kier.com.ar
Impreso en la Argentina
Printed in Argentina

LA LUNA: INTRODUCCIÓN

El sistema solar como paradigma funcional

En astrología *cada símbolo correlaciona distintos tipos de realidades*, desde las más abstractas hasta las más concretas; al mismo tiempo denota espacios que, en la división sujeto-objeto, denominamos "internos" y "externos".

En lo "interno" se incluyen dimensiones del inconsciente, tanto colectivas como personales, así como atribuciones psíquicas específicas (intelecto, afectividad, sensación de identidad, etc.). Por su parte, en lo "externo" abarcamos personas y vínculos, objetos, acontecimientos, aspectos del paisaje y la naturaleza, animales, metales y piedras. Finalmente, sabemos que cada símbolo se relaciona también con una parte del cuerpo humano.

Desde un punto de vista más general, *cada planeta del sistema solar puede ser comprendido como parte de un sistema, teniendo una función específica en él.*

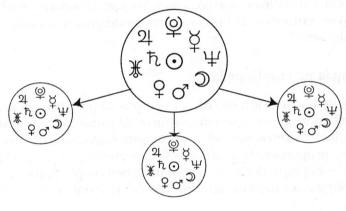

Para la astrología, el sistema solar es un paradigma funcional presente en toda realidad, tanto "interna" (psíquica) como "externa" (mundo). *En tanto matriz holográfica, el sistema solar en su totalidad se encuentra en cada fragmento de sí mismo.* De esta manera, toda función de un sistema particular —biológico, mecánico, psíquico, social— tiene su correspondencia con las del sistema solar.

Desde esta perspectiva, cada cuerpo del sistema solar ocupa un lugar funcional en él y tiene su correspondencia con ciertas funciones de toda estructura particular posible. Cada sistema —cuerpo, psiquis, familia, sociedad e instituciones, organismos vivientes— posee su Luna, su Sol, su Saturno, su Júpiter. O sea que aquello que más tarde la percepción habitual captará disociadamente, como elementos separados de la realidad o como constituyentes autónomos respecto de la conciencia misma, surge de una matriz común —el sistema solar— que se reproduce en todos los niveles y formas de nuestra realidad cotidiana.

En consecuencia, *podemos concebir a cada planeta como la función de un sistema.* En lo que hace a la Luna, ésta significará en el mundo "externo": madre, casa, hogar, huevo, útero, cueva, plata, etc. En lo "interno" se la asociará con la afectividad, la memoria, la imagen psíquica materna o el arquetipo de la Gran Madre y aquellos que se le asocian. Pero todos estos elementos pueden a su vez ser sintetizados por un *denominador común* en un nivel más abstracto; este denominador es *la función de la Luna* dentro del sistema.

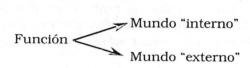

Comprender la función sistémica de un símbolo nos permite superar la dicotomía entre "subjetivo" y "objetivo", posibilitando una síntesis entre las características psicológicas y las significaciones mundanas.

¿Cuál es, entonces, la función correspondiente a la Luna en un sistema cualquiera?

Una creencia no cuestionada

Antes de hacer el intento de contestar esta pregunta es preciso que nos detengamos en un punto importante. Al tratar de delimitar el significado de los distintos símbolos de la astrología, sean éstos espacios zodiacales, proporciones angulares —aspectos—, áreas de experiencia —casas— o cuerpos del sistema solar, debemos previamente tener en claro un supuesto inconsciente propio del lenguaje convencional, que se proyecta sobre la estructura del simbolismo astrológico, produciendo en él una fuerte distorsión.

Me refiero a la creencia de que cada símbolo puede ser definido independientemente de los demás y tiene, por lo tanto, existencia autónoma. En consecuencia, si así fuera, se los podría identificar por sí mismos, atribuyéndoles significados excluyentes del tipo: "el guerrero corresponde a Marte", "la rosa a Venus" o "las religiones son jupiterianas", con independencia de todo contexto en el que aparezcan estos aspectos de la realidad. Esta creencia supone que existe un significado "en sí" para Tauro, el Sol, la Casa tres o el Quincuncio.

Si *el supuesto básico de la astrología nos dice que la totalidad está en cada una de las partes en proporciones diferentes* —o como variantes particulares de un patrón general—, *la creencia anterior no puede ser válida.* Dicho de otra manera: si en cada carta natal están presentes todos los signos, aspectos, planetas, etc., en una distribución particular (proporción-patrón), es una abstracción afirmar que existe alguien puramente mercuriano o taurino.

En realidad, nadie ha visto a Mercurio separado del sistema solar, o a Tauro independientemente de la totalidad del Zodíaco, o a una cuadratura en una situación en la que no existan al mismo tiempo trígonos, sextiles u oposiciones. En un instante dado, podemos decir que una configuración particular es máxima en relación a otras; pero éstas estarán siempre presentes, aunque su proporción no sea particularmente significativa.

En lo que hace a la Luna, no hay situación posible en la que ésta aparezca sin el Sol o Mercurio o Saturno o cualquiera de los restantes planetas. Es probable que una intensidad particular de la Luna relegue a un segundo plano la consideración de los demás cuerpos del sistema. Pero esto es siempre relativo y sólo justificable como una simplificación operativa.

Indagar acerca de estas creencias es fundamental. Al no cuestionarlas, suponemos que es posible definir a la Luna —o a Júpiter o a Acuario— con total independencia de los demás elementos de la matriz a la que pertenecen. La creencia que considera posible pensar el simbolismo astrológico —o el cielo que nos envuelve— separándolo en elementos autónomos, es propia del lenguaje no astrológico: pero es incompatible con la astrología, a menos que nos limitemos a movernos en el campo de las clasificaciones y las tipologías, renunciando a toda síntesis. De hecho, aprender astrología implica traducir un modo de organizar la percepción de la realidad basado en palabras del lenguaje cotidiano, a un orden articulado en símbolos de mayor complejidad. El lenguaje cotidiano manifiesta una captación del mundo en entidades autónomas, mientras que el simbolismo astrológico expresa otra muy diferente, en la cual aparece unido aquello que en la percepción anterior estaba escindido. La estructura misma de ambos lenguajes refleja el abismo que separa estas posiciones existenciales radicalmente diferentes.

Nuestros lenguajes habituales (castellano, inglés, alemán, etc.) se basan en la existencia de los fonemas: a, s, v, z... Estas son partículas elementales irreductibles a las demás y las relaciones que establecen son externas las unas respecto de las otras. Pero la i es la i; no tiene significado, no está asociada a un color —a menos que uno sea Rimbaud— o a otros aspectos de la realidad y es impensable que podamos encontrar "dentro" de ella a las demás letras. Cada letra aparece perfectamente discriminada de las otras y del mundo.

Nuestro lenguaje cotidiano no es *en su estructura* un sistema de cajas chinas, ni es holográfico o mandálico. Ofrece la posibilidad de *distinciones absolutas* y quizás aquí radique su mayor efectividad y razón de ser, en relación al mundo que hemos acordado socialmente en definir como "objetivo". Pero para nosotros, los que aprendemos astrología, es ésta precisamente su limitación, aunque sea operativa y necesaria en un nivel, ya que sostiene la percepción de un mundo de entidades absolutamente separadas y cuyas únicas relaciones posibles entre sus elementos son "externas" a los mismos.

La astrología como lenguaje sagrado

Inversamente, en todo lenguaje mandálico u holográfico, cada uno de sus elementos recrea la matriz global. *Cada elemento contiene dentro de sí a todos los demás* y sus relaciones con las otras partes del sistema son a la vez "internas" y "externas", como corresponde a un lenguaje cuya función es la de comunicar la profunda unidad en la diferencia del "adentro" y el "afuera". Estos son *lenguajes sagrados* —como la Cábala, el I-Ching o la Astrología— y en su propia naturaleza reside la posibilidad de llegar a la totalidad a través de cada una de sus partes, como en un juego de cajas chinas. De ahí que, al ser función de la astrología significar la resonancia mutua de las entidades del sistema solar en sus distintos planos, cada uno de sus símbolos debe evocar a los demás en una gama de resonancias, infinita y a la vez extremadamente precisa.

Por esto la astrología exige el desarrollo armónico de dos funciones aparentemente contradictorias: la capacidad de *permanecer en contacto* con totalidades, sin escindirlas en formas separadas y, a la vez, la capacidad de *discriminación* que permite establecer distinciones y diferencias. Por lo general, una función se desarrolla en desmedro de la otra y el hábito de apoyarse sólo en la primera inhibe la participación de la función complementaria en el proceso perceptivo. El correcto vínculo entre contacto y discriminación —o, más profundamente, entre identificación y diferenciación— es a la vez un requisito fundamental para la comprensión de la astrología y el regalo que ofrece a quienes se adentran en ella.

Este es un movimiento en el filo de la navaja, donde un exceso de la función discriminante —o más bien, de la necesidad de afirmarse en ella para no caer en la confusión— convierte a la astrología en un mero instrumento de la conciencia identificada con los lenguajes separativos. Esto la empobrece, reduciéndola a un sistema de clasificaciones, tipologías y determinismos pretendidamente científicos, que nos alejan del misterio que le es inherente e impiden que su contemplación nos transforme. La inhibición de la función discriminante y la hipertrofia de la identificación nos lleva, por el contrario, a la contaminación de todos los significados y finalmente desemboca en la confusión, el delirio o la mera tautología. Un lenguaje holográfico operando en una psiquis en la que no se ha efectuado un profundo trabajo de discriminación respecto de las identificaciones primarias, y de individuación de las estructuras arquetípicas, es sumamente peligroso. Conlleva la posibilidad de proyectar masivamente contenidos indiscriminados sobre el mundo, con el consiguiente desorden y confusión. Dado que esta proyección, tarde o temprano, proviene de estratos que están más allá de lo personal, y como los contenidos del inconsciente colectivo, aunque contaminados, son capaces de expresar en su nivel el isomorfismo y la sincronicidad entre el "adentro" y el "afuera", esta actitud expresa ocasionalmente una gran "sabiduría" y una intuición certera. Sin embargo, las más de las veces se trata de un conjunto de asociaciones totalmente subjetivas y fantásticas.

En realidad, la primera posición —el exceso de discriminación— tiene a la segunda —la identificación— en sombra. Una vez en contacto con el lenguaje astrológico, se activan inevitablemente los potentes contenidos sintéticos que le son propios y producen un efecto conmocionante sobre la psiquis no preparada. Aquí, el énfasis en la discriminación es resultado de la resistencia y en última instancia de la autoprotección. Sin embargo, como este movimiento no es consciente, inevitablemente enrigidece y refuerza los aspectos obsesivos y controladores en quien ha tomado esta posición.

Es inocultable que adentrarse en la astrología es entrar en un terreno anterior a las modernas diferenciaciones entre ciencia, arte, magia, medicina, religión, psicología o cosmología. No es fácil no perderse en él y por eso oscilamos entre cientificismos y misticismos, psicologismos y determinismos. Sin embargo es posible —y éste es el desafío— avanzar prudentemente, guardando fidelidad a las premisas que hacen que la astrología sea efectiva. Esto es, movernos en un nivel de aprendizaje en el que se haga manifiesta la correspondencia estructural entre el "adentro" y el "afuera", la psiquis y el cosmos, el Cielo y la Tierra.

El sistema Luna-Sol-Saturno

Si bien estamos intentando delimitar los significados de la Luna en un texto relativamente introductorio, un exceso de simplificación distorsionaría peligrosamente aquello que se intenta transmitir. Se velaría lo esencial, o sea, *la presencia de la estructura del sistema en cada una de sus partes* y, en este caso, la relación intrínseca entre la Luna y la totalidad de la matriz planetaria.

Convengamos, entonces, en que desplegar los significados simbolizados por un planeta independientemente de los demás es una abstracción válida en los tramos iniciales de una pedagogía, pero incorrecta fuera de ese contexto.

Por ejemplo: decimos que el útero está simbolizado por la Luna, pero debemos tener presente que el útero no existe independientemente del resto del organismo y que, en particular, aparece asociado a determinadas características de la pelvis. Sin pelvis no hay útero y la pelvis de los cuerpos femeninos está determinada por la presencia de éste y sus funciones asociadas. *Ambos constituyen una estructura.* No existe el uno sin el otro; no se manifiestan independientemente. Su correlato astrológico expresa que la manifestación de lo lunar se corresponde siempre con una determinada presencia de lo saturnino. *Saturno y la Luna constituyen una relación entre opuestos mutuamente necesarios.* La vulnerabilidad e indiferenciación lunar "necesita" la presencia de estructuras saturninas y éstas cobran sentido como el complemento de aquélla; se dan con ella. En el opuesto, la manifestación física de la Luna es lo contrario de sus cualidades astrológicas. En ese cuerpo específico que gira en torno de nuestro planeta tiene lugar la máxima mineralización y cristalización de una entidad sin vida, desligada de todo proceso oxidante o radiante.

Del mismo modo se puede decir que un huevo es "Luna", pero la cáscara es su Saturno. Al mismo tiempo, lleva dentro de sí el Sol de la vida naciente que aún no puede manifestarse y necesita ser protegida; o sea que tampoco hay Luna sin Sol. Inversamente, no es posible para nosotros la presencia del Sol sin la de la Luna, en el sentido de la protección necesaria respecto de la radiación solar. Esto puede estar representado por la capa de ozono, por la atmósfera que nos circunda, por las casas y refugios o, básicamente, por la noche que nos protege del exceso del fuego solar y que se manifiesta rítmicamente de acuerdo a un tiempo y una medida. *La Luna, Saturno y el Sol son una estructura* y siempre aparecen unidos aunque en proporciones diferentes. La dinámica cíclica de estas proporciones es aquello que nosotros percibimos como "proceso".

El sistema solar completo presenta, en rigor, este funcionamiento; en consecuencia, todas sus funciones son mutuamente necesarias.

Toda manifestación es la emergencia de un equilibrio relativo de dichas funciones, esto es, de una proporción holográfica. Esta temática no será profundizada aquí, por cuanto es necesario tematizar una lógica más compleja que la del habitual pensamiento causal y secuencial para poder dar cuenta de estas estructuras y lograr captar la presencia de la totalidad del sistema en cada situación. Para los propósitos del presente texto nos limitaremos a contextualizar las descripciones de la función lunar dentro de la relación estructural entre la Luna, el Sol y Saturno, a fin de alcanzar una mayor precisión, postergando una discusión más completa y rigurosa para el momento en que abordemos el estudio de las polaridades planetarias.

La función lunar

Tomando como trasfondo, entonces, la presencia del triángulo Luna-Sol-Saturno para toda manifestación lunar, aparecen dos aspectos esenciales de la realidad, significados por la Luna, que delimitan su función en el sistema. Por un lado, *suministrar sustancia* para que ésta tome una forma determinada. Por el otro —y al mismo tiempo— *constituir un ámbito protector* para que dentro de él, protegida y nutrida, se desarrolle una diferencia que sería destruida sin el amparo de dicho ámbito.

Podemos ejemplificar este doble proceso refiriéndonos a la *sustancia básica* que constituye el huevo. Esta incluye tanto las *células indiferenciadas* que contienen al futuro pollo como los *nutrientes* destinados a su crecimiento, el *receptáculo corporal* en el que éste anida hasta su fecundación, el *huevo* mismo como estructura total, e incluso el futuro *nido* y la posterior tarea de *empollar.* Todo esto es Luna, lo cual nos muestra la característica básica de su dinámica: ella siempre aparece en un proceso donde cumple múltiples funciones, simultánea y secuencialmente.

Ateniéndonos a esto, definiremos primero por separado las distintas funciones de la Luna, para poder encontrarnos después con el dinamismo de su significado completo. Allí podremos, al mismo tiempo, registrar nuestra dificultad para sintetizar aspectos de la realidad que habitualmente mantenemos escindidos.

11

a. La sustancia

La Luna refiere siempre a la sustancia de un cierto nivel de existencia —físico, biológico, psíquico, social, mental— esto es, al *sustrato indiferenciado del cual surgirán las formas de ese nivel de realidad*. Es la materia prima, amorfa y disponible para adoptar las formas necesarias que expresan una determinada dimensión. En tanto sustancia vital y anhelo de reproducción de sí misma, entregándose a las estructuraciones y principios formativos que actúan sobre ella, expresa su analogía con Tauro; de allí su exaltación en ese espacio zodiacal.

Podemos ejemplificar con mayor claridad este concepto y sus ramificaciones, describiendo el desarrollo de un embrión, dado que allí donde comienza la vida está particularmente presente el accionar de la Luna.

En la unión entre mamíferos, una vez reunidos los gametos en el útero comienza una rápida segmentación de células prácticamente indiferenciadas. Estas poseen una *enorme vitalidad* y proliferan hasta dar lugar a una primera diferenciación entre ellas, con la emergencia de tres hojas de tejido distinguibles entre sí: ectodermo, endodermo y mesodermo. Las células de cada una de estas hojas tendrán como destino un específico tipo de órganos, al final de una serie de transformaciones que parten de un origen común. El aparato respiratorio y el digestivo surgirán del endodermo a través de sucesivos pasos; el sistema nervioso se constituye a partir del mesodermo y así el resto, de manera semejante. Lo importante para nosotros es ver cómo *las futuras formas finales (órganos) son transformaciones progresivas de tejidos básicos* que suministran sustancia, primeramente a sistemas enteros (respiratorio, digestivo, nervioso, estructura ósea, etc.) y más tarde se diferencian en órganos particulares (pulmones, tráquea, estómago, hígado, páncreas, etc.).

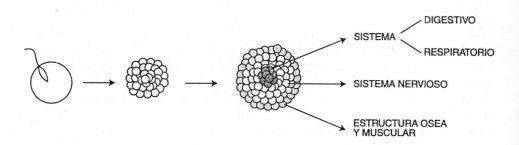

En este sentido, aquí la Luna es la proliferación de tejido (relativamente) indiferenciado *en la cual se enfatiza la tendencia a repetirse a sí misma,* hasta el momento en que una nueva información complejiza la sustancia (el tejido) a fin de producir una ulterior diferenciación.

Un *replicarse* de tal intensidad y velocidad —podemos hablar de un "frenesí de autorreproducción"— responde a la necesidad del sistema global de disponer de sustancia, de contar con materiales primarios en abundancia para su posterior complejización, hasta alcanzar las formas finales.

b. La forma

La segunda tendencia fundamental de la Luna, que aquí podemos distinguir, es su *enorme plasticidad* —dada por su indiferenciación— y su *docilidad para responder a una orden impresa en la sustancia, a fin de tomar determinada forma y no otra.* En este caso, la inteligencia del código genético que quedó constituido a partir de la unión de los gametos, irá determinando las características específicas que la masa celular deberá tomar —a través de "instrucciones"— hasta transformarse en órganos definitivos: hígado, riñón, uñas, piernas, ojos... A partir de allí, la vitalidad celular ya no responderá a nuevos impulsos formativos y sólo se renovará periódicamente, replicándose dentro de un patrón estable y definitivo.

En este ejemplo de nivel biológico podemos visualizar varias características lunares que más tarde reconoceremos en otros planos: sociales, psíquicos, mentales, etc. Éstas son:

1) La relativa *indiferenciación* que posibilita sucesivas transformaciones, hasta dar lugar a una forma final.
2) La *plasticidad* y *receptividad* a las fuerzas formativas con las que incorpora la forma, para luego atenerse a ella.
3) La alta *vitalidad* de lo lunar, que hace que se reproduzca continuamente a sí misma, replicando la forma incorporada.
4) La capacidad de *renovación en respuesta a una orden determinada,* que la lleva a incorporar una diferencia sobre la base del patrón anterior. En el ejemplo, esto ocurre al pasar del endodermo a las células del futuro sistema digestivo y, más tarde, de éstas a las de cada uno de los órganos específicos.

Espejo y reflejo

Como sabemos, la Luna no posee luz propia sino que ésta se genera por un proceso de reflexión. Sin embargo, su presencia ilumina la noche reflejando la luz solar, al tiempo que morigera los efectos de esta última a fin de aliviar el exceso de radiación. El espejo, que devuelve una imagen que no es la realidad de lo reflejado, es un clásico símbolo lunar. Pertenece al mundo de objetos simbolizados por la Luna pero posee, a su vez, una significación paradigmática en relación a su función. En efecto, se lo construye a partir de una fina lámina de nitrato de *plata* que recubre la parte posterior del vidrio, sobre el que se produce la imagen. Esta red de asociaciones entre reflejo, espejo, plata e imagen, resulta muy relevante a la hora de discriminar una de las ambivalencias fundamentales de la Luna: ¿posee ésta vitalidad propia o es inerte? ¿Es creativa o sólo repetitiva?

En primer lugar, la Luna *siempre depende de un impulso externo a ella para la realización de su función.* Su indiferenciación básica o su cualidad refleja/pasiva no le permiten tomar la iniciativa ni tener autonomía, por lo menos en el inicio de los procesos en los que participa. A la inversa, *no existe proceso sin el concurso de la Luna, dondequiera que exista sustancia.*

Su creatividad es propia de lo receptivo, repitiéndose a sí misma hasta desplegar la totalidad de la forma con la que fue informada o que fue activada por un impulso. Esto indica una enorme vitalidad, fecundidad y capacidad de reproducción pero siempre como *repetición* de la estructura adquirida, *careciendo de la capacidad de alterar por sí misma el patrón al cual quedó fijada.* Siguiendo con el ejemplo biológico, después de la unión y determinado el entramado genético, la estructura "óvulo fecundado-útero-madre" (Luna) prosigue por sí misma el crecimiento del embrión, pero no se cuenta entre sus funciones la de modificar la pauta genética establecida.

Una vez desencadenada, la inteligencia lunar se repite a sí misma, inhibida de desarrollar variantes. En esta limitación radica la potencia de su función, su vitalidad y fecundidad específicas, complementarias del Sol. *La repetición es imprescindible* y esto es visible en lo biológico, por ejemplo, con la réplica incesante del ADN en el nivel celular básico, actividad esencial para que la totalidad del sistema se mantenga viva y retenga su forma. Sin embargo, cuando se intenta comprender a la Luna en relación con el resto del sistema, específicamente en el plano psicológico, su tendencia a la repetición representa una de las dificultades más grandes.

La Luna y la memoria

Veamos esto con más detalle. Su enorme sensibilidad y plasticidad hacen que lo lunar quede *marcado* por otras funciones: radiación solar, impulso marciano, estructura saturnina, fuerza formativa jupiteriana,

14

información mercuriana o creatividad uraniana. Pero su función específica es, precisamente, *proporcionar la sustancia capaz de retener la marca, repitiéndola hasta que quede establecida una forma o patrón*. Esto ocurre, por ejemplo, en la piel donde, superado cierto umbral de estímulo externo, queda la cicatriz; o en la ostra, suave y vulnerable, recubierta por un caparazón casi pétreo, que al ser herida segrega automáticamente su propia sustancia sobre la laceración y la partícula agresiva, dando origen a la perla.

La Luna *atesora* todo aquello que se imprime en ella y se configura a su alrededor, siguiendo la pauta marcada. Es *memoria* en el sentido más extenso de la palabra porque retiene todos los impactos externos que la afectan y toma progresivamente la forma de los surcos que se abren en ella, alimentándolos con su vitalidad. En este sentido, *aquello que aparece en el principio como lo primario, virginal e indiferenciado, se convierte con el tiempo en constante acumulación de marcas e incansable repetición del pasado, rechazando en su inercia los estímulos del presente.* Allí, se cierra sobre sí misma y el crecimiento se detiene en la réplica indefinida del nivel alcanzado.

La Luna es el bebé, lo intocado y también la identificación plena con las experiencias anteriores y la incapacidad para dar respuestas nuevas por exceso de acumulación: es al mismo tiempo el envejecimiento y la senilidad. Su relación estructural con Saturno nos muestra que la Luna es simultáneamente joven y vieja, virginal y cristalizada. Aquí aparece nuevamente su dinámica profunda: *desplegarse en fases*; esto es, recorrer un proceso en el que nace, crece y adquiere su plenitud hasta finalmente cristalizarse y extinguirse necesariamente, para volver a nacer.

Toda reflexión acerca de la Luna está inevitablemente atravesada por el arquetipo de sus dos caras: una luminosa y visible, la otra oscura e invisible. Nada que se diga acerca de ella puede escapar a esta tensión, por la cual una cualidad se transforma súbitamente en su opuesto, o una limitación o carencia se revela como potencia y vitalidad. De hecho, referirnos a la Luna nos lleva a recorrer un conjunto de atribuciones cargadas de ambivalencia, en las cuales es imposible decidir acerca de su intrínseca cualidad creativa o destructiva, independientemente del entorno en el que se manifiesta. En realidad, *recortar un fragmento de su contexto, autonomizándolo y convirtiéndolo en absoluto para la conciencia que quedó absorbida por él,* es un comportamiento lunar al que nos referiremos más adelante y que tiene enormes consecuencias psicológicas. Constatemos por ahora que la dinámica misma de la Luna muestra los opuestos como fases necesarias de un proceso: de la Luna nueva, abismal y oscura, a la Luna llena, pletórica y luminosa y viceversa. Es la conciencia, incapaz de abarcarlo, quien divide el proceso y experimenta como tensión la coexistencia de lo "bueno" y lo "malo" en un mismo "objeto". Esto es una determinación psicológica, una fijación que se proyecta en todo aquello que se absolutiza y no algo inherente al proceso mismo. En el plano psíquico, la articulación de la Luna al resto del sistema dependerá de la capacidad de la conciencia para realizar esta distinción.

Niña y anciana

Como dijimos antes, la Luna jamás existe con independencia de los otros cuerpos del sistema solar. La naturaleza global del proceso hará intervenir otras funciones y éstas, a su debido tiempo, limitarán los excesos o complementarán las limitaciones de los primeros pasos.

Pero, para la conciencia que no comprende aún el orden profundo de los ciclos, la Luna se presenta a la vez como *niña* y como *anciana*. Recién nacida y asimismo cargada por los surcos del tiempo. Por un lado fresca, vulnerable, vital e inocente, llena de potencialidades y abierta a todas las posibilidades; desde este costado, el arquetipo refleja la incompletitud y la disponibilidad inherentes a su naturaleza primaria e indiferenciada. Pero por el otro, la sombra de esta misma cualidad hace que acumule marca sobre marca, quedando su vitalidad atrapada en ellas hasta perderse en una incesante reproducción de formas que drenan toda su energía. Así, sepultada bajo una costra de construcciones que impiden toda renovación, se convierte en *estéril*. Esta anciana, por un lado exhibe toda la sabiduría de la experiencia y los tesoros de la memoria, pero al mismo tiempo lleva consigo la rigidez del pasado y sus cristalizaciones, perdiendo toda capacidad de respuesta a los estímulos del presente. En este caso, la función lunar se ha identificado por completo con la de su complementario, Saturno, en una *esclerosis* que repite en forma incesante los mismos patrones. Las regresiones que padecen los ancianos afectados por la sedimentación de su sistema circulatorio, expresan la otra cara de esta polaridad en la anciana o el anciano que se convierte en niña o niño.

Virgen y prostituta

Este par arquetípico —niña/anciana— se ve complementado por otra oposición entre la *virgen* y la *prostituta*.

Aquí, el antiguo simbolismo de la virgen no expresa la negativa a ser fecundada sino, por el contrario, la profunda *quietud* de la sustancia que aguarda, en su entrega, ser impregnada por el otro polo de la unión. La plasticidad e inocencia se reúnen con el silencio y la confianza —la sabiduría de la función lunar— renunciando a reproducir las viejas marcas, entregándose por completo a las fuerzas formativas. El arquetipo virginal contiene así *la posibilidad de renovarse a sí mismo borrando las huellas del pasado*, pero no a partir de una actividad positiva sino inhibiendo y demorando su ·helo reproductivo, a fin de que la nueva fecundación sea tan profunda como para cancelar todas las huellas anteriores.

El opuesto a esto se simboliza tradicionalmente con la prostituta, en quien se arquetipiza *el ansia de la actividad lunar por entregarse a la forma*, respondiendo voraz y mecánicamente a cualquier estímulo para construir de inmediato sobre él, con frenesí. Para repetir, en respuesta a impulsos superficiales, el mismo patrón de crecimiento por el crecimiento mismo.

Esta hiperactividad la arrastrará en un desorden destructivo, como en el caso de los tumores cancerosos en los cuales la actividad celular se independiza por completo de los límites de la forma que le corresponde.

En planos psíquicos, por otra parte, esta dimensión aparece en la excesiva excitabilidad de la imaginación, cuando no puede detener sus construcciones e invade desmedidamente la percepción del mundo. También se relaciona con el desencadenamiento de pensamientos incontenibles, que recorren una y otra vez los mismos circuitos cuando el temor invade, obturando toda posibilidad creativa.

Esta exacerbación de la cualidad de entrega, en un ritmo que anula la existencia del otro polo y se cierra sobre sí en una autosuficiencia destructiva, es una tendencia posible de la función lunar, en sus múltiples planos de manifestación.

La función protectora

La segunda función de la Luna, la de crear ámbitos protegidos, es la más conocida, dada su analogía con el signo de Cáncer. Sin embargo, nos detendremos un poco más en ella para que emerjan aspectos que habitualmente permanecen velados.

Muchos sistemas presentan una vitalidad excesiva que eventualmente imposibilita la aparición de variantes capaces de renovarlos. En esos casos, toda la estructura entra en una zona de peligro, por cuanto se estabiliza en una circulación que la lleva a repetirse indefinidamente a sí misma. De esta manera, el éxito inicial destruye las nuevas posibilidades, que no alcanzan a madurar en ella como para transformarla. Así, todo sistema relativamente abierto deberá cerrarse sobre sí en algunos puntos, a fin de generar *ámbitos que lo protejan de sí mismo* y puedan dar lugar a variaciones que, de otra manera, sucumbirían en lo abierto.

Para que algo se manifieste realmente como nuevo debe tener alguna incompatibilidad con el estado normal del sistema, como ocurre por ejemplo en una mutación biológica. La alta vulnerabilidad de lo nuevo hace que no pueda sobrevivir sin la existencia de una forma que lo proteja, y ésta deberá ser suministrada por la inteligencia misma del sistema.

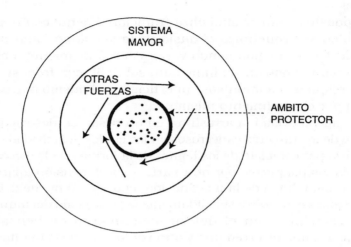

La necesidad de protección de las crías, en el proceso biológico, expresa el ejemplo más obvio de lo anteriormente descripto. En niveles muy básicos de evolución, como en muchas especies de peces, el proceso de reproducción aún no es completamente lunar, por lo menos en el sentido en que lo estamos definiendo. En estos casos, la fecundación no se produce en el interior del cuerpo de la madre sino fuera del mismo, quedando expuestos las huevas y los alevinos a la voracidad del medio. La única protección para la especie descansa en la enorme cantidad de crías, de las cuales sólo una ínfima parte habrá de sobrevivir. Al pasar la fecundación al interior del cuerpo de la madre —y al agregarse incluso el período de gestación, como en los mamíferos— el número de crías posible desciende enormemente ante los límites de la forma cerrada, pero aumenta en sentido inverso su seguridad. Huevo, nido, empollamiento; óvulo, útero, embarazo, amamantamiento, cuidado de los progenitores y del grupo social sobre la cría, etc., son todas manifestaciones lunares que se extienden luego a la educación y preparación de la criatura para que ésta pueda enfrentar el mundo abierto.

La creación de todo interior protector y delicado, apto para atender a las necesidades de lo nuevo, debe a su vez ser capaz de *excluir* decididamente las fuerzas hostiles del medio. Aquí nuevamente aparece el par

Luna-Saturno indisolublemente ligado, como cara interna y externa de la forma protectora. *No existe protección sin un lado suficientemente duro y excluyente como para aislar lo protegido del medio hostil.* La cara dura y aislante de la Luna, cerrada sobre sí e impenetrable, suele permanecer disociada de sus componentes cálidos y tiernos. Sin embargo, es imposible comprender el proceso y la función lunar, especialmente en el plano psicológico, si no se valora adecuadamente la necesidad absoluta de ambas caras en el cumplimiento de dicha función. Poco importa si esta "dureza" lunar es la furia de la leona cuando los cachorros se ven amenazados, o su capacidad para mantenerse unida a un macho que la proteja y la complemente en esa función. Donde hay Luna, al lado de su exquisita ternura y calidez, habrá necesariamente capacidad para excluir —proteger— con toda la dureza e incluso con toda la agresividad que sean necesarias.

Protección implica exclusión y límite; crecimiento y diferenciación implican aislamiento y tiempo*.

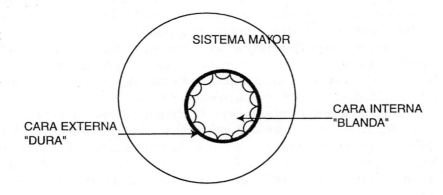

La función singularizante (Sol), en el sistema Luna-Saturno

Ahora, siguiendo con la función protectora, complejizaremos el análisis del vínculo entre la Luna y Saturno, atendiendo a su relación estructural con el Sol.

La nueva vida que crece en el interior del ámbito protector va desplegando su identidad singular —Sol— en la medida en que la forma

---

* Ver Eugenio Carutti: *Ascendentes en astrología* (Bs. As., Edit. Casa XI, 1997, de próxima aparición en Editorial Kier). En los capítulos "La Matriz Zodiacal" y "Ascendente en Cáncer", el tema lunar es retomado desde la Luna como regente de Cáncer. También aparecen ampliaciones a estos conceptos en *Zodíaco, el lenguaje sagrado* (Eugenio Carutti-Olga Weyne, en prensa).

que le corresponde se imprime sobre o se manifiesta en la sustancia lunar que, por un lado, lo constituye en tanto sustancia y por el otro lo nutre y lo protege.

La autodivisión de la yema del huevo fecundado en citoplasma activo (embrión), vitelo (reserva de nutrientes para el mismo) y clara (medio líquido protector y transmisor), manifiesta su analogía en los mamíferos en las sucesivas transformaciones del óvulo, hasta que aparece el embrión. Este crece luego en el líquido amniótico rodeado por la placenta, a través de la cual se establece con la madre el intercambio orgánico alimenticio, respiratorio, circulatorio, excretorio, etc.

Cuando toda la sustancia ha tomado forma y ha sido incorporada —de hecho, ha sido *singularizada*, es decir, "solarizada" —el cuerpo desarrollado llega al lado duro del límite protector: la cáscara del huevo o la máxima dilatación del vientre materno que permite su estructura ósea. Ha consumado una fase de su existencia y *alcanzado la forma final* de un ciclo. Ahora debe ir *más allá del límite* en el que estaba necesariamente confinado y dentro del cual elaboró la sustancia que tenía a disposición. Llegó el momento de exponerse a lo abierto, de emerger del sistema protector y entrar en el sistema mayor.

En el parto o en la ruptura del cascarón, el Sol de la nueva vida se manifiesta como una *transfiguración* de todo el proceso anterior en la que han desaparecido los componentes iniciales, sintetizados en una singularidad: el bebé, el cachorro o el polluelo.

Aquí *comienza un nuevo ciclo*. Cachorro, polluelo y bebé deberán aprender a vivir en un medio mucho más vasto y radicalmente diferente del de su estado embrionario, al que se habían adaptado a la perfección. Ahora experimentan una vulnerabilidad máxima en relación al ámbito de sus nuevas experiencias, por eso necesitarán la protección adecuada hasta desarrollarse en plenitud. Será necesaria una *nueva Luna* que los alimente, les dé contacto, calor y afecto, les enseñe y los prepare en el interior del nuevo círculo protector —el nuevo límite— que en este caso serán el nido, la cueva o el hogar.

Lo importante para nosotros es constatar que siempre existirá un borde —un *círculo infranqueable*— que hará posible el despliegue de una identidad que necesita ser protegida y nutrida hasta consumar las experiencias dentro del círculo, para luego atravesarlo ingresando a un sistema más incluyente. Este será el mundo del corral para el pollo o los sucesivos ámbitos educativos para el niño. En todos estos pasajes se manifiesta el mismo patrón:

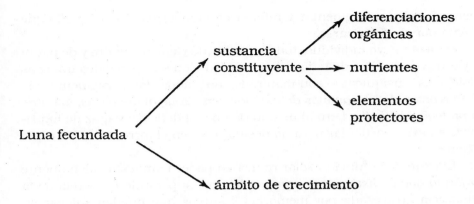

Aquí se desarrolla el complementario de la Luna —o sea, Saturno— como el límite que la nueva vida no debe trascender hasta haber agotado el trabajo en la sustancia lunar. Cuando este ciclo haya terminado comenzará el siguiente en otros planos, a partir de nuevas sustancias (emocionales, mentales, espirituales, etc.). Este es un *patrón universal de despliegue*, fácil de reconocer en la naturaleza pero mucho más difícil de distinguir en planos más sutiles como los psíquicos, o en las manifestaciones del destino a lo largo de nuestra vida.

La tensión con el pasado

Veamos este mismo proceso, pero ahora desde el ángulo del Sol, la función singularizante. Esta se encuentra latente en la sustancia fecundada (Luna) y confinada dentro del límite protector —Saturno— hasta tanto no se realice el trabajo necesario que da sentido a ese límite.

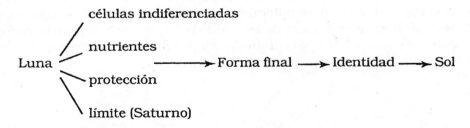

La manifestación de la función solar depende de la entrega de la Luna, así como de la potencia de la energía de singularización. Esta energía debe ser capaz de transformar los materiales indiferenciados cargados de marcas y patrones ancestrales, que arrastran tanto el torrente genético en el nivel biológico, como el psiquismo y el inconsciente colectivo en la constitución del ser humano; patrones que inevitablemente tienden a fragmentar y retener en sus marcas todo aquello que pugna por singularizarse.

Para el nuevo individuo, todo aquello que viene de madre y de padre —y a través de ellos de toda la humanidad, con sus tensiones internas biológicas y psíquicas— son materiales no elaborados y fragmentarios. *Esta tensión de los caminos del pasado constituye al nuevo ser, lo nutre, lo protege y lo limita.* Pero al mismo tiempo, él debe ser capaz de imprimirle su sello particular para no desaparecer en el torrente de las repeticiones.

El éxito de la función solar radica en poder manifestar plenamente *la forma que lo distingue en tanto individuo*, superando la inercia de la sustancia atravesada por memorias y surcos que pueden sofocar su singularidad y convertirlo en un clon de la sustancia madre.

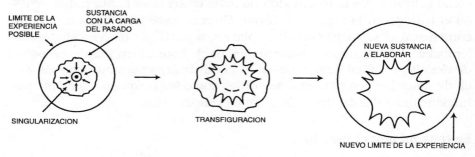

Este ciclo se repetirá una y otra vez, desplegándose en círculos concéntricos al pasar de un sistema menor a otro mayor, que a su vez se constituirá automáticamente en la Luna de la fase siguiente donde serán elaboradas las modalidades afectivas de nuestro medio ambiente natal o las ideas, creencias e identificaciones familiares. Más tarde, en otra vuelta de espiral, se reiterará el mismo proceso a fin de singularizar la sustancia desordenada de lo colectivo —que nos constituye, nutre, protege y limita— con sus arquetipos y patrones inconscientes.

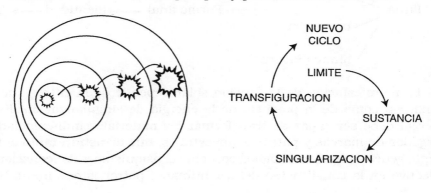

22

Terminada la tarea del primer triángulo Luna-Sol-Saturno en lo personal, surge de inmediato *un nuevo círculo infranqueable de experiencias* que deberán ser ahora elaboradas y transfiguradas en el nivel transpersonal o del *Sí mismo*.

Por otra parte, la universalidad de este patrón en el que la Luna, el Sol y Saturno se transforman el uno en el otro cíclicamente, nos permite comprender el despliegue de un nuevo proceso posible, que trasciende incluso el ámbito de los arquetipos del inconsciente colectivo. Nuestro movimiento cerebral fagmentario en relación a la inteligencia del orden cósmico, constituye una nueva sustancia lunar y un nuevo círculo infranqueable en el que se desarrolla el siguiente trabajo de síntesis y transfiguración. Desde esta perspectiva, se comprende mejor por qué la astrología hindú atribuye a la Luna la significación de la mente; asimismo, por qué la Luna está profundamente ligada al signo de Virgo, en el plano mental y en el de la inteligencia de los sistemas vivientes de los que formamos parte.

1er. nivel	Elaboración y singularización de la sustancia biológica

↓

2do. nivel	Elaboración y singularización de la sustancia psíquica familiar

↓

3er. nivel	Elaboración y singularización de la sustancia del Inconsciente Colectivo

↓

4to. nivel	Elaboración y singularización de los patrones mentales de la especie en relación al orden de la vida

La autolimitación del sistema incluyente

Finalmente, si adoptamos ahora el punto de vista complementario, esto es, el del sistema mayor, la necesidad de generar variantes creativas para no repetirse eternamente en el mismo nivel exigirá un acto de *autolimitación*. Es decir: aparecerá la necesidad de aislar cierta cantidad de energía de la dinámica global, para construir con ella una zona que resulte infranqueable para el mismo sistema. Dicho en otros términos: generar un ámbito de menor intensidad capaz de filtrar o excluir las demás fuerzas del sistema, *es una necesidad creativa*.

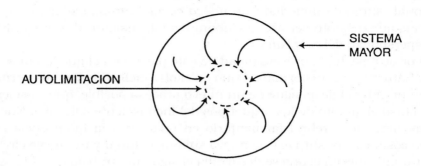

En general, no consideramos la *autolimitación* como una actividad creativa ligada a Saturno, por la que éste manifesta su lado blando en el interior de la ley protectora. La energía que una familia destina al cuidado y educación de los hijos, por ejemplo, se incluye dentro de este concepto. Asimismo, cuando en la organización de una sociedad se habla de presupuesto educativo se está haciendo referencia a la necesidad de incrementar la cantidad de energía de cuidado y protección —Luna— del sistema. La posibilidad de comprender como eminentemente creativo este aparente desvío de los proyectos y expansiones en curso, dependerá del sentido de responsabilidad y madurez de dicha sociedad, esto es, de Saturno.

Es evidente que este patrón universal de crecimiento se nos hace mucho más difícil de comprender cuando se manifiesta en los niveles psíquicos y en la trama del destino. En este caso nos indica que necesariamente deberemos elaborar y agotar —consumar— cierto tipo de experiencias que nos constituyen, nutren, protegen y limitan, *antes* de poder abrirnos a otros niveles del despliegue de la estructura de nuestra carta natal.

Esta autolimitación, vista desde la totalidad de nuestra vida, aparentemente nos encierra en un *círculo infranqueable,* imposible de percibir como tal mientras nos desarrollamos en su interior. *Este círculo es el tiempo que demoramos en singularizar la sustancia de la red vincular en la que hemos nacido* —darle nuestra propia forma y cualidad— y los sucesivos ámbitos por los cuales "el destino" nos lleva en nuestro crecimiento, pasando de círculo en círculo.

Lo posibilitante y lo condicionante

Esta dialéctica Luna-Sol-Saturno que de hecho incluye las restantes funciones planetarias y que aquí simplificamos necesariamente, manifiesta múltiples puntos de tensión, en los que reaparece lo que hemos llamado la *ambivalencia de la función lunar.*

Aquello que es natural y bueno en un momento dado del proceso, pasa a ser peligroso en un momento posterior, y si una fase no da lugar a la siguiente llega incluso a revelarse como fatal. La misma dureza del cascarón que protege al pollito, puede resultarle mortal si no tiene energía suficiente como para romperlo. Por ello, en el momento de máximo crecimiento del cuerpo en el interior del huevo, éste aparecerá como una estructura sofocante y peligrosa que debe ser destruida: se trata de una cuestión de vida o muerte. La ambivalencia entre protección y peligro es aquí máxima y, por un momento, absolutamente real e inevitable; intrínseca al proceso.

La pregunta que podemos hacernos es: ¿la Luna posibilita o condiciona? Y en su extremo ¿es entonces destructiva?

Depende de la inteligencia de la totalidad del sistema —esto es, de su capacidad para relacionar las distintas funciones en cada momento del proceso— que la Luna sea toda posibilidad o, por el contrario, todo condicionamiento. Si una sola de las funciones predomina por demasiado tiempo inhibiendo la participación de las demás, el sistema se desequilibra peligrosamente y pone en riesgo su desarrollo posterior. Esto es evidentemente aplicable al exceso de cualquier función, sea ésta solar, marciana, mercuriana o jupiteriana. Sin embargo la Luna —con su complementario Saturno—, al tener como una de sus funciones *la de excluir la intervención de las demás hasta tanto se haya completado un proceso,* es quien cuenta con más posibilidades de interferirlo. Esto hace particularmente dual su función y es lo que genera en nuestro inconsciente el arquetipo de sus dos caras.

De alguna manera, la distinción entre lo *posibilitante* y lo *condicionante* atravesará todo lo que digamos acerca de la Luna a lo largo de los siguientes capítulos, como una tensión intrínseca a su función *en relación a la fuerza de la función singularizante* —solar— del sistema.

En el plano biológico, si por alguna razón no hubo energía suficiente como para imprimir la forma requerida a la sustancia, la criatura que habrá de nacer será deforme. En realidad, será relativamente amorfa; esto es, sin suficiente forma como para gobernar las tendencias indiferenciantes de la función lunar y su tendencia a la repetición ciega de las pautas del pasado.

En líneas generales, el desarrollo del embrión repite fases de la evolución de la vida que lo precedió (la ontogenia repite la filogenia). En esto se evidencia cómo todo el pasado está en la sustancia lunar y cómo, para poder manifestarse, toda forma debe recapitular lo esencial de las anteriores aunque se trate de una mutación.

Es propiedad de la Luna —de la sustancia básica— llevar dentro de sí toda la memoria y entregarla a la nueva identidad para que ésta la reelabore. Al hacerlo deberá enfrentar toda esa carga de tendencias, surcos y patrones preexistentes cuya inercia es imposible de eludir.

Cada nueva forma *debe emerger de estos surcos y patrones, renovándolos creativamente.* La inevitabilidad de este proceso es más fácil de percibir en el plano biológico pero deberá realizarse en forma análoga en los diferentes niveles: afectivos, de las ideas y creencias, arquetípicos, de los procesos mentales, etc.

La trama de las formas anteriores puede posibilitar la nueva o, por el contrario, puede condicionarla tanto como para impedir su manifestación: ésta es una tensión inevitable. *La singularidad debe hacerse cargo del pasado de la vida para manifestarse como una de sus variantes creativas.* Esta pareciera ser, en definitiva, una ley que opera en todos los procesos en los que participa la Luna. Sin embargo, la *insuficiencia de vitalidad solar en relación a la vitalidad lunar* puede también hacer que la actividad celular no reciba la orden —en términos de código genético— de seguir diferenciándose. Luego de adoptar la forma de branquias, por ejemplo, los tejidos del embrión deben seguir configurándose hasta su forma final de pulmones, las incipientes aletas deben continuar su transformación hasta convertirse en manos, y así con el resto del cuerpo hasta desembocar en su forma definitiva. Seguramente existe el riesgo de que la criatura se estanque en alguna fase de su desarrollo embrionario, en todo o en alguna parte de su cuerpo, muriendo o presentando malformaciones más o menos graves.

Las analogías de estos fenómenos con los del plano psíquico son bastante evidentes y sobre ellas nos centraremos más adelante, al hablar de los mecanismos lunares en cada signo zodiacal. Acá nos interesa puntualizar que estas tensiones parecen inevitables y expresan una relación de funciones que en cualquier momento puede desequilibrarse. La creatividad de la sustancia madre puede no ser capaz de entregarse a toda la potencialidad del hijo —lo singular y nuevo— dejándolo en consecuencia atrapado en la inercia de las memorias de las que es portadora, *deformándolo.* Esto, desde el punto de vista arquetípico, puede observarse en todos los relatos en los que la *Madre* se transforma en *Bruja.*

Temor e intimidad

Otra forma en que la cualidad protectiva de la Luna se manifiesta es por medio de su capacidad para crear un ámbito de intimidad y afecto, donde no es necesario apelar a los sistemas de defensa y agresión propios de todo organismo. Cada sistema posee cualidades agresivas y defensivas que impiden una apertura total a otro ser, ante el potencial peligro de verse atacado. Todo animal o cualquiera de nosotros posee un umbral más allá del cual se activa una señal de peligro. Este es el registro de la propia vulnerabilidad, manifestado como *temor,* y esto también es Luna. Alguien o algo se ha acercado demasiado y surge la orden de cerrarse sobre sí, de defenderse o buscar refugio, de no dejar entrar aquello que ha atravesado ese umbral.

Al mismo tiempo, como dijimos, una de las cualidades vinculares fundamentales de la Luna es su capacidad para establecer un contacto que genera *intimidad,* inhibiendo esos mismos sistemas agresivos y defensivos que impiden el acercamiento. La intimidad es un círculo en el que se pueden deponer todas las defensas y exponer aquello que está connotado como lo más vulnerable y necesitado de protección; aquello que no puede mostrarse si no aparece esa atmósfera y esa afectividad que garanticen que no habrá violencia de ningún tipo. Tanto *el reconocimiento de que es necesario cerrarse, como el hecho de permanecer cerrado y la capacidad de manifestar intimidad, son funciones de la Luna.*

¿De qué manera opera esta triple cualidad? Básicamente, *mediante el registro de lo conocido.* La Luna reacciona de inmediato a las formas que percibe, con una velocidad mucho mayor que la de los registros conscientes pero, en tanto memoria, necesita *reconocer* para manifestarse, tanto para abrirse como para cerrarse.

Por su propia naturaleza, este núcleo de extrema sensibilidad que configura la Luna no suele ser compartido con otros, en el sentido de *extraños* o *diferentes.* La calma del animal en medio de su manada, el pájaro en el nido o el niño abrazado a su madre, son ejemplos de ese círculo exclusivo. Allí, esa sensibilidad está disponible; sólo es posible permanecer en contacto con otros *si éstos son conocidos.* A la inversa, la rapidez para registrar el peligro y reaccionar ante él, es consustancial a la función lunar.

La modalidad del *afecto,* que le es propia, se relaciona con el cuidado de aquello que puede ser más *afectado.* La proximidad entre estas dos palabras —afecto / afectado— revela la identidad de lo lunar con lo extremadamente vulnerable y requerido de protección, y su naturaleza necesariamente reactiva todo aquello que lo amenace. *Al cerrarse en el temor y abrirse en la intimidad,* opera como una verdadera válvula de seguridad en un nivel no consciente, disparada por las formas y sensaciones previamente asociadas al peligro o a la seguridad. Por el contrario, la posibilidad de abrirse a lo desconocido no forma parte de la función lunar.

Los momentos quizás más exigentes para ésta —y, en consecuencia, para la dinámica del conjunto del sistema— se producen cuando cíclicamente se debe abandonar lo conocido inaugurándose un nuevo ámbito de experiencia, como en el momento del nacimiento y en todos los nuevos nacimientos o pasajes a otros niveles de realidad. Como en el pánico y la angustia del bebé ante el dramático cambio de situación del nacimiento, quien sólo recupera su calma en contacto con el cuerpo de la madre (lo conocido en la situación desconocida), la Luna buscará los registros que resuenen en su memoria, para poder recuperar su sentido de seguridad.

Librada a sí misma, la Luna no sabrá reconocer la protección que existe naturalmente en el nuevo círculo de experiencia, y tenderá a cerrarse buscando los remanentes de la experiencia anterior. Sólo si existe una real integración a las funciones de apertura ante lo nuevo, propias del resto del sistema —Venus y Júpiter fundamentalmente— podrá haber verdadera entrega a la nueva situación y el conjunto inaugurará la siguiente fase de su vida.

Pero, a la inversa, *no puede existir una real apertura a lo desconocido que no incluya a la Luna.* Caso contrario, los niveles más vulnerables buscarán seguridad y protección y, hasta no encontrarlos, obligarán al sistema a disociarse para inhibir las señales de alarma de la Luna. Esto podrá durar un tiempo más o menos prolongado pero, tarde o temprano, todo sistema disociado deberá retornar sobre lo relegado, para conservar su unidad.

El hechizo de la Luna

Hemos visto que la función lunar es el canal del sistema que crea un espacio temporalmente cerrado dentro de sí. Para aquello que crece en su interior, provisoriamente separado de lo que lo contiene, se genera una ilusión inevitable: que ese mundo cerrado que conoce, es la totalidad de la existencia.

Para la conciencia en desarrollo, en esa fase del proceso no existe nada más allá de lo inmediato, que es el espacio constituido por la Luna. Allí es posible experimentar la completitud, en el sentido de un estado en el que están satisfechas todas las necesidades.

El bebé en el útero o en los brazos de la madre, o el niño jugando en su hogar pueden y deben experimentar la sensación de totalidad y de absoluta seguridad. No pueden imaginar las limitaciones y necesidades a las cuales están sometidos los padres, por ejemplo. Provisoriamente están excluidos —protegidos— de la verdadera dinámica del sistema mayor.

Allí, al amparo lunar, donde es imposible visualizar los límites del campo de la propia experiencia en el tiempo y en el espacio, es factible imaginar la permanencia indefinida de ese estado y la existencia de aquello que no tiene límite alguno. *La fantasía acerca de la existencia de lo que es completo en sí mismo, de lo absoluto que no tiene necesidades y que no requiere articularse con lo que es diferente a él, se produce naturalmente en el interior de la Luna.*

Esta fase de máxima seguridad, con sus imaginarios, es imprescindible para el correcto desarrollo de aquello que crece así protegido y esto es bueno para el conjunto del sistema. Como hemos dicho, éste se autoexcluye de ese interior para no malograr el proceso pero, cíclicamente, esta fase debe terminar. En determinado momento se producirá la ruptura del límite y lo hasta allí protegido deberá entrar a un ámbito de complejidad insospechada para él.

En el reino animal, la madre expulsa naturalmente a la cría cuando el amamantamiento ha terminado —que, en condiciones naturales, suele coincidir con un nuevo embarazo— y automáticamente otras funciones entran en juego para que continúe la experiencia del cachorro. Pero esta conducta natural puede no producirse en el plano psíquico. La identificación con el estado anterior y la fijación con los imaginarios que éste generó, pueden hacer que el incipiente individuo no sea capaz de abrirse a las nuevas experiencias que su estructura le propone, en su anhelo por retener la completitud perdida. Esto incrementa su temor y su sensación de inseguridad y, en consecuencia, lo lleva a dar respuestas incorrectas a los nuevos desafíos, mientras persigue aquella totalidad a la que ya no podrá regresar.

En este punto podemos preguntarnos ¿entrega la Luna toda su potencia a aquello que creció en ella, para que continúe exitosamente su destino? ¿O lo hechiza, privándolo de su fuerza e incapacitándolo para crecer en sus nuevos estadios? Nuevamente, estamos ante la ambivalencia de la función lunar que, por supuesto, no permite una respuesta lineal al interrogante que plantea. Esta tensión forma parte de la dinámica global del sistema y *no es atribuible a ninguna de sus partes por separado,* sino a la articulación del conjunto.

Sin embargo, debemos reconocer que existe la tentación de responsabilizar a una u otra función, de las limitaciones de un proceso. Este anhelo de identificar lo *benéfico* o lo *maléfico* con una parte, evitando el aprendizaje complejo de la verdadera dinámica de la totalidad, es precisamente aquello que denominamos hechizo lunar. Se hace, en efecto, muy difícil aceptar los límites de la Luna y reconocer que sus cualidades y carencias dependen del contexto global. Una dimensión interna nuestra prefiere simplificar esta complejidad de la dinámica dándole a la Luna una cara absolutamente maravillosa y dejando otra, la oscura, como absolutamente terrible. Es preferible sostener a la Madre Celestial —a costas de soportar a la diosa Kali en las sombras— que renunciar a la existencia de los *objetos absolutos*. Esta construcción de entidades totalizadoras que enmascara la correspondiente ilusión de un sujeto absoluto, es propia de la fijación en una fase lunar de la experiencia.

Acá cerramos el círculo y regresamos al principio del capítulo, viendo cómo la pretensión de definir cada símbolo por separado, y la negativa a entregarse a estructuras holográficas, se relaciona con las dificultades que presenta la función lunar. Esta dificultad es arquetípica, estructural, y sólo comprendiendo la fascinación de la conciencia por permanecer en el hechizo de la fragmentación que le permite imaginar lo absoluto, podemos disponernos a profundizar en ella. Cada vez que necesitamos permanecer cerrados a una experiencia por temor a que se desorganice aquello que, real o imaginariamente, aún no ha terminado de constituirse, estamos en el ámbito de la Luna.

Es propio de lo indiferenciado y de lo que no tiene forma pero que está destinado a tenerla, el anhelar una forma perfecta y acabada en la que exista la posibilidad de vaciarse y permanecer allí para siempre. Este anhelo de descansar en una forma absoluta es el destino de la dinámica lunar. Una vez cumplida su función, por el solo hecho de realizarse *se abre una nueva dimensión de la cual queda excluida,* del mismo modo que el resto del sistema quedó excluido de la anterior. La nueva fase aparece necesariamente como un vacío y un abismo para la conciencia aún identificada con la experiencia previa. La memoria —función lunar— no es apta para moverse en esta nueva fase, por cuanto no puede distinguir formas conocidas a las cuales aferrarse. Que se manifiesten de manera integrada otras funciones, capaces de aprender la modalidad del nuevo espacio/ciclo, o que la memoria proyecte sobre él sus imágenes para recuperar la seguridad perdida, es una alternativa que siempre permanece abierta. De hecho, es probable que sucedan ambas cosas: poder discernirlas dentro de esta tensión forma parte del crecimiento.

La tendencia a identificarnos con las formas y cerrarnos sobre nosotros mismos para escapar al vacío de lo desconocido es inherente a la sustancia histórica que *nos constituye, nos nutre, nos protege y nos limita.* Ésta es nuestra Luna y debemos hacernos cargo de ella. Estudiar sus manifestaciones y sus cualidades implica enfocar sus límites y dificultades y, sobre todo, comprender la lógica que subyace a todas sus manifestaciones.

La Luna Llena

Cerremos este capítulo con una reflexión simbólica sobre la vivencia de completitud, propia del imaginario de la función lunar.

En el momento de la Luna Llena, *ésta parece completa y total,* como si llevara al Sol dentro de sí. Simbólicamente, la forma receptiva parece haberse apropiado de la energía activa; la Luna está llena de Sol, y la existencia de una forma absoluta parece un hecho cierto.

Sin embargo, lo que realmente se produce en el momento de la Luna Llena es una relación plena entre la Luna y el Sol —que incluye a la Tierra— en la que la primera puede reflejar en su máxima intensidad la luz del Sol, iluminando la noche terrestre. Se trata de una perfecta alineación cíclica entre dos polos con respecto a un tercero que necesita de ambos. *La plenitud de una relación no absolutiza ninguna de sus partes, pero para apreciar esto, la conciencia debe ser capaz de contemplar la totalidad del proceso, sin dejarse absorber por los fragmentos.*

Ese instante de equilibrio cíclico que ilumina el mundo de la noche como si fuera día, posee una intensidad perturbadora ante la cual la conciencia reacciona de maneras diferentes. Por un lado —nos dice la mitología popular— en las noches de Luna Llena aparece el licántropo, el hombre lobo. Con esto se simboliza el momento en que la conciencia —en su máxima amplitud, cuando asiste a una totalidad cíclica— puede al mismo tiempo perder su equilibrio y quedar identificada con el lado oscuro. Lo más regresivo, salvaje e indiferenciado, representado por la fiera que vive en manada, emerge dentro del ser humano y anula milenios de evolución y crecimiento, en un instante: las memorias del pasado, con su potencia, han devorado la diferenciación solar.

Por otro lado, tenemos el arquetipo del romance en el que la unión absoluta entre las formas parece posible y eterna. El hechizo romántico de la noche de Luna Llena activa los arquetipos de la unión perfecta y la conciencia —aún identificada con la forma— queda capturada por aquéllos, cargando de ilusiones a los amantes que sueñan con pertenecer a otra dimensión. En este caso, el mundo de las formas se ha apropiado del éxtasis cíclico de la totalidad, encerrándolo dentro de los límites de su imaginación.

Pero existe otro nivel de manifestación para esta experiencia. La conciencia que permanece en contemplación durante el tiempo de la Luna Llena puede ser iluminada en el instante del alineamiento, adquiriendo su expansión máxima dentro de un proceso cíclico. La energía del signo solar de ese período devela sus secretos y, por un momento, la conciencia humana participa de la meditación de los cielos. Mes a mes, en el pulso de las lunaciones, la relación entre sustancia y energía va dibujando un itinerario en el que se enriquece la conciencia en meditación, en un patrón previsible pero con contenidos siempre diferentes.

En estas tres percepciones de un mismo acontecimiento que involucra a la Luna podemos visualizar la coexistencia de *la regresión, la ilusión y la receptividad creativa*. Las tres, como hemos visto, son manifestaciones de la función lunar.

Es interesante observar que el lobo —animal salvaje y gregario— queda fascinado por la Luna y le entrega su canto, en solitario o junto a la manada. Por otra parte, los grandes antropoides —gorilas, orangutanes y chimpancés— se reúnen habitualmente en grupos sobre la llanura africana, para observar silenciosamente el ocultamiento del Sol en el esplendor de su ocaso. Esta fascinación por el Sol no es distintiva de los humanos sino que parece provenir de las entrañas de nuestra línea evolutiva.

Quizás a nosotros, como especie, nos esté destinado ir más allá de la fascinación por uno u otro de estos cuerpos —Sol y Luna— y podamos algún día permanecer abiertos a la trama completa de los cielos, en la contemplación de sus ciclos y constelaciones.

EL MECANISMO LUNAR

Biológicamente, somos mamíferos, *entramos a la vida a través del cuerpo de nuestra madre,* quien nos alimenta y protege a lo largo de nueve meses de simbiosis. Recién nacidos, necesitamos afecto como sustancia básica para sobrevivir y constituirnos, además de nutrición y cobijo durante varios años, antes de poder autosostenernos.

La estructura holográfica del universo, que nos permite percibir la astrología, indica que debe haber en el mandala natal una cualidad equivalente a este proceso, que se manifieste con tal fuerza en el inicio de nuestras vidas como para excluir, en lo posible y por el tiempo necesario, las demás corrientes de nuestro campo de energías.

Así como en la dimensión física entramos a la existencia a través de nuestra madre, en el plano simbólico-energético lo hacemos a través de nuestra Luna.

Es decir, nacemos asociados a una cualidad básica con ciertas características y patrones (por signo, casa, aspecto, etc.) que nos envuelven como si constituyeran un capullo o nido energético; éste habrá de predominar por el tiempo suficiente hasta tanto se cumpla su función que, como hemos dicho, consiste en darnos la sustancia básica que nos permita adquirir nuestra primera forma e identidad, nutrirnos, protegernos y limitarnos con ése objetivo.

La Luna de nacimiento es nuestra energía madre, la energía más familiar para cada uno de nosotros, que se despliega automáticamente con su cualidad particular, a fin de constituir el entorno que nos rodea al nacer.

NIÑO ←————————→ "MADRE"

HISTORIA
PSICOLOGICA

33

Este *aspecto "madre", inscripto en el holograma natal,* se expresa en primera instancia en las características del vínculo con la madre real del niño y en aquello que ésta le transmite a través del cuerpo y de las emociones, durante el embarazo y los primeros años de crianza; también se manifestará como cualidad dominante en el campo afectivo que constituyan el hogar y la familia.

Una de las tareas más difíciles para quien se acerca a la astrología es poder trascender la fuerza del paradigma psicológico centrado en el individuo. Según aquél, adquirimos nuestras cualidades emocionales y afectivas por identificación con el medio ambiente inmediato, percibido desde la perspectiva habitual como independiente del ser que nace. Visto así, las pautas emocionales dependen de los padres y demás participantes de nuestra primera infancia; no distinguimos en ellas un patrón necesario, una estructura ligada al niño y, si la vemos, creemos que es aleatoria e independiente de él. Solemos pensar que la psiquis se conforma desde el exterior, a partir de las identificaciones y experiencias, en un medio "casualmente" asociado a la persona que lo experimenta en forma pasiva. Es decir, *para nuestra percepción habitual, la estructura psicológica se constituye históricamente a través de una secuencia de interacciones, acontecimientos y experiencias aleatorias,* en las que confluyen pautas familiares, culturales y, a lo sumo, patrones inconscientes colectivos. Es posible que alguna teoría o corriente psicológica admita la presencia de características innatas, genéticas o arquetípicas; pero ninguna se atrevería a afirmar que la trama vincular del niño e incluso los acontecimientos principales de sus primeros años, responden a *una estructura necesaria, anterior a su manifestación objetiva.*

Para nosotros, en cambio, la Luna —y el resto de la carta— es, en tanto matriz, consustancial al niño y, en consecuencia, todas estas interacciones y acontecimientos responden a un patrón de manifestación previo a la exteriorización de los mismos. No hay otra modalidad vincular posible para él: se materializa en los comportamientos maternos y en las características familiares. El medio ambiente afectivo —que incluye todos los acontecimientos "externos" suficientemente intensos como para afectarlo emocionalmente— debe reproducir lo simbolizado por la Luna del instante de nacimiento.

¿Esto significa que es el niño quien determina a sus padres? Evidentemente, éste es sólo el opuesto lineal del razonamiento anterior y ambos expresan la misma unilateralidad perceptiva. En un caso, el medio determina al chico y en el segundo, sus energías —al manifestarse— generan su campo emocional, imponiéndose al medio.

Es preciso abrir un espacio en el que podamos pensar en términos de *matrices holográficas, que se manifiestan en red* de acuerdo a ciclos y patrones matemáticamente relacionados entre sí, ordenando nuestros vínculos en una estructura que supera la dicotomía entre "individuo-medio ambiente".

No tenemos, por ahora, un lenguaje disponible para expresar esto. Precisamente, el sistema simbólico correcto para hacerlo es la astrología, pero, como pensamos en castellano (o en inglés o en alemán), mientras aprendamos deberemos resignarnos a traducir continuamente un lenguaje al otro. Mas ya hemos dicho que éstos no son simbólicamente congruentes; siempre hay un abismo que salvar en la traducción y por eso se hace necesario explicitar el modo no astrológico —o la muy mala traducción que hacemos del mismo— a través del cual captamos los conceptos. Es necesario permanecer atentos al hecho de que *interpretamos* lo que la astrología nos muestra, desde las estucturas inconscientes ligadas a nuestro lenguaje cotidiano, la principal de las cuales es la *división sujeto-objeto*.

La posibilidad de contemplar articulaciones cíclicas y estructurales complejas *nos permite intuir un nivel de realidad en el que el "sujeto" es el vínculo.* Desde esta perspectiva, es una abstracción aislar a un individuo de otro en la red que se despliega; cada mandala natal expresa no sólo una estructura holográfica —en la cual el orden del sistema solar se reproduce en cada uno de nosotros con diferentes proporciones— sino el modo y el tiempo en el que los demás seres humanos aparecen en la trama de nuestra vida. *Nacemos en el momento, lugar y contexto vincular apropiados, como para que se hagan matemáticamente efectivas las relaciones previstas en nuestro instante de nacimiento y en el de los demás.*

Cada carta natal está ligada tanto a la secuencia simbólico-matemática de las de sus padres, abuelos y tíos, como al orden de la red vincular que se exteriorizará en el futuro: hermanos, amigos, parejas, hijos, etc. Todas estas estructuras deben ser congruentes entre sí.

El despliegue de la Luna natal

Limitándonos al factor lunar, digamos por ahora que el ser que nace *habita*, toma forma en el útero materno y se encuentra más tarde en su regazo con el calor y la modalidad afectiva que constituirán su primer *hábitat emocional*. En esta trama de estados psíquicos y mensajes maternos debe estar presente la peculiar cualidad —escorpiana, libriana o capricorniana— que corresponde a la Luna del niño: él está *en/con su Luna.*

Esta energía brinda al bebé una sensación de completitud, desde la que se excluye provisoriamente el registro de los otros componentes de la carta natal. Mucho más lejanas, "exteriores" a esa estructura madre-hijo, quedan las demás cualidades: su Saturno encarnado en el padre, Mercurio corporizado por los hermanos, y los demás elementos que materializarán/describirán —en términos astrológicos— el entorno y los primeros acontecimientos de su vida. Cualquier suceso, simbolizado por la carta a través de los otros planetas, deberá atravesar el filtro protector de la *intimidad madre-hijo* (Luna) para poder afectarlo. Aquí puede verse de qué manera la energía lunar cumple su función peculiar dentro del sistema.

Su significado se extenderá a las características del hogar y el entorno íntimo que rodea a la madre y el hijo, en un segundo círculo en el que el niño queda protegido del resto del mundo, es decir, del resto de la carta natal. La madre, el tipo de hogar, lo afectivizado por la familia, todo esto posee una estructura coherente que refleja la Luna del niño. Más tarde, a lo largo de su vida, este patrón protectivo volverá a aparecer a través de distintos contextos, desde las maestras del jardín de infantes hasta los múltiples ámbitos de pertenencia en los que se mueva. Allí donde se sienta contenido, aparecerá la matriz lunar.

Al habitar este capullo protector de múltiples niveles, el niño va constituyendo su primera identidad, que estará determinada por el signo de la Luna. Trátese de Aries, Tauro o de cualquiera de los otros signos —con la complejidad que le agregan los aspectos y la posición por casas— *desde esas particulares y en cada caso diferentes* sensaciones iniciales de seguridad, intimidad, temor, afecto, se tomará contacto con la manifestación de las otras enegías: el Ascendente, el Sol, Saturno, Marte, etc., que desde esa identidad provisoria serán experimentados como estímulos "externos".

En forma simétrica a la importancia de la madre y la familia en los primeros años, la cualidad lunar se impondrá a la conciencia, que dependerá para su *sensación de seguridad* de la presencia de sus atributos: la acción para Aries, la excepcionalidad para Leo o el orden para Virgo. Allí se fija una memoria afectiva que rechaza o huye de las experiencias que contradicen a la cualidad lunar, generando un circuito que refuerza la identificación. El núcleo aislante de la Luna en Capricornio, por ejemplo, no podrá reconocerse en las experiencias asociativas de un Ascendente en Géminis e incluso inhibirá por mucho tiempo la sensibilidad de un Sol en Piscis, puesto que ambas cualidades son extremadamente abiertas, en términos energéticos, y ponen en peligro la modalidad afectiva capricorniana.

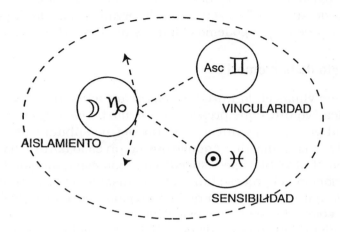

De esta identidad fragmentaria surgirá el anhelo de repetición, que deberemos diferenciar de la matriz energética lunar. *Distinguir entre la proyección psicológica de una memoria emocional y la objetivación de un patrón energético,* es el trabajo fundamental en el análisis de las lunas.

De todos modos, dentro de esta primera identificación y gracias a ella —siguiendo con el paradigma esbozado en la primera parte— se desarrollará en el tiempo una segunda identidad, simbolizada en este nivel por el Sol, que crecerá en la matriz afectiva hasta expresarse como identidad personal. Esta autoconciencia que va más allá de lo afectivizado deberá aprender a elaborar sus relaciones con el resto del sistema energético: los demás planetas, signos, casas y aspectos. Es en este aprendizaje donde se desarrolla la trama habitual de nuestras vidas: *un yo fragmentario que busca la realización de sus deseos, en un campo vincular que experimenta como ajeno.*

Más allá de nuestras reacciones psicológicas ante la manifestación energética, las cualidades lunar y solar se desplegarán integradamente, de acuerdo a sus ciclos y ritmos naturales. Tendrán así la oportunidad de abrirse a las energías del Ascendente y de los otros factores más distantes de la conciencia, la que aprenderá a desidentificarse del pasado para reconocerse en el *ahora* de las manifestaciones cíclicas de la estructura.

Si esta fase madura, con la necesaria resignificación de *la sensación de yo separado,* se hace posible entonces un segundo proceso, que desemboca en la expresión de la cualidad sintética del Sí Mismo o centro del mandala natal. En estos niveles, la Luna se seguirá manifestando ya no como refugio, sino integrada al resto del sistema en tanto imprescindible capacidad afectiva y de contacto, contribuyendo con el talento específico de su cualidad zodiacal a la organización de la personalidad, primero, y de lo que podemos llamar singularidad, después.

El refugio de la memoria

Como vimos en la introducción, el arquetipo de la Luna posee una dinámica evolutiva que presenta un *punto de inercia*; en éste, la misma cualidad protectora y nutricia se transforma súbitamente en regresiva, repetitiva y cristalizante. Aquello que en un ciclo natural (las fases lunares) y en el nivel biológico, sucede con toda espontaneidad —esto es, la consumación del proceso lunar con su disolución de la cualidad protectora y la natural liberación de lo protegido— se convierte en una experiencia compleja en el nivel psicológico.

La identidad constituida en el hábitat de la Luna se ha fijado y busca la repetición de la cualidad afectivizada —la única asociada a la seguridad— para seguir protegiéndose de las demás energías de la carta, que aún son vividas como amenazantes. El hábito aislante de la Luna en Capricornio del ejemplo anterior, se apoderará de la conciencia que rehúye la excesiva sensibilidad de su Sol en Piscis y la apertura de su Ascendente geminiano. Casi con seguridad, buscará inconscientemente el rechazo y la soledad para permanecer en la situación de aislamiento conocida que, aunque sufriente, será más segura que lo desconocido.

Como un pollito que permanece demasiado tiempo en el cascarón ya roto por su propio crecimiento, la persistencia de la identificación con la cualidad lunar demora la expresión de la nueva identidad y distorsiona el proceso de integración de las energías más distantes para la conciencia. Ese núcleo temeroso se cierra sobre sí y experimenta sistemáticamente las demás cualidades que deberá asimilar a lo largo de su vida —los restantes planetas, el Ascendente, etc.— como ajenas a él.

La conciencia seguirá imaginando que no existe peligro y que hay afecto a disposición, *sólo cuando se producen las situaciones propias de la matriz lunar;* por ejemplo, cuando hay contacto corporal en Tauro, palabra en Géminis, acuerdo en Libra. Pero en la mayoría de los casos esto no es real, puesto que no se están viviendo ya las mismas situaciones de la infancia; por consiguiente, dejan de ser válidos los recursos de aquella época.

La Luna, en cuanto cualidad energética, prosigue con su ritmo natural, reapareciendo a lo largo de la vida adulta en contextos nuevos e integrados al conjunto de la carta. Pero la conciencia, fijada en la manifestación de esta cualidad en los primeros estadios de su experiencia, la habrá reducido a un *mecanismo psicológico* en el que se refugia toda vez que los acontecimientos superan su umbral de seguridad emocional. Si un empresario —aparentemente exitoso y maduro— atravesara por una quiebra, sería absolutamente lógico y saludable que buscara el contacto con su familia y sus afectos, para encontrar consuelo y sostén emocional en una situación difícil. Aquí estaría representada la energía lunar en integración positiva con las restantes del sistema, en tanto patrón de contención y pertenencia. Sería más extraño, por cierto, que para consolarse fuera a buscar a su madre, habiendo ya construido en su vida un entramado emocional maduro y diferenciado, aunque podamos suponer que en una situación de máxima crisis, la persona anhele el consuelo de su afecto más primario. Pero lo que sí ejemplificaría el mecanismo es el caso en el que este empresario, rechazando todo otro vínculo que no fuera la presencia de su madre, se encerrara en la casa de ésta negándose a salir, en la convicción de que la sola presencia materna habría de resolver sus dificultades.

Aunque parece una exageración, esto es lo que sucede habitualmente con nuestra Luna, sin que lo advirtamos: la identidad integrada que —como el pollito— salió del cascarón lunar para continuar creciendo, en realidad permaneció adherida a él. Apenas, en el campo energético, una dinámica particular afecta aquello que tenemos connotado como seguro, nos retraemos en busca de lo más conocido —la Luna— de un modo tan absurdo como el de un pollo que busca meter la cabeza en el huevo cada vez que se siente amenazado, en la creencia de que así estará protegido.

Esto es lo que llamamos *mecanismo lunar* y es fundamental que lo distingamos de la *cualidad lunar* y sus talentos. El mecanismo lunar es la repetición regresiva de una matriz imaginaria de seguridad. Aquella cualidad que sirvió como protección y nido afectivo en la infancia, simplemente ya no cumple esa función, porque las condiciones han cambiado. Sin embargo, la inercia del hábito imagina su repetición y recorta la realidad para convencerse de que ese escenario aún es posible. Por eso, es falsa la seguridad que su perpetuación ofrece y de esta ilusión surgen innumerables conflictos de destino; de cualquier manera, esto se produce en nosotros, en forma casi inevitable. Es todo un aprendizaje disolver la autonomía de la memoria lunar que se proyecta inconscientemente sobre el mundo, para poder vivir en forma integrada las cualidades de nuestra Luna.

Así como distinguimos —en diferentes órdenes de realidad— *patrones de despliegue energéticos* que constituyen las matrices básicas de la astrología, también debemos descubrir el modo a través del cual el ser humano reacciona ante ellos, configurando *patrones de respuesta* que, al tender a fijarse, producen sufrimiento y la repetición sistemática de secuencias de acontecimientos (destino).

Uno de nuestros patrones de respuesta más importantes es el mecanismo lunar; comprenderlo es fundamental, para diferenciar entre aquello que la matriz energética expresa y el modo en el que la conciencia queda atrapada por una trama de reacciones y proyecciones.

En los capítulos siguientes distinguiremos para cada Luna:

- la cualidad energética que le es propia.
- su manifestación como campo afectivo de nacimiento.
- la manera en que las vivencias, dentro de ese campo afectivo, marcan al niño y pautan una historia y una memoria con las que se configura el mecanismo psicológico.
- el mecanismo lunar como fuente imaginaria de seguridad y afecto.
- la proyección de ese imaginario en personas y situaciones, y el patrón de destino que así se establece.
- la unilateralidad y subjetividad de los mensajes afectivos ligados al mecanismo lunar.

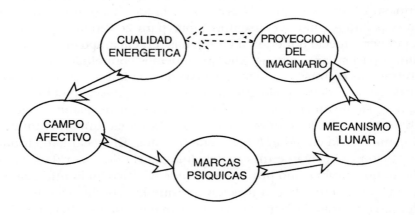

La estructura de este libro

Este libro tiene como objetivo central explicitar *el mecanismo de cada una de las lunas* con el mayor nivel de detalle posible, puesto que aquél es capaz de inhibir y distorsionar la expresión de las demás energías del sistema, ensombreciendo *la cualidad lunar* propia de cada espacio zodiacal. Esta cualidad puede aflorar sólo en la medida en que el mecanismo, al ser advertido, pierde su poder de fragmentar la percepción.

Asimismo, la particular cualidad afectiva de cada persona, en la que se sintetizan distintos factores de la carta alrededor de la sensibilidad lunar, tampoco podrá manifestarse en forma madura si el mecanismo no deja de ser tal. Mientras éste predomina, el nivel emocional se mantiene relativamente disociado del conjunto de la personalidad —en forma específica para cada caso— provocando fuertes conflictos "internos" que se reflejan en lo "externo" (y viceversa).

Describir doce Lunas —o mecanismos lunares— sólo tiene sentido desde una perspectiva pedagógica. Cada Luna aparece siempre ligada a las experiencias de una casa concreta, rige otra y generalmente está aspectada por uno o más planetas. En relación a la estructura emocional-familiar básica, deberíamos incluir también la información que nos da la Casa IV y los planetas eventualmente presentes en ella, más los que la aspectan. Y, para ser rigurosos, habría que complementar todo esto con las referencias a Saturno y la Casa X. O sea que, en realidad, tendríamos que sintetizar apropiadamente todos estos elementos para hablar de la "estructura o complejo lunar" de cada carta.

Ninguna matriz holográfica divide la información en compartimentos estancos. Como se puede ver en las modernas teorías acerca del cerebro, *la información aparece dispersa y repetida en distintos lugares*, de forma idéntica en algunos casos y con diferencias en otros, de acuerdo a los distintos "paquetes de información" con los que se encuentre asociada. Conforme a la necesidad —o, más precisamente, a la pregunta— la actividad cognitiva recoge los datos acumulados en distintos lugares o circuitos, y los relaciona de manera de obtener la mayor información significativa posible.

Podemos decir lo mismo acerca de la carta natal, como fuente de significaciones. La mirada holística captura lo que necesita, de acuerdo a una compleja actividad analógica por la que establecemos semejanzas y diferencias en distintos niveles simultáneos (energéticos, arquetípicos, psicológicos, vinculares, de acontecimientos, etc.). Educar esta mirada es una sutil y paciente tarea en la que aprendemos a recorrer los caminos de ida y vuelta, de la síntesis al análisis.

No creo que pueda enseñarse por escrito cómo articular toda la información referida a la "estructura lunar" de un individuo. Lo que haremos aquí es describir para cada Luna *un núcleo común a distintas posiciones* (entre ellas, la casa donde se encuentra la Luna, los aspectos a ésta, la casa IV, etc). En cambio, los caminos a través de los cuales este núcleo se manifiesta en relación a vínculos específicos, acontecimientos, modos de ubicación psicológica ante la experiencia —o sea, si ésta es vivida como "externa" o "interna" — y demás niveles, serán diferentes según cada posición y no nos ocuparemos de ellos. Para facilitar la lectura hemos intercalado en el texto algunas preguntas que los alumnos del curso formularon con más frecuencia a lo largo de los años.

En el apéndice del texto se enumeran distintos factores que poseen una fuerte analogía entre sí y *que resuenan con el núcleo descripto en cada signo lunar.* Por ejemplo, la Luna en Aries posee analogías con los aspectos duros entre la Luna y Marte, o con Marte en la Casa IV; y así sucesivamente, en los demás casos. Es necesario subrayar que éstas son analogías y de ningún modo identidades; y que su agrupamiento tiene como único sentido captar sintéticamente *el patrón de reacción psicológica* ante las distintas estructuras energéticas, diferentes en cada caso. Debe atenderse a esto con mucho cuidado puesto que, al asociar de esta forma las distintas configuraciones, se corre el riesgo de creer —por ejemplo— que Marte en la Casa IV es lo mismo que Marte en cuadratura a la Luna. *Enfáticamente, esto no es así.* Pero sí, que *la configuración emocional reactiva ante cada uno de estos patrones de experiencia es prácticamente la misma;* y esto es lo que nos interesa subrayar, al agrupar estas analogías.

Describir una cualidad lunar fuera del contexto específico de determinada carta es una abstracción necesaria, destinada al aprendizaje. Nadie responde linealmente a esa descripción; *sólo puede resonar en ella* y así ampliar su comprensión de sí mismo, de los demás y de la relación entre la estructura del sistema solar y el ser humano. En este sentido, el presente libro no está escrito para quien quiera acceder a una descripción de sí mismo a partir de la lectura de "su" Luna. Sería una ingenuidad, por otra parte, creer que tal cosa es posible a través de un texto.

Nuestro objetivo es ofrecer material para el aprendizaje en un nivel básico y, en ese sentido, se presupone que el texto ha de ser leído en forma completa. La temática se irá desplegando capítulo a capítulo, creciendo en complejidad a medida que progresamos por el Zodíaco. Las primeras lunas se analizan en forma más sencilla y, a medida que se van incorporando conceptos, las descripciones se enriquecen y surge más contenido teórico acerca del tema en su conjunto. Así, la comprensión de las lunas correspondientes al final del Zodíaco permite entender mejor a las primeras.

El Zodíaco es un sistema recursivo en espiral; al llegar a la Luna en Piscis se cerrará un ciclo y estaremos en condiciones de reiniciar otro, con una perspectiva más profunda y abarcativa. Una vez planteadas las articulaciones psicológicas, provocadas por las primeras experiencias con las cuales permanecemos identificados, quedaremos libres para referirnos a los niveles más esenciales de la Luna, especialmente en su dinámica con el Sol y el Ascendente y la manera en que la cualidad lunar se manifiesta en un sistema integrado. Aquí sólo completaremos el primer ciclo centrado en la comprensión de lo que hemos llamado *mecanismo lunar,* dejando para otros textos la indagación en las manifestaciones más sutiles de la Luna.

LUNA EN ARIES*

Vamos a analizar el significado de la Luna en Aries, primero desde el punto de vista energético y luego desde el psicológico.

Al correlacionar el significado de la Luna con el del signo de Aries vemos que la cualidad básica que protege el cuerpo del niño al nacer es dinámica, impelente, cruda y vital.

La persona entra a la existencia a través de una energía centrada en la acción, que le otorga un fuerte sentido de la autonomía y capacidad de iniciativa. Esta será la base de la cual partirá y operará como un filtro protector de las demás energías de su estructura, que pueden ser muy diferentes a ella e incluso opuestas o contradictorias.

Si tuviéramos que buscar una imagen para indicar la naturaleza de ese campo básico —que más tarde quedará para él ligado a la seguridad— podríamos imaginarlo como una explosión roja, penetrante y agresiva; siempre activa, lanzada con potencia y velocidad hacia adelante.

Ahora bien, estas características propias del bebé que nace, deberán estar presentes en su campo afectivo primario; tomarán forma a través de los vínculos y modalidades propias de su medio ambiente, fundamentalmente a través de la relación con su madre.

Constitución del campo afectivo

Desde un punto de vista no astrológico, podríamos decir que dicho campo es externo al chico y que "le sucede" a partir de la interacción con las personas que, "por azar", lo rodean afectivamente. Estas serán portadoras del dinamismo y la agresividad propias de su Luna y su com-

---

* Ver en el Apéndice las analogías correspondientes a cada Luna.

portamiento provocará los estímulos necesarios para actualizar las cualidades latentes en él. ¿Cómo podemos imaginar a la madre de este niño?

• ¿Podemos suponer que será activa, "mandona", impulsiva?

Exacto, y cuando decimos "madre" queremos significar una matriz que constela todo lo que se manifiesta como "maternal" alrededor del chico. Estamos traduciendo a nuestro lenguaje cotidiano el símbolo "Luna", que pertenece a un lenguaje que organiza sintéticamente múltiples significados.

Estas características de la relación con la madre o con quien haga las veces de tal, incluye todo el mundo afectivo en tanto *familia*: padre, hermanos, abuelos, medio ambiente inmediato. Abarca la casa, el modo en el cual circula el afecto en ella, la sensación de hogar, las sucesivas figuras y situaciones de contención afectiva como el jardín de infantes, las primeras maestras, la niñera... En el caso al que nos referimos todas ellas se irán desplegando de acuerdo a la constante energética ariana e irán impactando en el niño, configurando una historia y una matriz psíquica.

Para una Luna en Aries, entonces, esta "madre" será *enérgica, decidida y muy deseante*. Esta estructura afectiva constituida por muchas personas, ámbitos, modalidades y acontecimientos —donde la madre real suele ser, por supuesto, la principal actora de dicha cualidad— será asertiva e incluso imperativa y, por lo general, presentará hechos consumados al chico, quien se verá obligado a adaptarse a ellos. Este campo afectivo *decidirá acerca de él con rapidez y sin dar lugar a cuestionamientos.*

• ¿Es una madre que te lleva por delante si no te corrés?

Debe ser activa, invasora y determinante. Es alguien que siempre está expresando un deseo explícito: *"¡Hacé esto! ¡hacé aquello...!"*, alguien intrusivo, tajante y dominante, pero no en un sentido manipulador sino franco y directo.

Más allá de la madre concreta, el mundo que rodea a estas personas durante su infancia suele estar impregnado de actividad, despliegue corporal, agresividad y, en muchos casos, de violencia verbal e incluso física.

Para comprender cómo se configura la psiquis del niño, vamos a razonar en términos históricos y de causa-efecto, pensando sus reacciones posibles ante ese entorno y cómo se organiza en él un imaginario en relación al afecto y a la seguridad.

Cuando se intenta una explicación psicológica de la modalidad afectiva del chico, se supone que hay que buscar la "causa" en el vínculo con su madre o con quien realice su función. Sin embargo, *para nosotros*, el proceso es inverso: dado el instante del nacimiento —expresado en el dibujo del cielo— la materialización de la energía del mismo será esa relación con la madre y no otra. O sea que no es posible otro vínculo, porque ese instante está implicado en la estructura energética del momento en que la persona nació. Esta estructura será, a su vez, necesariamente complementaria con los instantes en que nacieron las demás personas que conforman ese campo.

La primera respuesta: se inicia el circuito

Para comprender el patrón psicológico tenemos que preguntarnos: ¿cuál será la reacción del chico ante esa "madre"? En términos más precisos: *¿cómo se ve afectado el cuerpo de ese niño con Luna en Aries por el campo energético al que está asociado?* Uno podría imaginar que el primer movimiento será retroceder, ante el hecho de que todo el espacio resulta ocupado por esa "madre". Al chico no le quedan alternativas disponibles: *deciden acerca de él, sin darle tiempo a definirse.* Pero tenemos que pensar que, siendo Aries la energía de su refugio, en realidad no hay dónde replegarse para sustraerse a esta presencia agresiva. *Ésta le pertenece y, si bien aparece como exterior a él, le es estructural:* Aries es su refugio y su protección, por lo tanto, dondequiera que se "esconda" brotará energía ariana, como si hubiera nacido protegido por un cactus.

Allí donde busque refugio encontrará agresión; y donde idealmente debería encontrar calma, contacto y relajación, en realidad habrá tensión. Por lo tanto, la única respuesta posible será pasar al ataque a fin de rechazar esa energía invasora. Esa madre-amazona, deseante y llena de agresividad, es el chico mismo, es la *"naturaleza materna" del chico, exteriorizada.* Ante su manifestación, éste reaccionará enfrentándose y peleándose con ella, es decir desplegando la energía que le corresponde. Por ejemplo, se largará a patalear, gritando y atacando hasta lograr que esa fuerza invasora e intrusiva retroceda. Su sensación será que, cuanto más iniciativa tome y cuanto mejor pelee, más efectivamente controlará esa fuerza de deseo que está "afuera" de él. Debe adelantarse al deseo invasor que lo rodea y para eso se convierte él mismo en un torbellino de actividad. *Lo que a este chico le da seguridad es entrar en una actividad tal, que sirva para bloquear con ella el deseo de los demás.* Arma así sus "berrinches", se refugia en la acción y el movimiento, discute, se opone y se enoja poniéndose como un "erizo" y, ante semejante despliegue, el mundo percibido como intrusivo se tranquiliza. Sólo con ese comportamiento siente que la agresión se retrae y que, por fin, puede disponer de su espacio propio. Así se organiza un patrón de conducta que consistirá en estar de antemano a la defensiva y pasar al ataque ante el menor estímulo.

• ¿Hay mucha energía en esa Luna...?

Siempre hay energía; lo que en este caso la hace tan evidente es que se trata de energía dinámica. En la vida de la persona con Luna en Aries habrá de esta manera muchas iniciativas, corporalidad en movimiento e incesante actividad. Me interesa que perciban esa sensación frenética en la base, algo que es del orden *del capricho desatado, como reacción infantil a ese campo energético intrusivo.* Esta reacción puede ser manifiesta o —de acuerdo a las demás energías de la carta— expresarse con un estado de alerta e irritabilidad constante, oculto bajo una aparente amabilidad. Es casi una exasperación que debe ser canalizada porque es mucho el deseo enfocado en él, del cual el niño anhela liberarse. Y recordemos que no se trata de un deseo "absorbente/inconsciente" —típico, como veremos, de una Luna en Escorpio— sino de un deseo explícito y penetrante.

Asociaciones afectivizadas, reacciones, mecanismos

Aquí —como en las restantes Lunas que iremos desarrollando— podemos distinguir una secuencia de hechos que en la infancia aparecieron siempre asociados y para los cuales el niño encontró una respuesta exitosa. Ese contexto histórico primario quedará grabado como memoria afectiva. Más tarde, ante el mínimo estímulo, el adulto tenderá a configurar el mundo de la misma manera y a repetir mecánicamente la secuencia infantil:

1) Cada vez que la persona con Luna en Aries se sienta insegura, se activará la percepción de un contexto intrusivo y persecutorio. Esto desencadenará la conducta "exitosa": tomar la iniciativa y demarcar más o menos agresivamente el propio espacio.
2) Quedará establecida una asociación inconsciente entre afectividad y acción. Cada vez que demuestre afecto, tenderá a hacerlo por ese canal.
3) Del mismo modo, tenderá a interpretar los mensajes afectivos de los otros en los mismos términos. Es muy difícil, en general para cualquier Luna, comprender mensajes afectivos distintos

a los que se organizaron a través del mecanismo lunar.

4) Esta pauta peculiar, en relación al *afecto como tal*, es ambivalente y confusa, difícilmente comprensible para los demás. En el caso específico de las personas con Luna en Aries, es posible que aparezca temor —o al menos incomodidad— ante el contacto y la ternura. Apenas se les manifiesta cariño y protección, se gatillan en ellas las asociaciones inconscientes por las cuales adquieren la certeza de que están a punto de perder su libertad: esto hace que sea muy difícil tener acceso a su intimidad.

Para esta Luna existe una fantasía de castración y acoso ligada a la situación afectiva. La persona capturada en ese imaginario pone inmediatamente distancia ante el estímulo afectivo, colocándose a la defensiva; esto es sólo un preludio para el ataque o eventualmente para la fuga. Aislarse, marcar un territorio, entrar en hiperactividad son algunas de las respuestas posibles que, obviamente, dependerán también del resto de las energías de la carta.

Una persona con esta Luna, entonces —tanto cuando hay una fuerte presencia afectiva como cuando se ve amenazada en su seguridad— reacciona inmediatamente en forma ariana: se pone hiperactiva, toma una decisión tras otra, se adueña de la iniciativa, se apoya en la acción física y eventualmente agrede... Así quedan inconscientemente afectivizadas situaciones tales como discusiones, peleas, proclamación de la propia independencia, gran despliegue de energía física, etc.

Lo que define a esta energía como mecanismo lunar es la aparición de un círculo vicioso. Por un lado, la persona se sitúa en un estado de alerta permanente porque percibe que siempre es hostigada e invadida y esto es lo que más detesta en el nivel consciente; pero, por otro lado, esa misma situación está afectivizada. Entonces, cuando no la atacan ni la invaden, cuando no hay confrontación de deseos, siente un gran *vacío emocional*, como si "extrañara" el tipo de carga a la que está habituada. Así, provoca exactamente *aquello de lo cual se defiende* y allí es donde se constituye el mecanismo, en el cual se recrea la energía lunar. Alguien indiferente y distante, que le dice siempre *"hacé lo que quieras"*, descoloca mucho a la Luna en Aries y la obliga a desarrollar una integración más amplia y madura de su mundo emocional. Si la identificación de la conciencia con el mecanismo es alta, en cambio, la persona terminará provocando a los demás de alguna manera, punzándolos, argumentando e invadiendo sus espacios hasta lograr la respuesta que necesita o actuando con una autonomía y desconsideración tal, que obliga a los demás a intervenir enérgicamente para limitarla. Sólo de esa forma la situación retorna a lo conocido y esto, aunque contenga conflicto, es para ella inconscientemente más seguro que la situación desconocida.

El "bonsai" o el deseo recortado

La sensación psicológica de la persona instalada en el mecanismo de la Luna en Aries es que es imposible que los demás la dejen tranquila por mucho tiempo. Alguien de su campo afectivo habrá de invadirla y hostigarla. Por eso toma distancia y, sobre todo, mantiene la iniciativa en todos los terrenos. Siempre alguien quiso algo de ella o impidió lo que quería; siempre se vio obligada a moverse en un marco lleno de criterios muy explícitos que no le dejaban alternativa, y esa presencia de la acción y el deseo penetrante de los demás la fue configurando.

En este sentido, toda Luna en Aries es un *"bonsai"*, uno de esos arbolitos japoneses a los que podan por arriba y por abajo, para que no puedan tomar la forma y tamaño naturales, sino los que desea el jardinero.

Una rama crece en una dirección, adquiere vigor, y es cortada; la rama nueva se ve entonces forzada a crecer de un modo antinatural; continuamente se podan ramas y raíces para que no pueda crecer en libertad sino de acuerdo al objetivo del jardinero. De manera semejante al bonsai, la realización del propio deseo en la infancia ha sido algo muy difícil. Lo que se ha ejercitado ha sido más bien *la resistencia al deseo de los otros y esto, la mayoría de las veces, queda luego confundido con el propio deseo.* La persona ha desarrollado el hábito de resistir al otro en el ataque, la oposición y la descarga fuerte de energía.

Esta reacción continua adquiere la apariencia de una gran vitalidad y de una personalidad deseante. Sin embargo, es muy probable que la oposición a otros, e incluso *la resistencia al deseo de un "otro" imaginario sobre ella, sea el verdadero organizador del de la persona* e incluso de sus actos. En este caso, evidentemente, no hay verdadero deseo sino mera reacción.

No debe verse esto simplemente como un mecanismo propio de la afectividad cotidiana sino como *una estructura de la afectividad profunda, que tiene como contexto inconsciente la presencia del deseo de un otro que lo determina.* Luchar contra éste, definirse en contra de él, es en muchos casos la fuente de la dirección vital por un largo tramo, en una vida que finalmente se revela como determinada por los demás. Esta es la paradoja: la identidad primaria está condicionada por la presencia de un otro determinante. Sin éste no se es, en el nivel inconsciente. De aquí que para esta estructura lunar sea más fácil definirse por oposición, desafiando y transgrediendo el deseo de la madre —o todo deseo identificable como "materno"— que conectarse profundamente con el suyo y con sus verdaderas necesidades. Este fuerte componente reactivo deberá ser llevado a la luz, para que en esta persona aflore realmente lo propio. La gran paradoja es que, cuanto más lucha contra otros y más independiente se muestra —envuelta en la sensación de estar "sola contra el mundo"— mayor dependencia establece en lo profundo. Siendo la Luna función de contacto y de respuesta natural a la necesidad, y estando aquí atravesada por este imaginario reactivo, es poco probable que la persona se dé el tiempo y la relajación necesarios como para descubrirse a sí misma, independientemente del antagonismo y la belicosidad con las que su inconsciente configura los contextos.

Al identificarse —o polarizarse— con este lado belicoso e indómito, se hace muy difícil aceptar la información que trae el resto de la carta natal y desarrollar una síntesis creativa entre todos sus elementos. *Se define en contra de aspectos propios, apenas quedan identificados como deseados por esa "madre" arquetípica.* Así se perpetúan la exclusión y la fragmentación propia del mecanismo lunar.

En el caso de la Luna en Aries, tenemos que pensar que el chico *carece de una función básica de relajación y distensión en el contacto* y que esto deberá ser aprendido a lo largo de la vida. Generalmente el suyo es un cuerpo activo, pero hipertenso y en estado de alerta permanente, para cuyo psiquismo la relajación y la receptividad están identificadas con el peligro y la ausencia de contención (falta de afecto). El cuerpo se ha acostumbrado a acumular tensión como estado básico y, al mismo tiempo, se ha cargado de resentimiento e irritación ante la presencia de ese *otro* que en la infancia le ha dado cariño y amor, pero de un modo determinante y agresivo. Suele haber un nivel *exasperado* en la persona, que se manifiesta sólo en situaciones límite. Es importante para nosotros pensar de qué manera esta tensión e irritabilidad subyacentes organizan e inhiben otras funciones del sistema.

Eventualmente, es posible ver personas con esta Luna que rechazan el componente emocional ariano y que, desde el plano consciente, no se identifican con él. Suelen tener muy valoradas la contemplación, la soledad y la quietud, porque allí se sienten libres de su "madre", haciendo exactamento lo que ésta —su Luna— detesta. Sin embargo, estas personas con un fuerte componente calmo y contemplativo se sienten rodeadas por otras hiperactivas e intrusivas, que atentan contra su quietud la que, en consecuencia, debe ser defendida. Acá la Luna ha quedado del otro lado, en relación a la identidad consciente; sin embargo, está presente como complemento de la quietud que debe ser defendida de la intrusión de los demás. Esta es la razón por la cual, generalmente, la persona se queja de la agresión, la hiperactividad o invasión del mundo "externo", sin advertir que inconscientemente las necesita para sentirse segura y completa. En realidad se ha organizado reactivamente en relación a una disociación y, de esta manera, la tensión quietud-intrusión nunca dejará de existir.

Para comprender su significado real y toda la importancia de la energía lunar, es instructivo observar a personas ancianas que hayan perdido la lucidez a causa del envejecimiento o de alguna enfermedad, específicamente la arterioesclerosis, con el proceso de regresión que ésta lleva implícita. *La caída del yo más maduro, que organizó integradoramente un conjunto de energías de la carta, deja expuesta la presencia de la vibración básica que aún anida en las células.* En el caso de la Luna en Aries, estos ancianos se revelan terriblemente belicosos, irritables, gritones, en constante movimiento hasta donde les sea posible. Por un lado vemos nuevamente cómo, ante un máximo de Saturno —la vejez— aflora la Luna; el máximo de un polo desencadena el otro.

Por otro lado, tenemos aquí oportunidad de atender a un hecho que habitualmente se nos escapa: *la presencia de una estructura psicológica prácticamente autónoma, que subyace al yo más maduro.* Esta modalidad puede quedar expuesta en casos límite de la ancianidad, y es la que se había manifestado como dominante desde el punto de vista energético, en el inicio de nuestra vida. A lo largo de los años ésta suele quedar recubierta, por así decirlo, por otras cualidades; pero en la mayoría de los casos sólo se le superponen sin lograr integrarla. Cada vez que los niveles más maduros se resquebrajan, aquella modalidad reaparece como al principio, revelando su comportamiento mecánico que, si no fue realmente integrado, se repite a sí mismo como si no hubiera aprendido nada a lo largo de toda la vida.

Un cuerpo con carga acumulada

Otra cuestión de importancia es el resentimiento que la persona con Luna en Aries ha absorbido y acumulado en el propio cuerpo desde su infancia. En principio, ella tiende a confundir esa carga reactiva almacenada con energía vital disponible y por eso parece siempre muy activa y deseante. Pero en realidad, su conducta es reactiva y básicamente de descarga, lo cual se hace visible en el hecho de que se mueve muy bien en situaciones "breves", de rápida resolución. Le es muy difícil, en cambio, tomar decisiones relacionadas con grandes espacios y tiempos o con proyectos a largo plazo que exijan continuidad, perseverancia y síntesis en la acción. Aun cuando el Sol o el Ascendente correspondan a energías como Capricornio, Leo o Sagitario, la presencia de la Luna en Aries tenderá a que la persona evada las decisiones estratégicas y éstas se tomen —o queden comprometidas— por una sucesión de bruscas reacciones o recurrentes iniciativas de corto alcance.

Por supuesto, la persona con Luna en Aries manifiesta una gran energía corporal e intrepidez en situaciones de riesgo físico, así como una gran efectividad y presencia de ánimo. Estos son sus talentos, junto a una gran habilidad motriz y a la capacidad de respuesta e iniciativa. Pero cabe preguntarse ¿realmente estas acciones y situaciones expresan algo auténticamente suyo? ¿o se protege en ellas, para evitar otras —quizá más coherentes con el resto de su carta natal— en las que siente peligro o inseguridad?

De alguna manera, esta Luna no se puede comprender hasta que no aflore toda la *irritabilidad* propia de sus marcas psíquicas; y en algunas estructuras, esto es un verdadero problema. Pensemos, por ejemplo, en un Virgo fuerte que no se autoriza estas descargas y las sigue acumulando. Tendremos en este caso una personalidad muy contenida, en la cual el enojo y la agresión estallarán sólo en ocasiones muy especiales, sobre todo con los seres más queridos. Porque esta Luna, librada a sí misma, cuanto más experimenta afecto, tanto más provoca, discute y se enoja. ¿Qué pensar cuando una persona con Luna en Aries nos dice algo con excesiva franqueza, nos hostiga, o nos llama por teléfono a cualquier hora de la noche con cualquier pretexto? O está asustada por alguna razón o nos está enviando un muy particular mensaje afectivo. Si no se sintiera inmersa en un contexto afectivo, no nos hostigaría ni nos enviaría sus dardos verbales. Por todo esto, es muy difícil que la Luna en Aries perciba el malestar del otro por algo que ella dijo. Tampoco sabe prever las reacciones de los demás al respecto, porque su modo de demostrar afecto incluye necesariamente cierta agresividad. Como se siente cómoda en esa situación, le cuesta percibir el posible desagrado que sus "modos afectuosos" producen en otras personas.

Lo que es cómodo y seguro para algunos no lo es para otros. En la cualidad lunar se expresa la posibilidad de intimidad y confianza mutua, pero frecuentemente nuestras necesidades y los mensajes que emitimos desde nuestros filtros lunares provocan la reacción opuesta en quienes nos rodean.

Todo esto hace, obviamente, que el comportamiento de una Luna en Aries sea entendido muchas veces como muy desconsiderado. Pero imaginemos a alguien con Sol y Ascendente en Libra, y Luna en Aries: cuando se pone inseguro, resulta un infierno para los demás pero sobre todo para sí mismo, porque es posible que no pueda comprender sus propias reacciones. Por un lado, es una persona llena de paz y armonía, considerada para con los otros, equilibrada. Pero, de pronto, se le escapa un dardo verbal o un gesto agresivo y se pone muy invasora; o se aísla de los demás bruscamente, dejando descolocados a todos, pero sobre todo a sí misma. Muchas de sus reacciones pueden no corresponder en absoluto con el resto de la estructura y gatillan en la persona, inconscientemente, comportamientos que ella misma no comprende.

• *¿Creen que eso que dicen es "por el bien del otro"?*

No, eso sería demasiado reflexivo y en todo caso puede ser una racionalización posterior. La Luna es siempre una energía primaria, anterior a toda consideración acerca del otro; *es una condición de la propia seguridad emocional.* La persona con esta Luna nace, recordemos, con agresión y afecto vinculados.

• *¿Ese hábito puede generarse, entonces, a partir de una mamá intrusiva?*

Si optamos por una explicación psicológica podemos decirlo así, pero para nosotros no se trata de que la "causa" haya sido la mamá intrusiva. *Esa mamá intrusiva fue la primera manifestación de su propia energía y la persona experimentó con ella una secuencia de interacciones que le son, esencialmente, propias en tanto sistema energético.*

Dependiendo de la independencia

Si pudiéramos sintetizar los mecanismos de esta Luna en una frase, ésta sería: *"No sé por qué, pero cada vez que me quieren, me invaden".*

• *Es de suponer que eso se hace hábito y, finalmente, la persona se siente cómoda...*

Sí, pero ocurre que la persona se siente cómoda y segura en algo que se convierte en mecánico y que, eventualmente, traiciona el resto de su naturaleza. Por ejemplo, si es Sol en Tauro con Ascendente en Cáncer, puede ser en verdad una persona que se expresa a través del contacto profundo, tierno y receptivo. Sin embargo, al tener Luna en Aries, su movimiento defensivo la va a llevar a la hiperactividad e incluso a la agresividad; y no simplemente en relación a los demás sino también para las verdaderas necesidades de la totalidad que es.

Por cierto que no debe ser ésta, necesariamente, la realidad del presente para la persona; pero en términos globales, el campo energético y la memoria afectiva de la Luna en Aries siempre giran en torno a dos sensaciones básicas. La primera es que *tener la iniciativa* equivale a seguridad y que perder la iniciativa es igual a peligro. Por otro lado, siente que al haber confrontación abierta hay afecto y comodidad. De manera que los mensajes afectivos que envía esta persona son muy peculiares: *invadir al otro, hostigarlo, intimidarlo, hacer cosas continuamente,* son todas maneras de mostrar afecto y buscar seguridad y protección, lo cual es cierto en la burbuja lunar pero no en un contexto más amplio.

Ahora bien: como dijimos antes, si la respuesta externa no expresa espontáneamente esa carga, la inseguridad hará que la persona la provoque. Aquí se instala, para ella, el feed-back complejo: el mecanismo lunar *provoca que el afuera la invada* y, en el extremo, que la hostigue y la ataque; y esto es lo que eterniza el proceso. Mecánicamente, responde *con cierta energía o con cierta paranoia, porque siente que siempre la acosan* y tiende a conferir realidad a esa situación, mucho más de lo que ésta objetivamente merece. Por supuesto, reaccionará de acuerdo a esa percepción aunque realmente no esté sucediendo tal cosa; pero por otro lado, la provoca. ¿Por qué? Porque, *si percibiera que "eso" no sucede, lo que está realmente ocurriendo la llena de inseguridad.* Es mucho mejor pelearse, discutir, discrepar, meter el cuerpo, etc., a que todo fluya armónicamente, por ejemplo, porque esa calma es amenazante; entre otras cosas, porque la obligaría a ponerse en contacto con lo que realmente está sucediendo. Este es precisamente el problema del mecanismo lunar: *inhibe el desarrollo de las funciones de registro y contacto en el presente; éstas quedan anuladas por la activación automática de un contexto del pasado.* En el mecanismo de la Luna estamos en el reino de la memoria.

Toda Luna es un círculo en el que la dinámica se autorreproduce: la Luna en Aries ama el espacio libre y la sensación de poseer la iniciativa en todas las situaciones. Sin embargo esa persona, tan independiente en apariencia, hará todo lo posible para verse invadida y obtener inconscientemente lo contrario de aquello que conscientemente desea.

Veamos con más atención esta *necesidad de independencia* de la Luna en Aries. Sabemos que esta persona necesita mucha libertad, sobre todo para marcar claramente su territorio, porque tiende a *percibir el afuera como condicionante.* Si el otro posee demasiada iniciativa, inconscientemente se le configura un contexto en el que siente que queda a su merced. *Así, la posición pasiva o simplemente receptiva es automáticamente connotada como dependiente.*

Uno de los mecanismos posibles consiste en garantizarse siempre un exceso de libertad de movimiento, porque está previsto que puede perderla en cualquier momento. Por eso es común verlas realizar su *"danza de guerra"* —literal o metafórica— con la que demarcan con claridad un espacio cuyos bordes no pueden ser atravesados por nadie, sin que se sientan amenazados.

Imaginemos un ejemplo trivial: una persona Capricornio-Virgo —de esas que gustan tener la agenda organizada para todo el año— llama a su amigo Luna en Aries para proponerle un encuentro dentro de quince días. Recibe como respuesta *"llamame ese día al mediodía y ahí confirmamos..."*. ¿Por qué la Luna en Aries hace esto? Porque su fantasía le dice que, si alguien le propone un encuentro con mucha anticipación, está decidiendo por ella. Y como necesita sentir la espontaneidad de las situaciones, rechaza la imposición de una programación aunque provenga, incluso, de una decisión suya anterior. Eventualmente dirá: *"Vivo de instante en instante, en el aquí y ahora del deseo"*. Por supuesto, cabe dudar de que esto sea realmente así. En realidad vive en la memoria del pasado y siente que, si no está alerta y a la defensiva —no abierta y receptiva— puede ser dominada. Y lo que esta Luna necesita es *tener la sensación de que puede hacer lo que quiere, cuando quiere*. De modo que, cuando algo se sale de lo que supone es su deseo, su mecanismo lunar de inmediato siente "peligro". De allí que la planificación le sea difícil y opte por ir resolviendo los problemas sobre la marcha, sin advertir que esto le genera frecuentemente otros aun mayores.

• Entonces, si uno quiere relacionarse con esta persona, no tiene que demostrarle que le presta mucha atención...

Bueno, cada uno es libre de elaborar sus propias estrategias vinculares, pero no imaginemos que éstas son independientes de las respectivas estructuras energéticas. Yo diría que si estas personas aparecen en nuestro campo vincular habría que aceptar un cierto juego áspero; aun tratándose, por ejemplo, de alguien con Sol en Libra y Ascendente en Cáncer. Es claro que se trata de un mecanismo y no de la identidad madura, pero lo desconcertante es que, apenas surge una sensación de inseguridad, la persona tiende a colocarse en ese punto. Con una Luna en Aries uno puede estar muy tranquilo... hasta llegar a casa. Allí la persona súbitamente pone distancia porque *se siente invadida con mucha facilidad, apenas se genera una situación de intimidad*. En este punto, su primer movimiento consistirá en ponerse rechazante o hiperactiva para rehuir el contacto, o para que éste se produzca en sus términos.

Por cierto, estos comentarios se vinculan con el lado más inmaduro de esta Luna; no quiere decir que una persona con Luna en Aries no tenga otras posibilidades.

• *¿Esto puede ser modificado por los aspectos de la Luna?*

Los aspectos no pueden evitar estos mecanismos, pero sí complejizar la estructura o diluir el componente Luna en Aries en algo más vasto, contradictorio o ambivalente. Podrán hacer que las características apuntadas por signo sean menos perceptibles, pero igualmente estarán presentes dentro de un cuadro más complejo.

Una matriz afectiva lineal y simplificadora

Entonces ¿qué está mostrando esta matriz? El mundo afectivo "externo", como decíamos antes, impide crecer libremente. Es un escenario de tipo militar, muy riguroso, en el que *"las cosas son de una manera y no de otra..."*, un mundo emocional en el que todo es *blanco o negro*.

Es notable en estas personas, generalmente, la tendencia a *simplificar en exceso las situaciones.* Esto podrá aumentar la eficacia en la acción, allí donde haya que resolver algo con rapidez, pero todo lo concerniente al mundo emocional —con su ambivalencia y complejidad— tenderá a ser tratado de la misma manera. Más difícil aun será otorgarse a sí mismo el tiempo y el espacio necesarios, como para tomar contacto con los propios niveles más profundos y nutritivos. En esta *matriz afectiva lineal* se hace por lo tanto muy dificultoso explorar lo complejo, lo contradictorio, lo profundo. El exceso de simplificación, percibido como talento y fuente de eficacia, lleva a vivir como exitosos los mundos "externos" y activos, o sea, precisamente los escenarios que este mecanismo lunar busca para sentirse seguro. Esperar con tranquilidad que se junten todos los fragmentos —y así expresar un deseo integrado profundo, o por lo menos aceptar las propias ambivalencias y contradicciones— es para estas personas un logro muy difícil, porque el aquietamiento es vivido como peligroso.

• *¿Todo esto quiere decir que la Luna frena el encuentro con la propia naturaleza de la persona?*

No la Luna sino el mecanismo lunar, que es lo que estamos describiendo; y éste sí, *siempre,* frena el encuentro con lo esencial de cada uno. La fragmentación y la disociación es la definición básica del mecanismo lunar. Su modalidad afectiva —distinta en cada caso— es funcional en la infancia, pero en la vida adulta no es otra cosa que un imaginario. Este presupone que se desencadenará la misma secuencia de hechos ocurridos en la escena infantil, y que la misma respuesta dada en ese entonces será válida en el presente. Es importante advertir que esto puede comprometer la totalidad de la vida y no sólo el mundo afectivo.

Diferencias entre el Sol y la Luna en Aries

Podemos distinguir cuán diferentes son las conductas de una Luna en Aries de las de de un Sol en Aries. Un ariano es alguien naturalmente volitivo y agresivo, en el buen sentido del término; alguien que se lanza y actúa, no para buscar afecto y seguridad sino porque ésas son modalidades con las que se expresa naturalmente. La conducta solar no surge de un mecanismo establecido en forma refleja, no se constituye como un imaginario y, aunque muestre reacciones defensivas —semejantes a las de una Luna en Aries— éstas no se originan en una percepción de invasión. El Sol en Aries marca su espacio de manera espontánea, pero no está pendiente de preservar su independencia; es independiente y basta. O sea: no necesita Aries porque *lo es*.

En la Luna, en cambio, *aparece la cualidad zodiacal como necesaria,* como algo extremadamente familiar que, si no está presente, produce una sensación de indefensión; por eso la persona depende de ella y la recrea inconscientemente. Esa necesidad fue congruente en la infancia porque entramos a la vida a través de ella. Pero con el paso del tiempo, persistir en la identificación con ella y limitarse a sus cualidades se constituye en una apreciación incorrecta de los recursos y necesidades profundas.

La Luna en Aries hace a la persona muy dinámica, práctica y capaz de resolver cosas sobre la marcha, aun más eficazmente —si se quiere— que un Sol en Aries. Si se ha nacido con esta Luna se es un "experto" en Aries y —una vez que lo lunar se ha integrado al resto del sistema— se dispone del talento para hacer las cosas al instante, para resolver situaciones y tomar decisiones velozmente. Pero una cosa es tener ese talento y otra es depender de la actividad para sentirse seguro. El tema es descubrir si tras tanta practicidad, iniciativa, libertad y definición, no se está viviendo en la superficie de sí mismo, temiendo que emerjan otros aspectos de la verdadera identidad. El hecho es que, muchas veces, el reverso de este talento hace que la persona se exprese belicosamente o con un silencio claramente agresivo y rechazante porque, cuanto más coloca a los demás a distancia, más se asegura de que nadie la invadirá, creyendo al mismo tiempo que el afecto quedó garantizado.

• Pero ¿hay en la persona conciencia de no saber realmente cuál es su deseo?

En principio no, y ésta es precisamente la dificultad más grande de esta Luna. Es posible que la persona diga *"yo siempre hago lo que quiero..."*, pero el problema reside en la afectivización de eso que parece querer. Con frecuencia hace o decide cosas que no expresan realmente su deseo profundo sino lo que rápidamente le genera la sensación de que es libre, activa y potente. Como esas sensaciones están asociadas a la seguridad, se confunde y cree que eso es lo que desea. Pero al ser básicamente impaciente, el *quiero* suele ser superficial, porque surge demasiado rápido.

Por cierto, este rasgo puede estar más o menos marcado. El mecanismo lunar no está contínuamente presente, pero aparece en forma súbita apenas surge el registro del peligro. En cuanto se traspasa el umbral de seguridad es muy probable que el mecanismo lunar comience a activarse y quizás los aspectos más integrados no sean capaces de inhibirlo. Tener Sol en Cáncer con Ascendente en Tauro puede permitir a una persona ser muy tranquila; pero si además tiene Luna en Aries, sólo será tranquila hasta tanto las cosas se le compliquen emocionalmente; a manera de ejemplo, ésta es la estructura del ex ministro Domingo Cavallo. En este caso se ve con toda claridad cómo el predominio lunar —con la sutil diferencia entre mecanismo y talento— puede opacar cualidades del resto de la carta, que no habrán de manifestarse plenamente hasta que el mecanismo sea comprendido.

Es necesario distinguir una *cualidad* de aquello que constituye un refugio, que esconde a la persona de la complejidad de sí misma. También es importante percibir la línea de razonamiento que sostiene toda esta descripción. *La Luna es un talento básico y natural, pero la identificación de la conciencia con él en la infancia lo absolutiza e impide el encuentro con el resto de las energías.* Necesariamente habrá que desidentificarse para poder descubrirse en toda la complejidad de la propia estructura.

Lo femenino en relación a la Luna en Aries

Es común que con esta Luna haya dificultades bastante importantes con las figuras femeninas y una necesidad inconsciente de enfrentarse a lo femenino. En este sentido, es indistinto que la persona con Luna en Aries sea varón o mujer.

La mujer con Luna en Aries tiene por lo general un mecanismo defensivo muy masculinizado, que suele haber puesto en práctica inicialmente con su propia madre. El varón, por su lado, puede sentir un miedo inconsciente muy grande a la mujer, dado que en un nivel primario lo femenino quedó configurado en su psiquismo con la capacidad de dominarlo y de quitarle toda su potencia. Desde ese nivel regresivo donde la Luna es real, la mujer es percibida como intimidante y castradora, alguien que quita libertad y deseo.

Es común que posean esta Luna mujeres a las que se ve actuar muy belicosamente con otras mujeres o que sienten que éstas las atacan. Y también varones que agreden muy sutilmente —o no tanto— a aquéllas, en especial a las que más quieren. Una de las cosas más difíciles de entender en esta Luna es el patrón que lleva a atacar a figuras femeninas afectivizadas en las cuales se proyecta el arquetipo agresivo-amazónico, recreándose las secuencias de relación establecidas con la madre, o con aquello que la madre amaba. En cuanto al "miedo a la castración", que puede perpetuar en el varón el temor a la mujer, es algo bastante visible en las Lunas con aspecto duro a Marte, donde el lado maternal de lo femenino resulta muy atemorizante a la vez que atractivo, de manera inconsciente.

La imagen propiciada por esta Luna —lo femenino como castrador— puede provocar en los varones mucho miedo y agresión y, en algunos casos, la necesidad de ponerse a una distancia extrema de la mujer. Una escena típica de destino es la aparición recurrente de figuras femeninas agresivas o la tendencia a provocar inconscientemente el enojo de la mujer, hasta que esta imagen resulte confirmada. De hecho, este aspecto femenino le corresponde a la persona y hasta tanto no aprenda a integrarlo en una totalidad mayor aparecerá "exteriormente", con toda la ambivalencia que siempre tienen nuestros aspectos disociados.

• *Ahora entiendo por qué en la imagen del comienzo aparece una "madre" con características que, en principio, resultan tan opuestas a "lo materno" arquetípico.*

Lo que necesita el chico con Luna en Aries, para que se actualice su patrón energético, es una "mamá" que se imponga continuamente y que le robe la iniciativa. De manera semejante, una Luna en Géminis o en Virgo necesitará alguien que le hable o le explique, o que lo trate como un adulto en el nivel de la conceptualización.

Por supuesto —al tratarse de una estructura— quizá los gritos, la ira, el enojo, no provengan estrictamente de la madre sino del padre o del conjunto del entorno afectivo. Podría tratarse, por ejemplo, de una familia de tradición militar, en particular si hay Marte en IV.

• ¿Cómo puede cambiarse el mecanismo regresivo de la Luna?

Veamos ante todo cómo está construida la pregunta. La Luna, o aun el mecanismo lunar, *no es un defecto*; en todo caso, revela la persistencia de una identificación que podemos llamar regresiva. Si lo juzgo como un defecto y me propongo cambiarlo por un acto de la voluntad, se reforzará la distancia entre el nivel lúcido —que aquí juzga y condena— y los niveles inconscientes. Ese modo de plantear la cuestión es simétrico al mecanismo lunar y por eso sólo puede perpetuarlo, aunque creamos todo lo contrario. Recordemos que el mecanismo lunar nace de una identificación que excluye a las demás energías de la carta, a las cuales no es capaz de integrarse. Cuando se establece un juicio sobre él, quien habla es una de esas partes "externas" a la Luna que, a su vez, quiere mantenerla excluida. Es el mismo juego pero desde el otro lado. O sea que en este conflicto predominan las funciones fragmentarias y se eterniza su dinámica. *Al activarse la fragmentación, tanto del lado presuntamente "maduro" como del regresivo, aquélla domina el juego consumiendo toda la energía e inhibiendo el desarrollo de la función de síntesis.*

Las funciones sintéticas, por definición, no excluyen. De allí que la clave, a mi juicio, consiste en darse cuenta del mecanismo lunar sin intentar cambiarlo. Sólo el hecho de "verlo", de asistir lúcidamente a él en el momento en que éste se manifiesta —no después, cuando no me queda otra posibilidad que proponerme cambiarlo— hace que se presenten simultáneamente los niveles y funciones que hasta ese momento se excluían. Allí, de hecho, hay síntesis y ésta actuará con la dinámica que le es propia y que está más allá de la voluntad; la inteligencia global del sistema operará sin reforzar las distancias.

Ahora bien, en el caso de la energía lunar, la síntesis necesita alcanzar niveles muy profundos que están fuertemente condicionados por un miedo primario. Aquello que esa Luna específica connota como peligro es lo que activa la respuesta defensiva, más allá de que otros niveles de la misma estructura no lo experimenten como peligroso. En general, las capas más profundas de la energía lunar y su mecanismo están en el orden de lo vegetativo, inclusive a nivel somático. En el caso de la Luna en Aries pueden haber sido resignificadas la unilateralidad de los mensajes afectivos, la relación entre seguridad y actividad, etc. Sin embargo, *el cuerpo mismo sigue cargado de tensión*, organizado por una irritabilidad y una exasperación básicas y habrá que permitir que estas acumulaciones se manifiesten para que la conciencia les otorgue un nuevo contexto. Más allá de metodologías terapéuticas, desde el punto de vista estrictamente astrológico, el propio sistema irá configurando un destino, una serie de situaciones, acontecimientos y vínculos en los que estas capas más profundas tendrán la oportunidad de emerger y diluirse en la totalidad del Sí mismo. Se trata simplemente de estar atento al movimiento del destino, captando dentro de uno las reacciones más sutiles, ligadas al temor. En los tránsitos que involucren a la Luna, por ejemplo, el estado real de disociación y fragmentación que exista en el sistema o las confusiones acerca del afecto, el registro de la necesidad y la seguridad se revelarán inevitablemente por sí mismas, en situaciones concretas. Serán, en consecuencia, una oportunidad para acceder a un nuevo nivel de integración.

LUNA EN TAURO

Algunas precisiones

1- Energía y psicología

Igual que en el capítulo anterior, seguiremos apelando —por necesidad pedagógica— a dos imágenes diferentes que es preciso aprender a complementar. Tenemos, por un lado, la imagen energética que permite referenciar algo fundamental: que la energía lunar no es una cuestión meramente psicológica. Esto se enlaza con lo más difícil de nuestro aprendizaje y es, precisamente, la comprensión de aquello que llamamos "psicológico", como una consecuencia de la identificación de la conciencia con un fragmento del campo energético en la que ésta se manifiesta.

Antes de entrar en lo específico de este capítulo, dediquemos algunos párrafos al tema e intentemos sostenernos en este punto, tan exigente para todos nosotros. Ser coherentes con la información que trae la astrología obliga a considerar que aquello que se manifiesta en el instante del nacimiento —estructuralmente ligado al instante de la concepción y al momento del nacimiento de los padres, hermanos, abuelos, tíos— es un campo vincular ligado a un cuerpo y a una conciencia que emerge en este campo. Este campo posee patrones recurrentes y cualidades específicas que se dan *al mismo tiempo, tanto en lo que la conciencia percibe como "interior" a ella, como en el mundo "exterior" que la rodea.* En este "exterior" podrán variar las personas concretas que lo manifiestan, pero la estructura global permanecerá inalterada; el significador de la madre y la casa de la infancia, por ejemplo, pasará a las futuras casas, a la suegra, a las instituciones o grupos de pertenencia, etc. Es en este campo vincular donde la conciencia —cuya tendencia innata la lleva a identificarse con un fragmento de aquél— aprende a desidentificarse e integrarse a un sistema más vasto, en el que se despliega.

Lo que ante todo suele impactar en astrología es que la naturaleza del vínculo con la madre o con el padre —o incluso con personas que aun no existían en el momento del nacimiento como hermanos, hijos, parejas— es predecible por el mero hecho de haber nacido la persona en un momento determinado y no en otro. Es decir: ése era el momento del nacimiento y no había otro posible para esa estructura. Esta constatación hace que tendamos a decir que el vínculo con la madre, por ejemplo, "estaba escrito".

Sin embargo, es fácil demostrar cuán simple y lineal es esta mirada dado que no es sólo la madre concreta la que responde a estas determinaciones, sino quienquiera que haga de "madre" en la vida de la persona, además del marco afectivo familiar, el hogar, las casas, los trabajos, etc., como ya hemos visto. Es decir: se repite un patrón que abarca una serie de personas y situaciones, así como características de comportamiento.

Podríamos pensar —por oposición al determinismo clásico— que este patrón es una proyección inconsciente ligada a la persona, que condiciona su manera de percibir a otras en las cuales deposita la cualidad "madre". Sin embargo, acá es preciso recordar que hay hechos absolutamente independientes del niño en los que se manifiesta la energía lunar de su carta, tanto como cualquier otra energía de la misma. Las condiciones concretas del parto, el entorno del nacimiento y de la infancia, las actividades de los padres se actualizan dentro de una gama de posibilidades totalmente predecibles, y en estos casos no hay en juego ninguna proyección inconsciente del niño. Que en su entorno afectivo haya periodistas y un gran amor por la lectura, si tiene la Luna en Géminis, o que su padre valore cómo cocina la madre, si tiene la Luna en Tauro, *no son proyecciones psíquicas sino despliegues de un campo energético*. Al mismo tiempo, cuando la Luna es aspectada cíclicamente de manera determinada, suceden acontecimientos ligados a estas personas, esto es, ligadas al patrón lunar. En un tránsito de Urano en oposición a la Luna, por ejemplo, puedo cambiar la decoración de mi casa y al mismo tiempo mi madre puede estar sufriendo trastornos psíquicos; y también mi suegra puede irse de viaje e incluso mi ex suegra puede estar desplazándose en un avión en la misma época. Que le sucedan cosas a la madre, la casa, la suegra e incluso a la ex suegra al mismo tiempo, son acontecimientos y ligaduras sincronísticas que no pueden reducirse a proyecciones inconscientes. Una red vincular se activa sincrónicamente "afuera" y a su vez —con independencia de que me afecte o no, puesto que puedo enterarme mucho después, o quizás nunca, de que estas sincronicidades se manifestaron— estos acontecimientos estarán simbólicamente ligados a alteraciones de mi mundo "interno". No hay una causalidad lineal entre la persona y los distintos acontecimientos que se manifiestan. Se trata de *una estructura sincronística en manifestación; esto es, de un patrón energético vincular.*

Ahora bien: la persona concreta tiene distintas posibilidades para ubicarse en esta red de comportamientos y acontecimientos. Esta estructura actuará desde el inicio de la vida sobre el chico, marcando una historia afectiva que quedará grabada en su memoria. Por cierto, esto se articulará psicológicamente propiciando la identificación inconsciente con ciertas formas, imágenes y contextos que quedarán ligados a la seguridad y el afecto. Y esto es lo que llamamos, precisamente, mecanismo lunar: *el hábito de permanecer en la posición de origen respecto de la manifestación del campo energético, condicionando la posibilidad de explorar nuevas identificaciones e integraciones de la energía lunar a la totalidad del sistema.*

Entenderemos *lo psicológico como una reacción —una respuesta condicionada— a lo energético. Lo energético — y su simbolización, que es la carta natal— es algo dado.* En este sentido, la cualidad de la Luna en un signo es una presencia constante porque forma parte de ese sistema; lo que puede variar es la manera como la conciencia responde a la repetición energética.

2. Distintos niveles de la energía

Por cierto, otra cuestión será la adherencia y fijación de la conciencia a esa energía. Nuestra mirada astrológica atiende, básicamente, a los distintos núcleos o modalidades energéticas que una carta presenta. Se trata de distinguir en los núcleos, *distintos niveles de vibración* para indagar en cuál de ellos ha quedado fijada la conciencia. Si ésta queda adherida y no puede desidentificarse de cierta vibración o cualidad, deja de percibir la existencia de los otros niveles posibles para ese mismo núcleo. Al desconocerlos, no puede vivir esas otras posibilidades vibratorias como propias e inevitablemente les teme o las anhela. En este sentido, resulta fundamental desidentificar a la conciencia de ciertas vibraciones predilectas porque al hacerlo se redistribuye, dando respuestas más flexibles a la realidad energética. Si permanece fijada en alguna posición, en cambio, se fragmenta irremediablemente y comienza un proceso de rechazo de aquello que profundamente la constituye.

• ¿La proyección es la consecuencia de esas vibraciones no incorporadas?

Sí, aunque es preciso distinguir sus diferentes manifestaciones, ampliando el campo de lo que habitualmente llamamos proyección. Si proyecto Saturno, por ejemplo, toda autoridad me parecerá rígida, fría y perniciosa; pero también pueden aparecer cuestiones objetivas como retrasos en los procesos en los que me veo involucrado, problemas en los huesos, multas... No deberíamos hablar simplemente de proyección sino de incapacidad de identificación con la energía de Saturno, seguramente por un exceso de identificación con la opuesta.

• *¿Éstas serían "situaciones de destino"...?*

Sí, entendidas como manifestaciones de energía, más allá de que a través de dicha situación se haya constelado o no —para la persona que la vive— algún arquetipo del inconsciente colectivo.

• *¿Este fenómeno sólo se produce con la Luna?*

No, en absoluto; se trata de algo global. En este sentido, tengamos en cuenta que las cosas que se exponen con respecto a un tema en particular, siempre ejemplifican —en forma concentrada— temas globales.

Ahora bien, *con la Luna estamos en el máximo nivel de fijación de la conciencia.* Por eso, podríamos decir, es tan importante el trabajo con ella: porque es una vibración muy cómoda. Es la vibración más familiar que tenemos a nuestra disposición aunque quizás digamos a veces que nos hace sufrir. Y si la comodidad que proporciona no es tan evidente, de cualquier manera la conciencia se refugia allí, apelando a esa vibración, cada vez que registra inseguridad, peligro, temor.

La imagen del capullo que usaremos a veces, pretende dar la sensación, más que la descripción, de la energía lunar que existe en una persona. Luego intentaremos describir conceptualmente o con imágenes a la "madre", haciéndose aquí una referencia causal de tipo histórico-psicológico, en el sentido de la articulación de un proceso que parece provocado por la presencia de ciertas personas, que se fija en imágenes inconscientes. En general, es más fácil explicar la Luna de esta segunda manera, para ser comprendido, que hacerlo en los términos energéticos de la primera. Si a una persona le decimos *"usted irradia una energía básica roja y agresiva...",* la posibilidad de comunicación será posiblemente baja. Pero si comenzamos diciéndole *"en su familia, su mamá era muy deseante, muy activa, y eso lo hacía sentirse hostigado...",* existe la posibilidad de ir generando un circuito de buena comprensión. Desde el punto de vista profundo —aunque no significa que no sea verdadero en un plano— hablar de esta segunda manera es un ardid que uno emplea para poder comunicarse. Por eso, para nosotros, es insuficiente quedarse en esa descripción.

La "imagen energética" para la Luna en Tauro

¿Cómo será, entonces, la energía básica con la que nace alguien con Luna en Tauro? Podemos decir que será sólida, lenta, ligada a la materia y al cuerpo, con una gran inercia y muy alta sensibilidad sensorial. Ya no se trata de una matriz energética roja y llameante como en Aries, sino plácida, maciza y sensual. Un capullo de energía con mucha inercia, parecido a esos juguetes infantiles inflables, de base muy ancha, que siempre regresan al lugar inicial por más que se los empuje. La Luna en Tauro es como una plataforma maciza, pesada, a la que no hay manera de mover.

El cuerpo de este niño, entonces, obtiene desde que nace —a través del reflejo del medio que lo rodea— una carga afectiva corporal intensa, que le brinda una seguridad muy sólida. Ésta es la cualidad con la cual vino al mundo este bebé; por eso *tienen* que aparecer en su vida una madre, un hogar, un campo afectivo de personas reales que actualicen esta seguridad y afectividad corporal, que es la matriz lunar del chico. Tienen que estar a su alrededor las personas que brinden, desde el primer día, un intenso contacto físico, una satisfacción gozosa y sensual de las necesidades básicas. El cuerpo de la madre será percibido, mucho más allá de la etapa de lactancia, como fuente de alimento y protección. Toda sensación de inseguridad se calma cuando el niño hace contacto con ese cuerpo; su olor, su tibieza, su textura y el alimento que surge de él, son claros mensajes de afecto. *Cuerpo, amor, seguridad, alimento y sensualidad se entraman, constituyendo un solo mensaje, una condensación indisoluble de estímulos.* Si existe uno deben existir los demás y viceversa, la ausencia de cualquiera de ellos implica la ausencia o insuficiencia de los otros.

Aquí se teje una trama psicológica que, dicho de una manera conocida, predispone al niño con Luna en Tauro a quedar fijado en la fase oral de la libido. Este sería un razonamiento linealmente causal: algo que sucedió después del nacimiento condiciona el futuro, pero eventualmente podría no haber sucedido. Pues bien: para nosotros esto no es así, entre otras cosas porque no se trata de una mera predisposición del bebé, sino además de fuertes características de su entorno. *El bebé no adquiere esa ligadura por (a causa de) los mensajes, sino que él recibe estos mensajes —ligados entre sí de esa manera— porque ésa es la energía que le corresponde vivir.* Eso está en su entorno y eso es la Luna en Tauro: que su mundo afectivo tenga tales características. Por supuesto, de éstas luego se podrán deducir una serie de comportamientos, pero ellos están latentes desde el origen en la matriz del niño.

• **La energía que describiste es muy diferente a la de la Luna en Aries ¿todo eso le da de antemano al niño mucha seguridad?**

Tradicionalmente, la Luna en Tauro es una Luna en *exaltación:* está en un signo en el que se potencian sus características básicas. en el sentido de que Tauro y la Luna tienen niveles de resonancia mutua muy fuertes. Es fácil verla como una Luna maravillosa, dado que es muy placentera y da una cualidad de afecto, ternura y placidez muy remarcables. Pero, por cierto, todo esto inclina a permanecer identificado con ella para siempre, ya que no resulta nada sencillo emerger de semejante sensación de completitud.

La "madre" propia de esta Luna

Podemos ahora intentar la construcción de una imagen que contenga información psicológica acerca de la Luna en Tauro. El bebé está abrazado a la "madre" sintiendo sus caricias, su olor, su sensualidad y es como si ella le estuviera dando miel con su dedo en la boca. O sea que habrá mucho cuerpo, muchas caricias, besos y mimos, de tal modo que el chico sienta en el cuerpo esta protección, esa voluptuosidad corporal unida al alimento y a la seguridad. Esta "madre" —este mundo afectivo— no sólo da comida en abundancia sino también dinero, juguetes, regalos. Naturalmente... ¿alguien podría querer salir alguna vez de ahí?

• **Parece una escena de "La Luna", de Bertolucci...**

Sí, hay algo muy sensual en ella. Se trata de una Luna que imprime un vínculo particularmente sensual —y de hecho, erotizado— con la madre, que se trasladará luego a toda situación de protección y pertenencia. *La erotización y la sensualidad serán sinónimos de seguridad y paz para estas personas.* Es importante acentuar la presencia del registro corporal como canal afectivo-protectivo. Podemos imaginar a ese niño o niña revolcándose sobre los juguetes y dólares regalados —que no tienen por qué ser muchos— felices de tenerlos y en contacto con todo el cuerpo, como si fueran una parte suya. El afecto y la protección están ligados a ese conjunto de marcas que ofrecen una sensación de intensa corporalidad y la fantasía de permanecer indefinidamente en esa situación.

El campo afectivo: comienza a constituirse el circuito

En esa historia —que nosotros sabemos, de alguna u otra forma se tiene que cumplir—, la madre, la familia, el medio daban mensajes afectivos a través del cuerpo, del alimento, del dinero. En el mundo infantil así ambientado circula ese código peculiar: dinero es afecto, comida es seguridad, sensualidad es protección. Estos estímulos están anudados en el chico en tres pasos: primero y fundamental, en la energía que él mismo trae al nacer, en lo que él es. En segundo lugar, en el entorno del nacimiento y de la infancia. Y en tercer lugar, en la memoria emocional que heredará el futuro adulto, donde anida el imaginario de un mundo seguro e inmutable, en el que toda necesidad se ve colmada cuando se dan esas condiciones .

Los dos primeros pasos de este proceso no entrañan ninguna dificultad ya que expresan la energía básica y más activa en los primeros años, a través de la cual son filtradas las otras cargas del campo energético. Pero a partir de allí, desde esa estabilidad y solidez corporal, el chico experimentará el resto del despliegue de su vida. Esto quiere decir que la manifestación del Ascendente, las escenas ligadas a la Casa XII o a cualquier otra casa, serán vividas en lo sucesivo desde esa identificación primaria con la cualidad lunar taurina. Por supuesto que esta primera identificación es necesaria porque permite organizar una futura identidad más madura. Sin embargo, el conflicto aparece cuando la identificación lunar no se disuelve en una identidad más incluyente, sino que se independiza y permanece como una estructura autónoma. Desde esa identidad disociada, el adulto —con Luna en Tauro en este caso, aunque todo lo dicho anteriormente es válido para el resto de las Lunas— seguirá sosteniendo de modo inconsciente ese nudo peculiar entre cuerpo, afecto, seguridad, sensualidad, inercia y dinero. Este es el contexto conocido y seguro, que la persona tenderá a recrear inhibiendo la expresión de otras cualidades presentes en su estructura, especialmente aquéllas ligadas a la velocidad, la libertad, la acción o lo abstracto.

Ampliando la descripción de su entorno familiar, es muy probable que en él estén extremadamente valorados el dinero y las propiedades, no en función de la abundancia posible sino de la seguridad que éstas brindan. Verán a muchas Lunas en Tauro naciendo en entornos de inseguridad económica e incluso de ausencia de medios, pero en los cuales toda la energía familiar está dirigida a obtenerlos. En todos los casos el disfrute por la comida será un rasgo predominante en la familia, siendo bastante característico que alguien muy querido dedique mucha energía a prepararla. Dar de comer en forma abundante y elaborada es un mensaje afectivo central para estas personas. El goce emocional de compartir la comida, de darla y recibirla, suele ser una marca de la infancia que permanece asociada a la felicidad y la completitud.

La imagen del *propietario* está muy arraigada en el medio familiar, tanto por presencia como por recuerdo o imposibilidad, causando en estos últimos casos un fuerte anhelo. Aparece con frecuencia como pariente o amigo de los padres, la figura del que posee muchos bienes materiales y disfruta profundamente de ellos.

Las conversaciones en torno a una mesa abundantemente provista giran alrededor de la importancia de poseer tierras o mucho dinero acumulado en el banco, grandes negocios o posibles adquisiciones. Alguien con esas características estará presente o será evocado con nostalgia en algún recuerdo mítico familiar de épocas pasadas, o incluso como arquetipo soñado para emerger de una sensación de carencia material.

La costumbre de hacer regalos —que un objeto condense el mensaje de amor— es una pauta fuerte, que se ordena estructuralmente con la percepción primaria de la madre como presencia amorosa corporal y objetiva, dominante en el chico.

Es evidente que todos pasamos por este estadio en el que la madre es, al mismo tiempo, objeto de amor y alimento. Pero el chico con Luna en Tauro no es alguien que simplemente ha quedado fijado en esta etapa de la evolución psíquica. Todo el comportamiento y el ambiente emocional de la familia se despliega en forma redundante sobre esta articulación original; y esto no ocurre sólo en la infancia sino a lo largo de los años, reforzando constantemente la pauta. Porque, de hecho, *ésa es la pauta.*

Es muy común también que los padres hayan mediatizado el afecto a través del dinero y los regalos, eludiendo muchas veces el contacto emocional o una atención más plena de las necesidades del niño, con el suministro de abundantes bienes materiales.

La seguridad de lo inmutable

• *O sea que psicológicamente y como arranque, esta Luna parece ser lo mejor para un chico...*

El problema es que —visto en forma histórica y no energética— a partir de los estímulos corporales maternos y la recurrencia de los mensajes afectivos familiares ligados a la comida y el dinero, es muy posible que se fije en niveles muy profundos la necesidad *de la presencia de lo material como objeto inmutable y permanente.* El contacto con aquello que, por lo menos en el plano de la fantasía, se mantiene sólido e inalterable, es condición de seguridad y de amor. En consecuencia, quizás lo más complejo de esta Luna es *la gran dificultad para el cambio,* porque toda modificación, alteración o fragilidad de una situación queda connotada como peligrosa e incluso como aterrorizante. No poder tocar y aferrarse a algo que no desaparecerá, remite a un vacío emocional devastador para el nivel primario que no ha podido ser integrado a la estructura adulta. En consecuencia, un nivel muy básico de estas personas teme irracionalmente toda modificación de las situaciones que se han constituido como garantías de inmutabilidad. Aun cuando los niveles más maduros comprendan la necesidad del cambio, habrá una renuencia profunda a modificar las circunstancias, a explorar posibilidades y a desprenderse de situaciones agotadas. En estas personas aparece una inevitable *paradoja: al buscar la máxima seguridad en lo estático, el cambio natural de las cosas los lleva irremediablemente a enfrentar situaciones en las que —tarde o temprano— experimentarán una extrema inseguridad.*

Como la protección es lo tangible —el cuerpo, con su presencia inamovible— la seguridad queda puesta en la inercia y en lo que crece sin moverse de lugar.

• **Esto suena a "más vale malo conocido que bueno por conocer".**

Bueno, ustedes verán que en toda persona con Luna en Tauro hay una fuerte tendencia a quedarse muchísimo más tiempo del recomendable en trabajos, vínculos y situaciones. Hay una inercia muy grande, un permanecer estático que expresa su miedo al cambio y a los imprevistos. Estas personas suelen atarse inconscientemente a lugares o relaciones porque la perspectiva de cambiar su mundo o la posición a la que se han habituado las hace entrar en pánico y dispara en ellas una fuerte sensación de desprotección. En general, cuando desaparece lo que pide la Luna, algo de orden muy básico se desespera o, por lo menos, se asusta. En un nivel casi vegetativo creemos que eso debería estar siempre garantizado para nosotros. En este sentido, para una persona con Sol en Tauro también resultará grave un cambio imprevisto o quedarse sin dinero; pero para alguien con la Luna en Tauro, la sensación será de terror. Cuando se activa este mecanismo primario la persona puede permanecer durante mucho tiempo en una misma situación. Esta permanencia es algo que le da seguridad aunque tal situación, vista objetivamente, implique estar parada durante años en una cornisa, sin darse cuenta.

Esta Luna da una base tranquila y calma, que se mueve en dirección a lo seguro, pero puede hacer también a la persona mucho más lenta de lo que en realidad corresponde al conjunto de su energía. *La inercia como mecanismo de seguridad* puede llegar en algunos casos al estancamiento e incluso a la dejadez. Aprender del movimiento de la vida se hace difícil, por cuanto pueden quedar inhibidas las aptitudes hacia la exploración y la toma de riesgos. La energía de Tauro es lenta, en general, pero en el caso del mecanismo lunar puede llegar a ser vegetativa.

Acá debemos observar el resto de la estructura y ver que las diferencias tienden a reforzarse psicológicamente, polarizando los rasgos. La distancia entre un Sol en Acuario y esta Luna, por ejemplo, es difícil de salvar. El miedo inconsciente de la Luna en Tauro al nivel uraniano, con su velocidad e imprevisibilidad, la hará aferrarse exageradamente a ciertas situaciones hasta que —con la apariencia de "imprevistos del destino" o como necesidad de descubrirse a sí misma— se activará la dimensión acuariana de su energía. Esto seguramente la despedirá a alguna situación para la cual no estará en absoluto preparada. Esta es la modalidad con la que se rebalancea el sistema, pero ello refuerza el temor de la Luna al cambio y al vacío, llevando a la persona a procurarse nuevamente algo de lo cual aferrarse. Y así es como se instauran los giros, en un círculo vicioso.

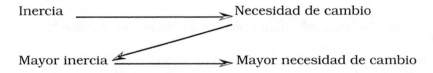

Pero es a través de estos movimientos concretos, con sus inevitables dificultades, como se va resolviendo el mecanismo lunar. Por supuesto, importa observar con atención los requerimientos inconscientes que pueden desviar o demorar en exceso un proceso. En un ejemplo como el anterior —al verse obligado a despedirse rápidamente de una situación y ser llevado a algo nuevo— surgirá una fuerte necesidad de contacto corporal. La "voz de la Luna" argumentará en relación a inseguridades económicas, que pueden ser reales pero que probablemente se exagerarán, desviando la energía hacia la obtención de lo material y perdiendo libertad y creatividad. En los momentos en que se impone lo desconocido, la intensificación de la vida sexual o la excesiva importancia dada a la comida o al estado estético del cuerpo serán otras respuestas recurrentes para que el nivel emocional recupere la calma.

Es bastante evidente que el contacto físico reasegura y tranquiliza a estas personas. La demostración de afecto y cariño a través de señales corporales es imprescindible cuando atraviesan situaciones emocionalmente difíciles.

• *O sea que el amor platónico suena aquí bastante improbable...*

Sí, o más bien incomprensible. Decirles *"te quiero"* a estas personas es absolutamente irrelevante, si no va acompañado de demostraciones corporales. Como son naturalmente tiernas y cariñosas buscan espontáneamente el contacto corporal, pero éste muchas veces suele ser aniñado y contaminado por una erotización primaria.

La inercia de lo material

En un nivel más amplio, la asociación entre lo tangible y lo seguro hace a estas personas bastante desconfiadas. Como Santo Tomás, sólo creen en lo que tocan o cuando algo se concreta. Cuando el mecanismo está activo, si no hay presencia física y contundencia significativa de algo, es como si no existiera. Esto dificulta la confianza en la propia creatividad, que deberá mostrarse en plasmaciones muy visibles antes de ser subjetivamente reconocida. Puede resultar algo particularmente complejo en una estructura con mucho fuego, por ejemplo, porque tardará en comprender de dónde surge la inseguridad que le impide expresar lo que anhela o que no le permite ampliar su campo creativo. A su vez, puede ser un problema si el resto del sistema lleva a la persona a dedicarse a actividades relativamente abstractas. Si no resuelve su mecanismo lunar nunca habrá una entrega absoluta a su tarea y no podrá manifestar toda su potencia, porque su Luna le teme específicamente a eso que no tiene tangibilidad, cuerpo o materia. El nivel lunar, en este caso, *no cree* en aquello que el resto del sistema ha elegido.

Esta necesidad de aferrarse a las cosas y situaciones tiene su correlato, en el nivel interpersonal, en *la posesividad y los celos.* La necesidad de una presencia afectiva que garantice la solidez del mundo hace que el nivel más infantil quiera apropiarse de las personas que ama. Cuando el mecanismo está activo. si el adulto con Luna en Tauro siente que el mundo en el que ha volcado su afecto y anhelo de seguridad no le pertenece —es decir, es libre de cambiar independientemente de él— algo se asusta y se siente muy inseguro. Estas sensaciones, nacidas de un temor irracional que anhela la inmovilidad del mundo, gatillan fuertes intentos de control que se expresan con rasgos inequívocamente caprichosos e infantiles.

Debemos diferenciar el control y la posesividad como productos de la manifestación de la propia energía —modalidades típicas de un Sol en Tauro— de lo que ocurre con la Luna. Obviamente, para una persona con el Sol en Tauro el tema de las necesidades materiales se expresa también de manera fundamental y constitutiva, pero en este caso es al mismo tiempo una cuestión natural. Una cosa es la manifestación de la propia naturaleza materializadora y otra es *el pánico a que el mundo en derredor pierda su inmutabilidad y consistencia, porque ése es el único contexto en el que se encuentra seguridad.* En el Sol taurino, la necesidad de materializar no es dependencia sino expresión de sí. La Luna, en cambio, necesita dramáticamente estar rodeada por contacto físico, belleza, dinero y permanencia, pero puede carecer de las cualidades para generarlos. En principio, la Luna en Tauro privilegiará inconscientemente las necesidades económicas a todo lo demás y se esforzará por obtener lo más rápido posible una base material segura; sin embargo, si el mecanismo persiste, nada será suficiente. Por ejemplo, es poco probable ver a estas personas viviendo en una casa alquilada. Tener casa propia es casi una condición de la existencia y es visible su consolidación psicológica cuando esto está realizado. Pero en los casos donde generar dinero resulta obstaculizado —o incluso cuando no es así pero el mecanismo sigue muy activo— es común ver a estas personas en la búsqueda más o menos inconsciente de *un entorno emocional donde exista gente con muchos bienes acumulados.* Aunque éstos nunca hayan de pertenecerles, tener lazos afectivos —reales o imaginarios— con quienes poseen relativa abundancia material, expresa el anhelo del niño asustado que busca garantizarse un mundo estable, aunque se encuentre depositado en otros y expuesto a la desilusión.

Talentos de la Luna en Tauro

Las personas con esta Luna suelen manifestar, por un lado, una disposición emocional tierna, afectuosa y tranquila y una buena conexión con las necesidades de los otros. Por otro lado, poseen una sensatez natural que —si no queda atrapada por el mecanismo— permite un muy buen sentido de los procesos y de los tiempos necesarios para la concreción de proyectos y tareas.

La relación con la materia y su plasticidad les es natural y de allí surgen fuertes componentes artísticos, y muy usualmente también talentos culinarios y grandes dotes prácticas.

Pero en el sentido más profundo, cuando ha dejado de ser un refugio, la capacidad de conexión con el cuerpo y con la vida de la Luna en Tauro suele ser un balanceo maravilloso para quien se atreva, desde otras zonas de su estructura natal, a incursionar en lo desconocido y a desplegar una creatividad innovadora. *La familiaridad con el lado receptivo de lo creativo* otorga a estas personas una notable capacidad para plasmar y dar sustancia a ideas y proyectos. Si este talento se pone de acuerdo con los impulsos generadores de lo activo, puede llevarlos a encontrar las formas de materializar los requerimientos de su inspiración y la de los demás.

LUNA EN GÉMINIS

Como siempre, para poder comprender la Luna en cada signo debemos interrogarnos acerca del patrón de energía que se manifiesta como campo protector y afectivo del niño que nace. Inmerso en esta afectividad específica, él experimentará en sus primeros años el resto de su carta natal desde este campo. Así se producirá la primera identificación de la conciencia con una cualidad que más tarde se convertirá en un hábito inconsciente o mecanismo, del cual tendrá que desprenderse.

Géminis es energía que se autoescinde y vuelve a encontrarse a sí misma en un campo de interacciones continuas cuyos rasgos más relevantes son lo asociativo, lo vincular, la multiplicidad y la comunicación de aquello que se separa. Se trata de una energía en incesante movimiento de atracción y repulsión entre diferencias, en el que nada queda excluido.

Para el niño que nace con Luna en Géminis, entonces, la posibilidad de separar y volver a relacionar lo separado, en un juego de combinaciones siempre cambiantes, se constituirá en su matriz de seguridad básica. *Escindir toda situación en dos polos y volver a reunirlos será su movimiento natural, una manera espontánea de responder a los acontecimientos.*

Es decir, todo aquello que nosotros sabemos son características generales de Géminis, acá aparece configurando un mundo seguro y protector. Las sensaciones de protección y afecto estarán aquí asociadas al movimiento, a las múltiples posibilidades, a la simultaneidad, la palabra, el juego, la explicación. La presencia de estas condiciones le brindarán a la persona, en cualquier circunstancia, una fuerte sensación de afecto y seguridad, la vivencia de estar "en casa", en un mundo conocido y libre de peligros.

En consecuencia, el mundo afectivo primario, el hogar y la familia en la cual el chico nace *tendrán* que presentar estas características porque ésta es la cualidad que él trae al nacer. *Un mundo así tendrá que materializarse para que se efectivice el patrón lunar de su sistema* y, de la interacción con este escenario, surja su posterior organización psicológica.

Energía geminiana protectora

Escenarios afectivizados

Patrón psicológico de respuesta

La "madre" propia de esta Luna

De aquí, entonces, podemos inferir las características de lo que hemos llamado el vínculo con la "madre", que se configura en la existencia concreta del chico. A diferencia de Tauro, acá el afecto no surge asociado al contacto corporal y a la presencia de la sustancia y el alimento sino a la comunicación, la palabra, el intelecto. La afectividad se verá *mediatizada* por la palabra y la verbalización será fuente de seguridad. Podemos imaginar un vínculo con la "madre" o un mundo afectivo global en el cual los mensajes emocionales se transmiten sobre la base de palabras y la inteligencia estará a su vez muy valorada, aunque lo preciso sería decir afectivizada. El chico entrará en un circuito en el cual mostrarse rápido, inteligente, curioso, informado, será seguramente premiado con afecto.

Del mismo modo, la versatilidad y la capacidad de hacer varias cosas a la vez será algo sumamente valorado y afectivizado en el núcleo familiar. *La presencia de los hermanos* también será muy importante y el hecho de compartir juegos y poder comunicarse con ellos otorgará mucha seguridad. En principio, es posible que la madre tenga un vínculo muy fuerte con sus propios hermanos y, de algún modo, dependa emocionalmente de ellos. Esto se trasladará después a los propios hermanos del chico o a los primos y amigos del barrio, que también pueden jugar este rol. Hacer "casa" en lo del vecino es un rasgo habitual en la infancia de estas personas. Lógicamente, puede que no existan hermanos carnales, pero la disposición afectiva hacia la fraternidad como vínculo de máxima seguridad estará igualmente presente a través de amigos que hacen las veces de hermanos. Más tarde se ubicará inconscientemente como hermano mayor o menor de los demás, en un patrón que se repetirá en sus vínculos. En general, el mundo infantil de estas personas está muy poblado y también lleno de movimientos y viajes realizados en familia, con primos o amigos.

Libros, lecturas, palabras

Ustedes podrán ver la importancia de los libros en el entorno de nacimiento de las Lunas en Géminis, como un rasgo que parece curioso pero que es relevante en tanto manifestación de la energía en un escenario. Los verán naciendo en una casa donde se lee mucho, o teniendo su cuna al lado de la biblioteca o apareciendo en sus primeras fotos junto a libros, papeles, lápices, cuadernos.

Dentro de la misma estructura, puede que el padre sea periodista o trabaje en una imprenta o sea empleado de una empresa telefónica, o sea muy intelectual.

• ¿Por qué el padre?

Lo digo intencionalmente, para ampliar el cuadro y llevar a observar detalles que no están necesariamente en la madre sino en otras figuras que en la infancia otorgan afecto y seguridad. En ese sentido también forman parte del patrón lunar, aunque desde un punto de vista más general sean significadas por otro planeta. Por supuesto que si existieran contactos específicos en la carta natal entre la Luna y otros planetas, podríamos encontrar abundantes superposiciones de este tipo. Lo importante es imaginar un mundo en el que el niño nace y se siente seguro, y que está constituido por estos componentes. *En general, todo aquello en lo que la madre deposita su afecto —donde se incluyen las personas amadas por ella, con sus características— forma parte del patrón lunar.* De todos modos, lo central no reside en la configuración de los escenarios sino en el hecho —mucho más sutil para ser percibido pero más significativo, en el caso de esta Luna— de que *los mensajes afectivos en la familia de origen se transmiten entrelazados de manera peculiar con la palabra, el intelecto, el movimiento, la multiplicidad.* Para comprender los mundos que crea la Luna tenemos que aprender a observar la circulación del afecto en una casa, en una familia, en el vínculo con la madre. Es importante ver de qué manera, para el niño con Luna en Géminis, el afecto y la emoción aparecen mediatizados por las palabras y la presencia de otros, fundamentalmente por las de los hermanos. Es decir, lo afectivo tiende a no ser enfocado directamente en la madre ni en el contacto directo con ella. Este *modo disperso del afecto* en el que se mediatiza y distribuye el contacto es algo propio de la energía del chico, pero al manifestarse en su entorno, constituirá una pauta emocional determinante en su futuro.

Así como la Luna en Tauro identifica el contacto corporal con el afecto y la Luna en Aries con la acción, aquí lo vemos asociado a *la inteligencia, la palabra, la información, la capacidad de aprendizaje y la comunicación.*

Esto tendrá su complejidad particular, por cuanto significa que el proceso mental está fuertemente afectivizado y se constituye en la fuente principal de seguridad. Ya adulta, cada vez que se presente una dificultad emocional o se sienta insegura, esta persona tenderá rápidamente a hablar, a verbalizar y explicar, esto es, a quitarle energía a la emoción para trasladarla al mundo de la representación.

Las Lunas en signos de aire

Como patrón general, toda Luna en signo de aire ofrece una complejidad particular por cuanto el aire, como elemento, está a una gran distancia de la naturaleza básica lunar. Como sabemos, ésta arquetipiza aquello que se cierra sobre sí, se protege y refugia en sí mismo.

Ahora bien, dada la cualidad interactiva propia de la Luna cuando está ubicada en un signo de aire, la protección implicará al mismo tiempo abrirse, salir de sí en la búsqueda del vínculo. En estas conductas abiertas y vinculares la persona se protege a sí misma, se cierra protectivamente. *Al abrirse, en realidad se está cerrando*; al desdoblarse, se está protegiendo de la propia intensidad emocional, que es lo realmente temido por estas Lunas. *Vincularse en tanto mecanismo es aquí desconectarse del propio proceso, disociarse*; y ésta es la verdadera protección. En el caso de la Luna en Géminis, este mecanismo de seguridad consiste en dividir la energía en polos y volver a reunirlos; por ejemplo, haciendo más de una cosa al mismo tiempo, atendiendo a dos conversaciones simultáneamente, yendo de un lugar a otro con gran rapidez, etc. La sensación temida —en el sentido de desconocida— es la concentración, la síntesis, la quietud. En principio, toda Luna en aire (Géminis, Libra y Acuario) habla de personas a las que les cuesta mucho soportar la intensidad del contacto emocional y por eso lo interrumpen o disocian, cada una con su modalidad.

La mente que disocia

La manera básica de dividir la energía, en el caso de la Luna en Géminis, es llevándola al plano mental, al plano de las representaciones. Allí se "ve" lo que está sucediendo, pero en realidad no se lo siente ni se establece un contacto pleno con ello. Acá aparece el punto sutil del mecanismo lunar, en el cual el posible talento ligado a la Luna se convierte en un comportamiento regresivo. Cuando un adulto con Luna en Géminis hace varias cosas a la vez, o interpreta lo que sucede con explicaciones y teorías aparentemente brillantes, está —desde un punto de vista— desplegando una habilidad que le es natural; sin embargo, psicológicamente no está en el presente. *Es en realidad un niño mostrando sus habilidades, convencido inconscientemente de que así obtendrá afecto y que todos los problemas se resolverán mágicamente.* El niño es capaz de hacer malabarismos y los hace porque sabe que será premiado. Pero para el adulto esto es una ilusión, porque en la situación real en la que despliega sus habilidades lunares no hay ninguna mamá dispuesta a cobijarlo. En el imaginario infantil, por el contrario, si hace malabarismos aparece mamá y ésta le brinda su afecto y protección absolutos. Pero no advierte que al darle energía a ese imaginario se disocia, hace varias cosas simultáneamente y divide los cursos de acción, dejando innecesariamente abiertas situaciones y procesos, comportamiento que muy posiblemente desemboque más tarde en un conflicto o situación realmente mucho más insegura, inestable y peligrosa. No se da cuenta de ello porque esa dinámica divisiva que, a los ojos de los demás, se hace cada vez más compleja e intrincada, lo tranquiliza en el nivel emocional, creando la ilusión de que terminaron todas sus dificultades.

El mecanismo lunar

Como estamos viendo en todos los casos, advertir que uno ha sido capturado por el mecanismo lunar es bastante doloroso, porque implica darse cuenta de varias cosas al mismo tiempo:

1. *Que una respuesta que surge de algo considerado como un talento, una capacidad natural y preciada, se revela en cambio como un comportamiento totalmente inadecuado e ineficaz.*

2. *Que se proyecta un imaginario sobre la situación real, distorsionándola por completo.*

3. *Que ese imaginario surge del temor que produce la situación. En realidad, la persona se siente insegura y su inconsciente busca una conducta asociada a la presencia de mamá. Ésta es la garantía que ese nivel básico necesita, para sentir que nada malo puede ocurrirle.*

El mecanismo lunar siempre es regresivo y esto es fácil de comprender ya que —cuando se gatilla— la persona no está en el presente. De este modo, la seguridad que promete este hábito, en realidad está enmascarando una inseguridad más profunda.

Como la habilidad supuesta de la Luna en Géminis es la inteligencia y la capacidad de entender rápidamente lo que sucede, suele ser bastante doloroso para estas personas darse cuenta de que en realidad no estaban entendiendo nada de lo que efectivamente acontecía; *sólo estaban racionalizándolo.* La distancia entre entender, explicar e interpretar, respecto de comprender y permanecer en contacto con los acontecimientos, es realmente difícil de recorrer para una Luna en Géminis.

Escindir, experimentar y multiplicar, para calmar

Ustedes verán que, en general, estas personas ceden continuamente a la tentación de dispersarse y de abrir nuevos cursos de acción, *con la convicción de que así multiplicarán sus posibilidades.* Esta fragmentación incesante de sus actividades, las deja tarde o temprano sin energía disponible. Así quedan presos de un patrón de destino por el cual recurrentemente arriban a crisis provocadas por la imposibilidad de sostener tantas perspectivas abiertas. Sería oportuno que una Luna en Géminis se preguntara qué es lo que la asusta realmente en el momento en que se lanza a abrir varios caminos en paralelo, o cada vez que alcanza rápidamente una explicación brillante acerca de una situación.

De hecho, otro patrón de destino habitual en estas personas es el desencadenamiento de crisis por el exceso de racionalización de una situación dada. Esto es muy marcado en los momentos de conflictos afectivos, cuando el mecanismo de disociación las lleva desesperadamente a tratar de "entender", en lugar de permanecer profundamente en contacto con lo que ocurre.

• ¿Y qué tendría que hacer? No hay muchas alternativas, puesto que no tiene contacto con sus emociones...

No soy muy afecto a decirles a los demás lo que tienen que hacer. Creer que uno sabe lo que los demás tienen que hacer y constituirse así en una autoridad acerca de sus vidas, me parece una actitud muy peligrosa. A mi modo de ver es posible, en cambio, ayudar a desenmascarar los condicionamientos que obturan la expresión de los niveles más profundos de una persona. Al advertirlos se genera un vacío en la circulación habitual de la energía que no se llenará con las proyecciones del astrólogo sino por la dinámica natural del conjunto del sistema. De allí surgirá la única respuesta realmente significativa, aunque un observador externo suponga —desde su posición— que puede haber otras mejores.

Claro que uno puede sentir la tentación de decirle a una Luna en Géminis que recurra a un nivel intuitivo y que, por ejemplo, haga una tirada del I-Ching o que preste más atención a sus sueños. Pero el problema está en que al hacerlo, en su nivel inconsciente la persona cree ser un "maestro taoísta" o el mismísimo Jung. La Luna en Géminis difícilmente permanecerá en contacto con la sustancia onírica o con el misterio de los hexagramas, sino que buscará interpretaciones; y esto es lo que justamente queríamos evitar. Si alguien que tiene como mecanismo básico la racionalización consigue enmascararla con una cualidad mística e intuitiva, estaremos en un problema mucho más grave que al comienzo.

El mecanismo lunar es muy insidioso en tanto se mantenga más o menos oculto y no se le revele a la persona su componente infantil. Creo que primero debemos comprender de qué nos estamos protegiendo a través de él *y aprender a atravesar esa zona de desprotección tan temida*. Sólo allí surgirán realmente los recursos más maduros del sistema y se producirá la integración necesaria.

Toda Luna en Géminis debería tomar contacto efectivo con el pánico que le producen las situaciones que están más allá de las palabras. Por ejemplo, qué le sucede ante aquello que no puede entender —o cuando no logra hacerse entender—, qué siente al quedarse sin explicaciones propias o sin lograr que alguien le explique. Todo lo que no pueda ser puesto en palabras le produce temor en un nivel emocional básico aunque otros niveles de su estructura no lo registren así; ésta es su principal dificultad. Supongamos la carta de alguien con mucho Piscis o Escorpio y que tenga a la vez Luna en Géminis: no le será fácil advertir hasta qué punto la expresión de su Sol o el aprendizaje de su Ascendente lo llevan en direcciones que aterrorizan a su nivel más básico. Este comienza entonces a operar desarrollando explicaciones que parecen brillantes, pero que en realidad son cada vez más irrelevantes y defensivas. O se lanza a actuar, dispersándose en múltiples actividades e iniciativas, hasta que inevitablemente se produzca el encuentro con aquello de lo cual pretende huir.

Las asociaciones afectivizadas

Veamos con más detalle el modo como suele desplegarse la Luna en Géminis en un adulto, para encontrar la tenue línea de demarcación entre talento y mecanismo. Hay muchas escenas y situaciones posibles en las cuales se expresa el hábito que lleva a la persona a hacer más de una cosa a la vez y a dispersarse. Por ejemplo, dividir la propia casa en dos espacios —uno para trabajar y otro para habitar— o mejor aun, tener dos casas y estar yendo y viniendo de una a otra. Otra tendencia habitual es permancer en una situación abierta, que no termina de definirse pero en la que se entreven posibilidades y que por eso mismo no se la puede dejar.

El desarrollo de la vida cotidiana muestra a estas personas llenas de vivacidad, haciendo una tarea y, antes de terminarla, encarando simultáneamente otra, y luego otra y otra más... Aun en lo pequeño, es bueno advertir que en este movimiento divisivo se escinden para no madurar. Estar haciendo una cosa, hablando de una segunda y pensando en una tercera es una indudable capacidad; pero por lo general las Lunas en Géminis apelan a esto para no estar plenamente presentes en una situación determinada.

¿Cuál es la diferencia si se tiene el Sol o el Ascendente en Géminis, y no la Luna? El Sol se expresa haciendo varias cosas al mismo tiempo; el Ascendente, en cambio, tendrá que aprender a hacerlo de modo que quizá tenga un trabajo en Témperley y otro en Vicente López y deba cumplir con los dos. Tanto en el caso del Sol como del Ascendente, todo este movimiento implica expresión y crecimiento porque la persona está *desarrollando las cualidades* de la simultaneidad y la vincularidad. Con la Luna en Géminis, en cambio, la persona quizá tenga un solo trabajo en Merlo pero se empeñe obstinadamente en conseguir otro en Sarandí... Eso le resulta muy fácil y no está aprendiendo nada allí; más aun, haciendo eso se está refugiando en algo que le es muy familiar y que la tranquiliza porque repite una pauta inconsciente.

En esta especie de "manía de simultaneidad" se muestra, por un lado, una real capacidad para encontrar puntos de encuentro entre situaciones totalmente diferentes; pero por otro, la necesidad emocional de contar con variantes disponibles para cada caso y así no quedar encerrado en callejones sin salida.

Es evidente que esta búsqueda continua de alternativas se produce porque la persona con Luna en Géminis tiene grandes dificultades para concentrar su energía en una sola dirección. Así obtiene una alta flexibilidad pero al mismo tiempo, mediante esos comportamientos se asegura que nunca quedará totalmente inmersa en situaciones de intensidad excesiva. Al evitarlas, esta estructura infantil impide que se produzcan la presión y la síntesis necesarias para madurar. Podemos pensar, por lo tanto, que las experiencias que le exijan transitar por ellas sin alternativas, pese a su alto costo emocional, son en realidad extremadamente saludables para estas personas por cuanto las obligan a liberar otros recursos latentes en su estructura, más allá de su nivel lunar.

• *¿Pueden tener dos parejas al mismo tiempo?*

Claro, pero convengamos que no es la única Luna que puede hacer eso... De todos modos, pensemos que para estas personas, el patrón emocional básico lleva a dividir la carga energética. Esto se produce con más facilidad en el acto de *pensar*, específicamente en el *entender y el hablar. Cuando las cosas se entienden, la Luna en Géminis cree que "está todo bien".* Usando un ejemplo un tanto exagerado, podríamos decir que si el avión en el que viaja se precipita al océano, se sentirá mucho más tranquila si paralelamente alguien le va explicando por qué ocurre el accidente. Si además se trata de un estudiante de astrología, mientras va cayendo dirá: *"claro, esto es porque subí al avión con Marte cuadratura Urano oposición Neptuno..."*. O sea que en tanto exista una explicación experimentará seguridad y protección, aunque en realidad esté en medio de un desastre.

• *Entonces ¿el trabajo de una Luna en Géminis sería sostener la intensidad emocional?*

Quizás ese cuerpo tenga que sostener vibraciones o intensidades que cuando era pequeño logró desplazar y que ahora —para no sufrirlas— están recubiertas por racionalizaciones. Pero como *"entendí y racionalicé para no sufrir"*, habrá experiencias emocionales cargadas de dolor que estuvieron postergadas toda la vida. Llega un momento en que es necesario vivirlas para integrarlas; sólo así, de hecho, será posible comprenderlas realmente.

Lo fundamental —y no sólo para la Luna en Géminis— es que la Luna se da naturalmente en el despliegue cíclico del mandala natal. Es importante que llegue como una consecuencia, que no se manifieste como una necesidad previa y mecánica, obturadora de otros canales.

Claro que esto no resulta sencillo; ya vimos que la persona con Luna en Géminis es aquella que ante un problema emocional prefiere leer un libro acerca de cómo trabajar las emociones. *Leer es un refugio*, un modo de apartarse de la realidad y esconderse en un mundo propio. La lectura es algo que protege y tranquiliza y, de hecho, estas personas pueden leer en forma desmedida. Son los típicos lectores de siete libros al mismo tiempo, que creen que pueden seguir perfectamente los siete relatos a la perfección. Esto es difícil que pueda hacerse con literatura profunda; por lo general, su tendencia principal es leer ensayos y acumular información para estar así enterados de todo. A la inversa, también suelen regalar libros porque éstos encierran para ellos un fuerte mensaje emocional y son una demostración inequívoca de afecto e intimidad.

Otro tema importante, desde el punto de vista vincular, es la fuerte afectivización de los hermanos. Este vínculo suele ser el más seguro para ellos y es interesante observar la sutil dependencia en la que caen, aunque jueguen de hermanos mayores. Más importante aun es la tendencia a impregnar todos los demás vínculos con la búsqueda de la fraternidad. Es fácil ver cómo estas personas se instalan inconscientemente en el rol de hermanos —mayores o menores, indistintamente— con respecto a los demás. Si bien hay un auténtico deleite en esta modalidad y una alta capacidad de fraternizar, el problema reside en no advertir cuán regresiva se pone la persona en los vínculos contaminados por este imaginario fraternal. Como su inconsciente se siente en ellos infantilmente seguro, suele perder contacto con lo que realmente sucede. Muchas veces, en efecto, este adulto parece un chico jugando entre hermanos mayores o menores, y la vida se le presenta engañosamente fácil y liviana. De hecho, se siente seguro en medio de esa sociabilidad y aunque no se lo pidan tiende inconscientemente a proteger fraternalmente al otro, o a buscar protección él mismo en dicho vínculo.

• *¿Las personas con esta Luna suelen tener un aspecto juvenil?*

Sí, esta Luna suele dar una apariencia juvenil, juguetona y hasta adolescente. Por lo general son personas bastante divertidas, pero hay que observar esto con atención porque en realidad les resulta difícil tomar las cosas demasiado en serio. Si bien ésta puede ser una cualidad en algunos casos, en el fondo es una defensa para permanecer en un nivel de indeterminacion y provisoriedad en el que se sienten seguros. Esto es visible en el uso que hacen de las bromas con las que suelen cortar la tensión. El chiste de la Luna en Géminis rara vez es el del maestro Zen, que apela a él para mostrar la paradoja de los procesos mentales; más bien es un modo de superficializar la situación para evitar la intensidad.

• ¿Son personas desordenadas?

Tienen el natural desorden que proviene de la dispersión. Incluso en lo mental, aunque todo parezca muy lógico y coherente, es probable que esto sea cierto sólo en un nivel superficial. Como lo que está valorado emocionalmente es la rapidez y la resolución brillante y oportuna, su material intelectual es provisorio y disperso y muchas veces fuerzan las asociaciones para lograr el efecto afectivizado.

Lo más significativo de esta actitud general de provisoriedad llena de posibilidades —que hace todo lo posible para no definirse ni madurar— es una fuerte tendencia a *ser el eterno alumno o alumna*. Esta es una de sus posiciones predilectas: estudiar, estudiar y estudiar, acumular infinita información, *ser la eterna promesa de una síntesis que no ocurre jamás...* La Luna en Géminis es atraída magnéticamente por toda persona que sabe algo específico, en cualquier rubro: observa atentamente al jardinero de su casa y lo acribilla a preguntas, al mecánico de su auto, al profesor de matemáticas que hace ecuaciones complejas, al astrólogo... Con su desenvoltura para hacer muchas cosas al mismo tiempo, siempre hay un curso por aquí, un seminario por allá, algún nuevo libro para leer, alguna nueva teoría para adoptar. Como puede hacerlo con mucha facilidad y, en apariencia, aprende todo muy rápidamente, esto se transforma en un mecanismo para no comprometerse y no hacerse cargo, eventualmente, de todo ese conocimiento adquirido en una síntesis personal. Así, aprende eternamente, obteniendo un cúmulo de información variadísima que nunca llega a integrar. Por esto, un síntoma psicológico en el que el mecanismo lunar muestra toda su dificultad y distorsiona el conjunto del sistema, es la postergación indefinida *de la síntesis, porque siempre cree que hay algo más que debe aprender antes de definirse.* Todo se convierte en un "aprendizaje eterno", muy interesante como posición existencial, pero que aquí sólo revela la autoperpetuación de una cualidad que le impide hacerse cargo de su propia madurez. Ustedes verán que las Lunas en Géminis —y en Sagitario— comparten el rasgo de ser muy miméticas: *aprenden rápidamente pero por reflejo, imitativamente,* sin hacer realmente una síntesis personal. *Les es difícil advertir que se encuentran en el mundo mental de otros "como en su propia casa" y se refugian en la mente de otros.* De la misma manera y en otro nivel, al repetir información de cualquier tipo —sea acerca de la teoría de la relatividad o de la constitución de los equipos de fútbol— se sienten inconscientemente "brillantes" y seguros.

• *Pero Freud tenía Luna en Géminis y sin embargo desarrolló un extraordinario pensamiento propio y una gran síntesis...*

Sí, es cierto; examinaremos esto en el punto que sigue para discernir mejor entre la función lunar integrada y el mecanismo lunar; esto es, entre los talentos de la Luna y la búsqueda inconsciente de la seguridad. Así lograremos poner en perspectiva todo lo que hemos estado diciendo.

Los talentos de la Luna en Géminis

Si la Luna se integra al sistema ya no absorbe indebidamente energía ni distorsiona las demás funciones. Pero ¿qué significa que "se integra"? Básicamente, que la conciencia ha comprendido el nivel de sí misma que se protege de esa manera; en el caso de la Luna en Géminis, postergando indefinidamente la síntesis. Al tomar contacto con el temor que está asociado al mecanismo, éste deja de ser valorado como un talento y se puede detener, permitiendo a la persona comenzar a comprender su propio mundo emocional.

En principio, para la persona con esta Luna es mucho más cómodo asimilar, asimilar y asimilar, combinando y recombinando; preparándose infinitamente para el gran día que no llegará nunca. Dejar de reflejar mentalmente a otros es toda una confrontación emocional porque, al verse obligado a hacer su propia síntesis o tener que asumir una posición estable, se siente particularmente desguarnecida e insegura. Seguramente tendrá que atravesar sus miedos, no en el sentido de controlarlos o interpretarlos sino permaneciendo con ellos hasta que desplieguen todo lo que tienen que decir.

Una pauta importante, entonces, es darse cuenta de que el miedo está asociado a la Luna y que si aceptamos el modo en el que ésta lo enmascara, nos quedamos en la Luna. En términos históricos, el mecanismo lunar siente un temor propio de los primeros años de la vida o —en términos energéticos— de quien no se atreve a ir más allá de lo conocido. Cuando se atraviesa una situación en la que operan otras energías de la carta natal, la cualidad lunar se siente trascendida en sus posibilidades y comienza a actuar inconscientemente. A partir de aquí se configura un contexto imaginario *en el que no sólo el peligro y el temor son ilusorios, sino también la manera de trascenderlos*. El contexto que estoy imaginando era propio de cuando tenía cinco años y la resolución en la que confío hoy fue exitosa entonces; pero no pertenece al presente. Dicho energéticamente: lo que imagino cuando el mecanismo lunar se me impone, era peligroso cuando no tenía maestría sobre ninguna otra cualidad energética del sistema, fuera de la lunar. En el momento presente del despliegue cíclico de la carta natal, cuando se materializan determinadas experiencias, ya tengo a disposición muchas otras cualidades para responder a la situación. Pero aflora el miedo propio de la identificación con la cualidad lunar entendida como exclusiva — energéticamente, o de la incapacidad para registrar afecto y seguridad por otros canales que no repitan el esquema madre/ hijo, psicológicamente. En este punto, darse cuenta del temor ligado a la propia Luna es extremadamente importante, pero mucho más lo es poder atravesarlo. En el caso de la Luna en Géminis podemos decir *"¡ay, pobrecito...! ¿por qué no puede hacer tres cosas al mismo tiempo? ¡déjenlo, si le gusta...!"*. La que así habla es la parte más chiquita y desvalida de la persona. Cuando esta Luna hace tres cosas al mismo tiempo es porque se está escapando de algo; básicamente, se está escapando de definir una dirección acorde con su singularidad, está buscando postergar la definición de sí misma, permaneciendo en un estado infantilmente inconcluso. Tarde o temprano el destino hará que se defina pero en ese caso, probablemente, deberá hacerlo por medio de una crisis.

El mecanismo de la Luna consiste en el anhelo de permanecer para siempre en la base, identificado con aquella cualidad a través de la cual se entró a la vida, sin crecer jamás. En términos energéticos, crecer quiere decir abrirse a los niveles desconocidos de sí mismo y desidentificarse de lo conocido. Justamente porque esa base —lo conocido— ya está asegurada y nadie nos la puede quitar, se hace posible ir más allá, incorporándola como un talento maravilloso a la nueva identidad que se despliega.

Un talento innegable de la Luna en Géminis es *poder ponerle palabras a las emociones* y, en general, a todos aquellos órdenes de la realidad que son muy difíciles de verbalizar. Existe una inusual aptitud para hallarlas y expresarlas ya que, por lo general, estas personas hablan muy fluidamente y poseen una gran capacidad para establecer asociaciones mentales.

Ahora bien ¿esto es un talento o un refugio? Es difícil discriminarlo y todo depende de cómo se esté manifestando la energía. Podríamos decir que una cosa es ponerle palabras a aquello que no las tiene y hacerlo inteligible, creando así un nuevo contexto comunicacional para todos; y otra muy distinta es explicar y establecer teorías sobre ello para mostrar el propio brillo intelectual afectivizado. Una cosa es dar inteligibilidad y otra depender de ella porque no se soporta que no existan regiones que estén más allá de las palabras. El *talento para la comunicación* está presente en la Luna en Géminis, con toda seguridad; pero si la persona se desespera cada vez que no logra comunicarse y hacerse entender, entonces estamos ante un aspecto regresivo.

Freud tenía Luna en Géminis en la Casa VIII y en él podemos ver todos estos talentos. Poseía una capacidad extraordinaria para establecer relaciones entre campos diferentes, para conferir inteligibilidad y ponerles palabras a los mundos más oscuros, ambivalentes y contradictorios, para captar coherencias en el ámbito evanescente de los sueños. Con un dato pequeño, con un simple acto fallido, esta Luna en Géminis al servicio del eje Tauro-Escorpio logró captar de qué manera ordena el inconsciente y, desde allí, resignificó la totalidad de lo humano para nuestra época. En Freud, el talento de la discriminación y la palabra se hizo presente en el territorio de lo más indiscriminable y oscuro.

Pero por otro lado, podemos también ver a través del desarrollo posterior del psicoanálisis que quizás Freud puso —como condición para la curación— excesivo énfasis en hacer inteligible lo inconsciente. De esta manera, el "interpretar" quedó sobrevalorado y el talento de poner lo oscuro en palabras obturó otros canales. Para él, Jung era un místico y Reich un loco, porque aceptar que los nudos del inconsciente pudieran resolverse en su propio nivel, sin ser mediatizados racionalmente, o que se llegara hasta el fondo de la libido desde el cuerpo mismo sin pasar por la interpretación, era muy peligroso. Pero podemos preguntarnos ¿peligroso para quién? Sentimos la tentación de decir: peligroso, para su Luna en Géminis. Quizás él se sentía excesivamente identificado con su propio talento, que era la palabra. Pero allí reside al mismo tiempo el temor, porque yendo hacia lo oscuro sin palabras nos acomete el miedo. Esto es así para todos, pero fundamentalmente para el sistema energético de Freud, en el que debe cubrirse una distancia muy exigente: la que media entre su Luna en Géminis y su Ascendente en Escorpio. No me parece posible dilucidar livianamente hasta dónde el aporte de Freud fue más el producto de su talento que el de su miedo. Desde el análisis de su Luna en Géminis, podríamos decir: *hubo una tensión que se hizo creativa*. En esto reside la difícil frontera entre las dos caras de la Luna, que no me parece posible resolver ni juzgar más allá de la dinámica de cada destino específico.

• ¿Tendría que ver esto con que el psicoanálisis tiene muy valorizada la palabra y muy desvalorizado el cuerpo?

En la carta de Freud, podemos decir que es visible la manera como se articula la Luna en Géminis en este tema. El psicoanálisis, en su origen, tiene que ver con llevar al paciente hacia un estado regresivo en el cual éste habla y, a través de las palabras de su discurso, es interpretado. Este es un circuito en el que están el talento y el mecanismo de la Luna en Géminis inextricablemente reunidos. Por cierto, no estoy diciendo que Freud tendría que haber hecho otra cosa; pero su enfrentamiento con Jung y con Reich muestra que el contacto directo con el inconsciente, sin mediación verbal, era intolerable para su Luna en Géminis, porque en esos abordajes perdía la protección de su capacidad básica: la de entender racionalmente.

Pero también es válido decir que, con ese escudo que era su Luna, permitió a la humanidad en su conjunto adentrarse en un territorio desconocido. Él fue la avanzada y los que vinieron luego se encontraron, gracias a él, con un mapa que les permitió profundizar puntos que él temía, no sólo por su Luna en Géminis sino por el hecho de ser el primero.

Cada sistema energético tiene a su disposición todos los elementos para manifestar una síntesis creadora. Aquí lo importante es el equilibrio del conjunto, que no permite a una función invadir el campo de las otras, escindiendo la estructura. *Todos necesitamos protección:* ésa es la función de la Luna. Lo que denominamos mecanismo surge de la identificación con una parte, que excluye a las otras. En el caso de Freud, me parece que el talento y la integración de su Luna fueron extraordinarios. Donde aparece el mecanismo, en mi opinión, es en *la exclusión de las demás perspectivas* y en la condena a otros caminos que iban más allá de sus posibilidades.

En general, para todas las Lunas hay un test muy bueno y es estar muy atentos ante situaciones intensas donde sea imposible utilizar el registro de la propia Luna. Por ejemplo, observar qué le pasa a una Luna en Aries impedida de actuar y de mantener la iniciativa por razones físicas; o una Luna en Tauro que no pueda aferrarse a nada; o una Luna en Géminis que no pueda explicar. Es notable cuán desorientada queda una persona ante esas situaciones intensas en las que no puede apelar a la cualidad o mecanismo lunar. Se le impone una terrible sensación de inseguridad y desprotección, totalmente fuera de lo familiar. En el caso de la Luna en Géminis, basta con que escuche algunas palabras —o que se le permita expresarlas— para que vuelva a sentirse cómoda.

¿Podemos imaginar un romance entre una Luna en Géminis y una Luna en Tauro? Quizás vayan a tomar un café y la primera, un poco insegura, hable, hable y no pare de hablar. La segunda, como no puede entender por qué no es tocada y acariciada, pide un sandwich atrás del otro... Las dos personas conducen la situación, que es intensa para ambas, hacia el mecanismo que les resulta propio. Este se gatilla de manera espontánea y delimita respectivamente dos espacios seguros, que no se superponen nunca porque cada uno está aislado en la energía que le da seguridad y lo separa del otro. Generalmente no somos conscientes de la manera como intentamos imponer a los demás la vibración en la que nos sentimos seguros. Aunque en algunos casos ello determina grandes afinidades, en otros nos aísla por completo.

• **Sin embargo, en el caso de la Luna en Géminis,**
"quedarse en la Luna" no parece tan tremendo como en otros casos...

Tenemos una valoración colectiva de la racionalidad y la comunicación que escamotea los posibles problemas a los que están asociadas. Debemos pensar que la persona identificada con el mecanismo lunar geminiano tiene una fuerte disociación entre mente y emoción, de la cual no es consciente. Esa hipertrofia de habilidades intelectuales y su aparente versatilidad habla de un nivel emocional muy inmaduro, que está tensionando todo el sistema pero que es muy fácil de enmascarar. No me parece un tema sencillo, en absoluto. El código subjetivo de esta persona en relación a la emoción y el afecto, al estar tan mediatizados, tiene que generarle necesariamente problemas en muchos órdenes de la vida.

• **¿Puede uno proyectar su Luna?**

Eventualmente sí, pero en realidad depende de cómo miremos la escena. Con el tiempo uno aprende a ver que la persona, aunque parezca proyectarla en otros, de cualquier manera está jugando su energía lunar; por ejemplo, puede tener hipervalorada la inteligencia y al mismo tiempo sentirse un tonto. El circuito es el mismo porque lo afectivizado es la inteligencia, pero no se siente merecedora de ella. Quizá en su experiencia inicial el mensaje afectivo tomó la forma de que el inteligente era el otro; entonces, al no lograr hacer pie en la inteligencia, no se siente querida. Es un patrón desvalorizante que lleva a buscar afecto jerarquizando aquello que no se cree poseer. Se produce una absolutización, una unilateralización de la afectividad, porque sólo para su contexto inconsciente es cierto que para ser querido hay que ser inteligente.

• **Pero...¿por qué una Luna en Géminis podría sentir**
que le falta inteligencia?

En todo caso, por otros aspectos de su carta natal. Es casi una regla que éstas suelen ser personas con una parte "más crecida" que otra y que presentan una maduración psicológica muy desigual. Lo habitual es un gran crecimiento mental y un escaso desarrollo emocional. En esto reside la tensión y también *la paradoja, porque son seres infantilmente mentales.* Ser la persona rápida, inteligente, clara, adaptable, es como seguir siendo un niño. El círculo vicioso consiste en que son aparentemente adultos —con esa rápida y brillante mente— y por otro lado eso no es totalmente cierto, porque lo mental en ellos es más un *juego* que un verdadero modo de abrirse a la comprensión de la realidad.

LUNA EN CÁNCER

¿Cómo podemos caracterizar en este caso la cualidad que envuelve al niño en el momento de nacer, en eso que hemos denominado "capullo energético"? Cáncer —manifestándose a través de la Luna— refuerza las afinidades entre signo y planeta, constituyéndose en una energía extremadamente sensible, tierna, tibia y suave, que marca un borde muy nítido con el afuera, ante el que permanece cerrada otorgando una sensación de máxima seguridad. Es pura interioridad y no hay aquí ningún acceso al mundo exterior. Dentro de este capullo no se ve el afuera y el niño permanece totalmente envuelto en esa energía suave y mullida, donde reina la calma más profunda. Podemos imaginarlo como un oasis interior, completamente cerrado... Apenas algo lo toca se cierra sobre sí, ovillándose; o se encoge como un caracol, replegándose hacia adentro. Al contrario de la Luna en Aries, cuanto más se interioriza tanta más seguridad experimenta; sólo más tarde, cuando haya desaparecido el eventual peligro, volverá a dilatarse y a retomar su forma natural.

La modalidad protectiva de esta persona, entonces, se manifiesta como *un repliegue generador de una fuerte interioridad* en la cual se siente muy cómoda y segura, abastecida y plena de afecto.

Constitución del campo afectivo

La energía básica de este chico se corresponde sin mediación alguna —a diferencia de otras lunas que hemos visto— con aquello que definimos como lo arquetípicamente maternal. Aquí protección, afecto y seguridad provienen directamente de la ternura, la calidez y de una fuerte energía de simbiosis capaz de suministrar todo lo que necesita un ser vulnerable en crecimiento.

Todo esto, que es propio del niño al nacer, se manifestará a su alrededor, configurando las características del entorno en el que se establecen sus primeras relaciones afectivas. Evidentemente el vínculo con la "madre" es en este caso muy estrecho, íntimo y sin intermediaciones. Podemos imaginar a un bebé gozando de las mullidas formas y del calor del abrazo materno, hundido en su regazo. No obstante, no resaltan aquí los estímulos sensoriales y nutricios, como en el caso de la Luna en Tauro; sí, más bien, la sensación de blanda protección y de alguna manera la ensoñación a la que el niño se abandona, al tener garantizada la seguridad. Esta no está asociada al peligro, como en el caso de Aries, ni a la distancia, como en Géminis, obligándolo a buscar un acercamiento a través del movimiento o la palabra. La sensación arquetípica de máximo bienestar infantil aquí se ve confirmada, haciendo que inevitablemente el niño prefiera *permanecer con los ojos cerrados*, fantaseando e imaginando el mundo externo. Posiblemente piense: *"¡qué bien se está aquí! ¿qué sucederá en el mundo, qué haré en él cuando sea grande? Seguramente recorreré el Amazonas y realizaré grandes hazañas, seré importante y creador. Pero eso lo haré cuando sea grande. Por ahora me quedo aquí, en brazos de mi madre..."*.

El problema es que, probablemente, alguien con Luna en Cáncer siga pensando esto aún a los cuarenta años...

Los mundos inaccesibles de las Lunas en signos de agua

Toda Luna en un signo de agua, en general, construye un lugar interno al cual nadie llegará jamás, un *mundo interior inaccesible* para los otros. Pero en ese ámbito no se siente soledad sino que se experimenta un mundo lleno de sensaciones, en las cuales está presente la "madre" en un contacto directo y preverbal. La posibilidad de que alguien pueda entrar a ese espacio psíquico sin corresponderse absolutamente con la "madre" es insoportable, y por eso es necesario cerrarse casi herméticamente al mundo "externo".

Así, un rasgo típico de las Lunas en agua es una gran *introversión* emocional y una marcada renuencia a revelar su mundo interno. La seguridad se asocia a la interioridad; exteriorizar es peligroso y dejar entrar aquello que no tiene la misma cualidad, aterroriza. En esta primacía avasallante de la emoción no hay acción, ni tangibilidad, ni palabra posible que garantice el afecto. Los registros "objetivos" son inseguros y por ello *ese interior no debe ser entendido —sería casi profanarlo— y tampoco tiene sentido expresarlo; es una sustancia íntima e intransferible.* Como veremos luego, en la Luna en Escorpio este mundo interno presenta rasgos defensivo-agresivo-fusionantes y por eso estas personas se refugian en "una isla rodeada de tiburones". La Luna en Cáncer, en cambio, nos dice: *"Acá no entra nadie, porque sólo hay lugar para mí y para mamá..."*, y a mamá no es necesario decirle nada porque ella ya lo sabe, mamá adivina sin que se le hable. Esta *plenitud del silencio interno en la que se es sabido por la madre* es un rasgo característico de la Luna en Cáncer que a su vez, en la posterior relación con los demás, enlazará el afecto con la condición de ser comprendido intuitivamente.

La "madre"

Desde el punto de vista de los hechos concretos, el escenario que corresponde a esta Luna —como en las restantes— debe suministrar necesariamente los elementos que expresen sus rasgos. Habrá por lo tanto una madre muy presente, cariñosa y tierna, muy protectora, pero que no será vivida como demandante y en modo alguno aparecerá como asfixiante, como sí ocurrirá con la Luna en Escorpio. Esta madre se complementa con una fuerte presencia familiar en la que está muy enfatizada la pertenencia y la tradición. No se trata de que la familia sea portadora de un poder o de algo en especial, sino tan sólo de *una identidad que se sostiene en la unidad de todos sus miembros. Se labra la pertenencia a una historia, a sueños y anhelos compartidos*, cuya presencia llena de seguridad e identidad; viceversa, la ausencia de esta sustancia afectiva compartida, con sus imágenes e incluso con sus ilusiones, será vivida como desamparo y desprotección.

Esta Luna suele estar acompañada por una figura paterna que no logra transmitir suficiente solidez y autosostén como para cortar el embeleso con la madre y la pertenencia familiar. Es decir, es raro que el padre abra camino al hijo hacia el mundo externo. Esta insuficiencia de la función de corte con la simbiosis materno-familiar hace que más tarde le sea duro enfrentar las exigencias de lo social. Entonces buscará, consciente o inconscientemente, ámbitos contenedores o con mucho sentido de pertenencia, que le permitan recrear la sensación de incondicionalidad afectiva de su origen. Este patrón de salida llevará tarde o temprano a la desilusión de esa incondicionalidad anhelada, haciendo que la persona se repliegue excesivamente en mundos cerrados o tenga que volverse rígida para enfrentar el mundo, con el consiguiente costo emocional.

Aquí se establece un vínculo simbiótico muy fuerte con la madre o con quien la sustituya, por lo menos en los primeros años. Como dijimos, esto no está ligado a lo sensual y a la fuerte presencia corporal y nutricia de la madre, como ocurre con la Luna en Tauro, sino a su presencia afectiva, al fuerte apego a la proximidad emocional de la madre. A los niñitos con Luna en Cáncer se los suele ver aferrados literalmente a la pollera de la mamá, tomados de su mano y buscando permanecer siempre a su alcance. Es muy visible, cuando son muy pequeños, el pánico que les produce el alejamiento, aunque sea momentáneo, de su madre. Esto no sucederá con las Lunas en Aries o en Géminis, como ya se vio, en las que esa distancia forma parte del patrón. Al niño con Luna en Cáncer no le será fácil, por ejemplo, pasar una noche fuera del ámbito de la familia, por cuanto registra con mucha fuerza la ausencia de la energía protectora que surge de los "suyos". Durante el estadio lunar de su vida, descubrir otros ambientes, nuevas relaciones o mundos extraños no significa para él incentivo alguno, y por ello en la infancia insistirá en llevar a los amiguitos a jugar a su casa. Son comunes, con esta Luna, los casos de "mamaderas eternas" y suele serles difícil desprenderse del chupete. Es perfectamente posible verlos —incluso avanzada la escuela primaria— tomar la leche chocolatada de la merienda en mamadera, delante del resto de los compañeros que desde hace años la toman en la taza.

• **Creo que eso ya es un tema de los padres, más que del chico. Es hacerlo caer en el ridículo...**

Bueno, esta visión es propia de una Luna en Leo. Una Luna en Cáncer seguramente encontraría muy conmovedora y tierna esa escena.

• **Quiero decir que ese tipo de niños suelen tener luego problemas de integración con el medio porque los padres no supieron cómo actuar con ellos. ¿Cuál sería la manera más adecuada de tratarlos, conociendo su tipo de energía lunar?**

En astrología debemos tomar muy en serio el hecho de que los padres son una manifestación de la energía del chico y viceversa. *La presencia de ese supuesto "exceso" de mimos y simbiosis acontece porque está en el niño la cualidad que lo lleva a atravesar tal tipo de experiencias.* El comportamiento espontáneo de la familia generará esos hechos y creo que pretender evitarlos —como si uno estuviera fuera de la situación— impide comprender la naturaleza profunda del niño y la estructura de destino compartida. Nos movemos en un marco cultural que inclina a hacer responsables a nuestros padres de gran parte de nuestras desgracias y limitaciones. Creo que para entrar profundamente en la astrología y entregarnos a la revolución epistemológica que lleva implícita, tendremos que ampliar esta perspectiva. Dado un cierto nivel de evolución de la humanidad en el que Cáncer se manifiesta de esta manera, Sagitario de otra, y así con todas las energías del Zodíaco, cada uno experimenta lo que le corresponde experimentar y no otra cosa, especialmente en los primeros años de vida. Desarrollaremos más a fondo esto cuando veamos la Luna en Acuario y contemos con más elementos para el análisis. El punto no es intentar dejar de ser la madre que se es para que al chico "le suceda otra cosa", por el solo hecho de que uno ha estudiado astrología. Creo que lo esencial es dejarse guiar por el estricto sentido común y generar un clima afectivo que no tensione excesivamente a la criatura, evitando antagonizar las energías que están presentes en su estructura *y de las que nosotros somos su expresión*. Las fragmentaciones internas de cada uno de los participantes de la familia —los padres, por ejemplo, y sus conflictos externos, discusiones, peleas y desencuentros— constituyen las disociaciones del campo integrado que simboliza la carta natal del niño, que más tarde devendrán en fuertes juegos de luz y sombra para él. La mayor fluidez de la energía de la carta de un hijo depende decisivamente de que sus padres se comprendan a sí mismos y comprendan la estructura familiar —de destino— que conforman.

Entonces, volviendo a lo que decíamos, esta energía materna asociada a la Luna en Cáncer no ahoga ni manipula. Genera una fuerte dependencia, es cierto, pero lo hace a través de un afecto genuino; no hay allí una madre que desea "algo más", por detrás de sus gestos de protección, aunque a las Lunas en Escorpio les cueste creer que esto sea posible...

La madre, el padre o el núcleo afectivo que corresponda, brindan afecto y cariño sin que aparezca ninguna sensación consciente de ahogo o de peligro latiendo tras los cuidados, como sería el caso de la Luna escorpiana. Al contrario, que lo mimen, lo quieran, lo abracen, que compartan el tiempo con él, imprime en el niño seguridad. La Luna en Cáncer toma esto como algo muy natural y la fantasía de que luego le pedirán algo a cambio, directamente no tiene cabida en el circuito. Esta Luna, por lo tanto, otorga una base afectiva muy sólida en la infancia; la dificultad no reside en la calidad del afecto sino en la posibilidad posterior de desidentificarse de esa simbiosis y no quedar atrapado en el mecanismo de la dependencia.

Pero precisamente por todo ello, soltar el chupete o ser destetados es todo un trabajo para estos chicos, ya que se trata de un sistema energético en el que no hay corte posible con la "madre" durante mucho tiempo. Las comillas son fundamentales porque no tiene importancia si en la vida real, por otros factores del complejo lunar, perdió a su madre en la infancia o directamente fue huérfano. Siempre encontraremos una tía, una abuela o una niñera maravillosa que la reemplazaron y una cadena posterior de figuras maternales-familiares que llenaron ese espacio.

Dependencia de la pertenencia

Esta disposición básicamente afectiva es el tesoro de esta Luna. El problema surgirá cuando la necesidad de energía afectiva se convierta en un hábito y esa alta sensibilidad emocional protectiva se transforme en la condición misma de la seguridad. Es evidente que si esta persona —ya en su edad adulta— sigue asociando la seguridad y el afecto con la particular calidad emocional que es propia de lo que necesita un niño, establecerá necesariamente relaciones de dependencia, contradictorias con otras energías de su carta natal.

El talento afectivo se transforma entonces en una desmedida necesidad de pertenencia y protección y el mecanismo básico será garantizarse siempre ese tipo de afecto, ligado a la estrecha intimidad. Son personas que saben cómo hacerlo, porque tienen esa cualidad; sin embargo, esto les recorta inevitablemente el radio de acción, reduciéndolas a habitar los pequeños espacios en los que es posible desarrollar ese tipo de contacto tan estrecho.

La dependencia del afecto maternal y envolvente los ubica de forma inconsciente en una posición en la que *"siempre voy a ser hijo, siempre estaré protegido, siempre alguien va a cuidar de mí adivinando toda mi ternura, vulnerabilidad y potencialidad, aunque no me muestre ni me ponga a prueba en el mundo...".*

La contracara de esta tendencia simbiótica es que se verá obligado a evitar todas aquellas situaciones donde sienta la ausencia de esta cualidad. La clave es percibir el malentendido de este circuito que, al eternizar una situación que fue real en la infancia, hace que la persona se aísle y se reduzca a unos pocos vínculos entrañables de los cuales depende enormemente, achicando su perspectiva del afuera. El mundo "externo", o sea, el resto de las energías de su carta, siempre es excesivamente duro para este nivel y el suceder de los acontecimientos la lleva sin que se dé cuenta —por ejemplo si su Sol está en Acuario o en Sagitario— a aislarse en esta desmedida búsqueda de protección.

La paradoja tiene que ver con la soledad: en ese interior protegido nunca se está solo, subjetivamente; pero es probable que se esté envuelto en una ilusión protectora, que lleva a empequeñecer el mundo real en el aislamiento de la subjetividad.

• *¿No mostrar su mundo emocional equivaldría a negar su condición de agua...?*

No se trata simplemente de no mostrar. En realidad, el mecanismo de estas personas hace que queden encerradas dentro de su mundo interno. En este sentido, "si amo el oasis", querer "sacar agua del oasis" es una profanación. Por eso, confiarle a alguien lo que le está sucediendo interiormente representa un esfuerzo tremendo... En general, a estas personas no les resulta muy fácil exteriorizar sus emociones llenas de ternura, calidez y vulnerabilidad; las muestran "sólo en familia" o en ámbitos donde se sienten intensamente protegidos o muy queridos. Fuera de ellos, posiblemente se comporten como el caracol y muestren un lado más duro y defendido, sobre todo en el caso de los varones.

• *Entonces, a cambio de esto, "se lo digo a mamá"....*

Sí, pero ésta en realidad ya lo sabe, de modo que no necesito decírselo; *no son necesarias las palabras* y tampoco las clarificaciones. Más allá de posibles dificultades en lo vincular —que muchas veces quedan salvadas por su ternura y sensibilidad— *el verdadero problema de esta persona es conocerse a sí misma.* Su fantasía inconsciente le dice que es mamá —o quien reciba la proyección de esta cualidad— quien sabe todo acerca de ella. Esta fantasía hace a estas personas muy renuentes a desarrollar una capacidad de introspección y autoconocimiento. Se les dificulta penetrar en la trama de su propia subjetividad, les causa rechazo hacerlo y es vivido como algo innecesario. Porque si estoy adherido a la sensación interna de que "soy sabido o adivinado" cada vez que sea necesario ¿cómo puedo saber de mí?... *he delegado completamente esta función.* Así es como a estas personas les resulta difícil ir a fondo en la comprensión de su mundo emocional más complejo. No quieren exponerlo ni confrontarse con él porque allí se sienten muy vulnerables en relación a sí mismas, es decir, en relación al resto de su estructura.

Esto puede estar incluso ideologizado a partir de su propio talento, en el sentido de que la emoción se resuelve en el mundo mismo de la emoción y no a través de otros canales. Pero recordemos que el mundo emocional del que estamos hablando es el de un niño con los ojos cerrados, que imagina el universo y se arrulla a sí mismo con historias, mitos e ilusiones familiares que, por ser compartidas, le confieren seguridad. El hábito de imaginar el mundo en vez de enfrentarlo tiende a repetirse y reforzarse porque —obviamente— la realidad nunca coincide con ese refugio sobreprotegido y lleno de sueños.

• **Es de suponer que se trata de personas enormemente susceptibles...**

Sí, son personas a quienes es muy fácil herir. Claro que esta dificultad con la dureza del mundo puede ser muy contradictoria con el resto de la carta. Piensen por ejemplo en alguien con Sol en Aries —o en Capricornio, Leo, Acuario, etc.— y con Luna en Cáncer. Es alguien que, en principio, desconoce su naturaleza temerosa y su necesidad extrema de protección. Inconscientemente buscará refugio en ámbitos y situaciones donde pueda proyectar su imaginario materno, sin advertir la dependencia que establece con esas personas o escenarios. Como para su Luna los mundos impersonales son terroríficos, se verá llevado a trabajar en lugares donde pueda proyectar la existencia de vínculos muy personales, aunque más tarde descubra que éstos no eran tales. Por ejemplo, buscará instituciones, empresas familiares o actividades que le proporcionen un entorno en el que pueda imaginar que forma parte de una familia y que comparte la calidez de una pertenencia incondicional. No sólo anhela ser conocido y querido por todos sino que supone que ha de ser tratado con la misma consideración que si formara parte de una familia real. Puede, además, permanecer indefinidamente allí donde ha hecho nido aunque eso obstaculice su expresión, su creatividad o su crecimiento. Si lo conocen desde hace tanto tiempo y lo tratan como de la familia ¿para qué cambiar eso por otro lugar donde no lo conocen, en el que se sentiría desamparado? Y de esta manera, siempre por razones similares, la persona con Luna en Cáncer se va quedando estancada en situaciones de extrema inercia afectiva.

En verdad, no se trata de miedo al cambio —como sí ocurría con la Luna en Tauro— sino de haber definido un mundo emocional muy pequeño y de *no poder tolerar la ausencia de esa sensación de pertenencia y seguridad.* Por otro lado, el hecho de que esto sea inconsciente incrementa, obviamente, la dificultad. Es posible que un ariano con Luna en Cáncer se arriesgue y quede muy expuesto en muchas ocasiones; pero su identidad lunar, al sentirse muy desprotegida, lo hará aferrarse inconscientemente a vínculos y situaciones que terminarán por impedir sus iniciativas más auténticas. Esto se completa con la dificultad para enfrentar el mundo tal cual es y con su tendencia compensatoria: la fantasía de que en algún momento lo hará con éxito. Tarde o temprano quedará demostrado que se trataba de una ilusión.

Aunque estas personas se mueven en mundos bastante cerrados, construyen constantemente grandes proyectos e imaginan cambios extraordinarios. El rasgo más infantil de este mecanismo lunar es el de preguntarse *"¿qué voy a hacer cuando sea grande...?".* Esto es: la sensación de que cuando logre ir más allá de esa situación segura, podrá crecer y se lanzará a demostrar toda su potencia. La *negación de la realidad y la dificultad para establecer relaciones objetivas*, es lo que hace que estas personas demoren mucho en desplegar todo su potencial.

Moverse en contextos impersonales implicará tolerar una sensación de vacío muy grande para esta Luna y, como generalmente no es consciente de cómo afectiviza en exceso la pertenencia para obtener seguridad a cambio, impregnará en su fantasía los vínculos relativamente impersonales de familiaridad. Esta ilusión acerca de una afectividad que no es real puede traerle muchas dificultades. Cuando está en la oficina con su jefe, por ejemplo, imagina que está en familia, con su padre o con su tío. Ese imaginario lo hace sentirse seguro, sólo hasta el momento en que el jefe comienza a comportarse con criterios puramente laborales. Aquí la persona ya no comprende lo que sucede y se siente herida, maltratada e incluso traicionada, porque el otro no responde a su contexto imaginario. Esto acarrea un sinnúmero de equívocos y de situaciones dolorosas, en las que la Luna ve confirmada su fantasía de dureza del mundo.

Si no hay posibilidades de "familiarizar", esta Luna hace que la persona se retraiga e incluso rehúya situaciones, cuando el mecanismo está muy activo. Tener que tomar decisiones tajantes, circular por mundos objetivos o por ambientes impersonales, la tensarán muchísimo. Esta Luna no podrá aceptar ni comprender jamás, por ejemplo, que en una oficina sea necesario despedir a alguien por necesidades de racionalización y no por problemas personales. Para ella, siempre cabría hacer una excepción basada en cuestiones afectivas, porque cualquier decisión debería estar morigerada siempre por el afecto. Esto reduce las posibilidades de interacción real para estas personas, cuando la Luna no está correctamente integrada al resto del sistema. La cantidad de garantías afectivas que necesita para tomar decisiones, actuar y realizar cambios es, en muchos casos, excesiva y por eso suele permanecer en situaciones estancadas. El anhelo de teñirlo todo con el afecto los lleva a establecer vínculos simbióticos, con un apego desmesurado por marcos sustitutivos de lo familiar, donde puede imaginar la presencia de un afecto incondicional.

El refugio de la fantasía

La dificultad básica consiste en comprender la actividad de ese mundo interno en el que se refugia para no enfrentar el afuera ya que, con su fantasía, es capaz de generar situaciones irreales sin percibirlo. Una persona con Sol en Aries, Ascendente en Acuario y Luna en Cáncer, por ejemplo, puede sentirse un héroe de la guerra de las galaxias aunque pase la mitad de su vida dentro de su habitación, mirando videos. El anhelo inconsciente de evadir toda confrontación puede llevarlas también a depender de personas que se hagan cargo del lado duro de la vida o a arrastrar por siglos situaciones que no se sienten capaces de enfrentar, con la consiguiente acumulación de malos entendidos. Cuando éstos estallan dolorosamente las respuestas son aun más infantiles, porque el plano de los hechos y de la realidad externa es demasiado contundente como para ser soportado y no pueden comprender por qué nadie los protege de esa situación.

En los momentos más difíciles, cuando esta Luna tiene miedo o se siente muy insegura, busca sus sustitutos favoritos: vuelve con la mamá, se aferra a la familia, se mete en su casa o incluso se encierra en su habitación sin salir. Difícilmente se sienta sola porque allí tiene todo lo que necesita: su gato, sus plantas, su tejido o su computadora. Quizá se ponga a decorar las habitaciones o vuelva a hojear viejos álbumes de fotos o a releer antiguas cartas; pero nunca se reconocerá como solitaria. Lo básico es el anhelo de cerrar los ojos y de meterse para adentro, en la seguridad del mundo conocido, porque el imaginario dice que de esta manera los problemas se resuelven solos.

En esta descripción estoy enfatizando, obviamente, no la necesaria búsqueda de afecto de la persona ante una situación difícil, sino la actitud negadora por la que se repliega en su mundo infantil. El afecto conseguido por esa vía no da fuerzas a la Luna en Cáncer para enfrentar las situaciones; muy por el contrario, alimenta sus ilusiones y posterga el conflicto hasta el momento en que inevitablemente llega el desenlace traumático.

Debemos aprender a registrar y evaluar las distancias internas que genera en una persona la identificación con la Luna, así como las ilusiones acerca de sí misma y de la realidad, propias de su mecanismo. Supongamos nuevamente un Sol en Aries con una Luna en Cáncer: la autonomía entre estas dos energías tan dispares en un nivel disociado —y la consiguiente dificultad para amalgamarlas— será generadora de conflictos mientras el mecanismo permanezca en la sombra. De hecho, esta persona es mucho más vulnerable y afectiva de lo que cree cuando se identifica exclusivamente con su Sol en Aries. Y es al mismo tiempo mucho menos dependiente y necesitada de afecto, de lo que siente cuando el mecanismo lunar se le impone. Pero el proceso es en realidad mucho más complejo, porque la negación de la Luna canceriana desde un combativo Sol en Aries, tarde o temprano la llevará a buscar refugio en personas y situaciones que contradigan todas las iniciativas arianas. Y viceversa, si la persona permanece demasiado tiempo sumida en la simbiosis que anhela su Luna, su Sol en Aries la disparará explosivamente hacia otra aventura heroica en la que volverá a sentirse terriblemente desprotegida, para alimentar nuevamente el círculo vicioso. Lo que debe ser comprendido es el circuito, la distancia interna entre estas dos dimensiones existentes en la persona. En el caso de la Luna, se trata de discriminar entre las verdaderas necesidades de seguridad y la distorsión perceptiva que genera el mecanismo.

Los hijos

Una característica muy importante de esta Luna es que *la experiencia de tener hijos suele resultar bastante compleja*, porque ellos rompen el hechizo de ese mundo perfecto, "sólo con mamá". Es evidente, por otro lado, que estas personas aman mucho a los niños y se vinculan con ellos desde un talento innato. Pero la experiencia de la propia maternidad —o paternidad— es psicológicamente difícil porque les exige salir de ese lugar imaginario y seguro en el que, aunque sean adultos, aún fantasean con que son hijos. Ser madre o padre implica salir de la posición simbiótica y asumir la responsabilidad de enfrentar al mundo; esto asusta a esa criatura vulnerable que ellos aún creen o anhelan ser.

Hasta ese momento, es usual que inconscientemente se ubiquen en el lugar del hijo con respecto a su pareja, aunque a veces aparenten ser la figura protectora. Si bien tener un hijo los forzará a ubicarse en un lugar mucho más maduro, en este punto se hace muy visible, en esta Luna, la distancia entre el talento y el refugio. Así es como teniendo un gran talento maternal y una maravillosa capacidad para criar, su refugio es en muchos casos la postergación de esa experiencia. Esto ocurre sobre todo con los varones; es típico que la llegada de los hijos les provoque crisis muy profundas, que por cierto terminan siendo muy positivas porque les permite expresar otro matiz de la Luna e integrarla creativamente al sistema. Allí la cualidad protectiva queda finalmente incorporada al servicio de las necesidades reales de los otros.

Talentos de la Luna en Cáncer

• *A mí me cuesta imaginar el talento de esta Luna...*

Sin embargo debería ocurrir todo lo contrario, porque la Luna en Cáncer es una Luna tradicionalmente ubicada en su *domicilio*. Con esto se quiere expresar que Cáncer y la Luna son signos inmediatamente afines, que refuerzan mutuamente sus cualidades. Por ello, ésta es una Luna arquetípica y es fácil suponer que estas *personas profundamente afectivas tengan una gran capacidad para conectarse con las reales ne-*

cesidades emocionales de los otros. Así como ante alguien "en catástrofe" la Luna en Géminis intentará explicarle el porqué de su situación y la Luna en Tauro le preparará una comida —siendo en ambos casos una proyección de las propias necesidades y un remedio de dudosa eficacia— la Luna en Cáncer tomará fácilmente contacto con la necesidad emocional real de esa persona. Algo la lleva a responder con sensibilidad innata ante el requerimiento emocional del otro, creando un clima en el que se sienta contenido y satisfecho. Se puede verificar que estas personas resultan muy tranquilizantes, muy aquietantes y que saben cómo dar mucha seguridad a los demás. A veces su sola presencia apacigua naturalmente la inquietud emocional ajena *porque tienen algo muy calmo y seguro en la base, que les permite tomar contacto con el mundo interno de los otros, incluso en sus turbulencias.* Se trata de una habilidad innata, de un instinto para el contacto emocional y para producir en los demás el mismo efecto de "oasis" que guardan en su interior.

En general poseen una gran capacidad para crear ámbitos de contención para los demás y comprender las corrientes emocionales y las verdaderas necesidades afectivas de una situación, sea ésta familiar, grupal o institucional, así como una real aptitud para la educación y cuidado de niños y jóvenes. Pero quizás su mayor talento reside en destilar una especial calidad afectiva, que permite aglutinar a las personas y producir una fuerte integración en grupos e instituciones.

Algunos comentarios generales

Es preciso reiterar que todo lo dicho acerca de la Luna se refiere a la *función lunar* en tanto necesidad de una energía que proteja, durante cierta cantidad de tiempo, a un ser que se está organizando y constituyendo. Esta presencia de energía y vibración protectora es un requerimiento de todo proceso evolutivo y, en este sentido, la Luna es imprescindible.

Podemos pensar nuestro sistema energético como irradiando energía a través de distintas etapas. A semejanza del desarrollo de un embrión, primero tiene lugar el crecimiento de ciertos aspectos mientras otros quedan latentes. Luego éstos crecen y posteriormente también lo hacen otros, hasta que se forma todo el organismo.

Así, necesariamente, la primera energía que se manifiesta es la de nuestra Luna y ésta tendrá la cualidad de darnos una vibración protectora que filtre la carga excesiva de las otras vibraciones de la carta natal.

O sea que el sistema energético se filtra a sí mismo. Esto es necesario, porque la fuerza de otras energías demasiado potentes debe ser dosificada. La Luna tiene la función de un tamiz que permite que crezca

y se vaya organizando un psiquismo, hasta que el estado de su crecimiento señale que llegó la hora de romper ese "capullo protector". Este
es el segundo paso necesario y la Luna está concebida en el sistema
para brindar esta función. De este modo, llega el momento en que ya no
es necesario que la Luna filtre el resto de la carta.

Ahora bien ¿cuál es nuestra dificultad? Que, en general, nosotros
permanecemos demasiado tiempo dentro del "huevo protector" y, en
consecuencia, vivimos nuestras energías distorsionadas por ese filtro.
Vivimos el conjunto de nuestra carta natal desde la Luna, por mucho
más tiempo que el necesario. Esto genera una conciencia temerosa de sí
misma, temerosa del propio destino, porque seguimos experimentando
la estructura natal desde la necesidad de protección.

Un segundo punto es que, eventualmente, nosotros desarrollamos
conciencia del resto de la carta, pero en situaciones de inseguridad o
peligro nos volvemos a convertir en "el pollito que se esconde en el huevo". Este es el segundo movimiento que tendemos a hacer con la Luna;
o sea que, pese a que ya se produjo una experiencia y una capacidad
para sintetizar el conjunto de las energías, cuando una situación sobre-
pasa cierto umbral emocional ligado al temor, la conciencia vuelve a
sumergirse en el refugio lunar y sigue haciendo las cosas desde allí.

• ¿De modo que cada vez que hay miedo o susto, hay Luna...?

Cualquier situación que pone en contacto con lo desconocido o lo
perturbador puede producir temor; pero eso no significa necesariamente "estar en la Luna". Una cosa es el temor normal, y otra tener miedo y
taparlo con una respuesta que distorsiona el contexto real. Esto último
sí es mecanismo lunar, o sea, algo que se nos impone de manera inconsciente y automática para evitar que ocurra lo que más nos asusta.

• Y de esta manera nos identificamos con la Luna, sin saber
que estamos asustados...

Claro, porque activando la energía más familiar —que por regla general no es la más eficaz— tapamos de un modo inconsciente la presencia de ese temor a lo desconocido. Lo más probable es que, si tengo
conciencia de estar asustado, no se active el mecanismo y quede
maduramente inhibido por la presencia de otras cualidades del sistema, permitiendo que afloren los temores ocultos que enmascaraba.

Estos son los puntos de partida básicos, necesarios para nuestras
indagaciones. En astrología es imprescindible volver continuamente a
ellos porque no son instintivos, esto es, no nos resultan naturales. Si los

perdemos de vista, comenzamos a significar lo que escuchamos desde posiciones no congruentes con la astrología. La Luna puede mostrarse a través de descripciones ambientales y de características de comportamientos de las personas. Pero ésta es una mirada astrológica muy clásica y es muy importante darnos cuenta de sus límites.

Yendo más profundo, podemos decir que la Luna se nos aparece a través de descripciones psicológicas, enfatizando las consecuencias de aquello que quedó afectivizado en los primeros años y que nos habla del vínculo entre la madre y el hijo. De esta manera, la carta natal se asemeja tanto a un mapa de las estructuras psicológicas como a un mapa de todo lo que le ocurrió a la persona, en cuanto a identificaciones con sus padres. La Luna se nos puede aparecer así como un "test proyectivo" o como un instrumento de trabajo para un terapeuta, facilitando el diagnóstico de aquello que demoraría meses en indagar a ciegas. Esta es una tendencia que hoy, diría, es casi dominante en astrología.

Ahora bien, en mi opinión, esto es funcional pero no es lo profundo de la cuestión porque el trabajo con la Luna —por ejemplo— excede en mucho al vínculo inicial con la madre y en absoluto se limita al mismo, aunque sea congruente con él. No es simplemente discriminándose de la madre como esto se resuelve, porque la matriz está y seguirá manifestándose en otras situaciones a lo largo de la vida, en las que el mecanismo volverá a repetir los comportamientos infantiles. O sea que es preciso comprender la tendencia a la autonomía y a la disociación de la energía lunar y la manera como ésta se impone. *Pero incluso más tarde, ya disuelta esta autonomía, la energía seguirá apareciendo y configurando situaciones que exigirán respuestas integradas.* Esto nos obliga a una comprensión cada vez mayor de la cualidad energética asociada a la Luna, que seguirá siempre formando parte de la vida.

Distingamos nítidamente la *repetición energética* —que es inevitable— de la proyección psíquica que interpreta de la misma forma los escenarios manifestados y *responde siempre de la misma manera.* Una cosa es la proyección de las marcas infantiles provocadas por las primeras manifestaciones de la energía y otra muy distinta es la exteriorización recurrente de una estructura en la que la conciencia debe descubrir cíclicamente nuevas respuestas y posibilidades.

Por supuesto, el abordaje profundo de este tema resulta mucho más difícil de sostener que el psicológico o el astrológico clásico. Cuando hablamos de la Luna estamos hablando de "vibración lunar"; y es importante recordar que la carta natal simboliza una dinámica vibratoria propia de cada uno de nosotros. Así, podemos hablar de distintos tipos de vibraciones —entre las que se encuentra la lunar— y del aprendizaje de la conciencia, que emerge para adquirir maestría en ese campo vibratorio.

¿Qué quiero decir con "vibración"? Pues, un tipo de energía particular que convoca cualidades similares o complementarias y que se manifiesta "atrayendo" personas o situaciones. Hay un tipo de energía particular que es la simbolizada por la Luna, otro tipo simbolizada por el Sol, Marte, el Ascendente, etc., constituyendo en nosotros algo así como un entrelazamiento, un trenzado de distintos niveles vibratorios y de distintas cualidades que generan conciencia y responden a ella.

Un segundo punto a tener en cuenta es que *nuestra conciencia —nuestra sensación de identidad— se identifica con algunas de estas vibraciones y queda capturada en ellas*, rechazando otras. Es decir, la conciencia tiende a *no distribuirse, a no recorrer los distintos registros vibratorios sino a quedar fijada en algunos, polarizando los otros aspectos —de la misma estructura—* que inevitablemente serán experimentados como antagónicos y generadores de conflicto.

El nivel vibratorio básico en el que nuestra conciencia se queda fijada es el de la Luna. Este es el punto. Por eso, "trabajar la Luna" quiere decir darnos cuenta cuál es el tipo de energía, cuál es el tipo de vibración con la que nos *identificamos* y que generamos inconscientemente como modalidad de seguridad.

Esto último —que generamos energía, obviamente en forma inconsciente, y que de alguna manera los demás responden a ella y viceversa— es algo que comenzamos a registrar al entrar más a fondo en el análisis energético. Los demás se "enganchan" con ciertos niveles nuestros de energía y a su vez nos arrastran hacia ella. Es decir, hay una retroalimentación entre el "afuera" y el "adentro", de modo que ya no podemos pensar que todo depende de nosotros mismos. *Se trata de un campo interactivo en el que se manifiesta determinada energía;* depende de la persona el hecho de permanecer identificada en estos niveles o de abrirse a un campo más amplio en donde los antagonismos puedan diluirse en niveles de mayor síntesis. Esto es básico para nuestra investigación.

• *¿Esa interrelación la genera uno mismo?*

No, esa interrelación "es" *la interrelación. Si digo "la genero yo...", esto supone un "yo" más o menos consciente* y separado que irradia eso en forma autónoma. Lo difícil es pensar que formamos parte de un campo vincular con puntos focales creativos, enlazados entre sí. Esto no nos resulta fácil de intuir pero es lo que constituye la trama de aquello que —a falta de otra palabra— llamamos nuestro destino. Este misterio vincular y creativo y su relación holográfica con la forma del sistema solar es lo que creo no debemos eludir aunque no podamos comprenderlo. De otro modo, reduciremos la astrología a procesos meramente psicológicos, empequeñeciendo lo que está más allá de lo humano, a la dimensión de nuestros contextos culturales.

• ¿Entonces, lo determinante en esta manera de registrar es dónde queda fijada la conciencia?

Bueno, sí como paso inicial, porque esa fijación produce resultados específicos. En este caso, si el nivel vibratorio de la totalidad del sistema se fragmenta y la conciencia queda sumergida en el nivel lunar, entonces la persona permanece en una posición regresiva e infantil. Eso traza un destino para esa situación particular, es decir, determina una posición y una circulación con respecto a las demás energías de la carta natal.

• ¿Siempre que se producen fuertes encuentros energéticos, ello tiene que ver con la carta...?

No tiene por qué haber interacción que no esté simbolizada en la carta, no en el sentido de que "está todo escrito" sino en la descripción de interacciones de hologramas creativos en red. Así, para que una persona nos impacte, tiene que estar el equivalente energético en nuestra carta, porque de otro modo no hay encuentro.

• Pero ¿uno no puede ir cambiando a lo largo de la vida?

La conciencia puede moverse cada vez con mayor libertad creativa dentro de su propia estructura y por cierto que este despliegue interno se irá expresando en el cambio de vínculos; aunque "cambio" no me parece la palabra más adecuada. Es posible comprobar que en nuestra vida siguen apareciendo personas con cuya modalidad años atrás nos relacionábamos dramáticamente; y lo hacen porque ésta forma parte de la matriz energética de nuestra carta. Pero si hubo un florecimiento del proceso y una ampliación del campo de la conciencia, esas personas ya no producen la misma reacción, fascinación, temor, antagonismo, dependencia, etc., que producían antes, lo que nos permite descubrir la creatividad inherente a esos vínculos.

• *Pero parece que, lamentablemente, lo común no es eso sino que uno se enganche una y otra vez con el mismo tipo de personas.*

Y bueno... ése es el "pan cotidiano" del astrólogo clásico. ¿Cómo se supone que puede hacer una predicción un astrólogo tradicional? Basándose en que la persona responderá del modo previsible, esto es, que cuando su patrón energético se manifieste, ella mantendrá la misma identificación o posición de siempre. Así se representará la misma dramática que incluye un desenlace preestablecido y, por este motivo, predecible. *Para un astrólogo es mucho más complicado abrir vías de desidentificación y aprendizaje de la conciencia, habilitando la posibilidad de un movimiento creativo dentro del mismo patrón interactivo.* Esto es lo profundo, pero la tendencia a responder siempre de la misma manera ante el movimiento cíclico de nuestros patrones es lo que nos lleva a decir "estaba escrito...". Allí no hay aprendizaje alguno, *no sólo en el sentido simple y lineal del aprendizaje personal, sino en el de una profundización de la relación creativa entre conciencia y energía.*

LUNA EN LEO

El signo de Leo simboliza el momento en que la energía se expresa en patrones radiales de creatividad. Estos se exteriorizan como un centro y una periferia que, al interactuar, generan un campo vincular de intensa resonancia y vitalidad en el que la energía circula a partir de la marcada diferencia funcional entre los componentes del sistema. Psicológicamente, esto suele producir la ilusión de que la creatividad es propia de un solo polo de la interacción y no de la particular diferenciación y el correcto equilibrio de la estructura centro-periferia, que permite que la energía se distribuya en relación a las necesidades de cada singularidad.

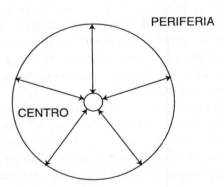

Cuando un niño entra a la vida a través de esta cualidad y vive sus primeras experiencias identificado con ella, expresa una intensa energía radiante que encontrará particular resonancia en el mundo a su alrededor. Inevitablemente centralizará la atención de los demás y, durante todo el tiempo que esta Luna cumpla su función protectora, sentirá que su sola presencia llena de vitalidad el entorno y colma las ex-

107

pectativas de quienes lo rodean.

Si imagináramos esta Luna como un capullo de energía, veríamos irradiar un centro alrededor del cual giran los demás componentes del sistema que garantizan su bienestar y su vitalidad. Ya vimos en las Lunas anteriores que este factor protectivo, a través del cual el niño entra a la vida, estará presente no sólo en su corporalidad básica sino como parte integrante esencial del mundo afectivo que lo rodea. Una persona con Luna en Leo probablemente nacerá a través de una madre que tenga estas cualidades activas o latentes. Seguramente en su familia alguna figura femenina centraliza la atención de los demás, recreando el patrón radial propio de la energía leonina; quizás se trate de la madre, la abuela o alguna otra mujer admirada y venerada. El ambiente familiar suele estar impregnado de creencias y sensaciones referidas a la existencia de personas excepcionales, a quienes les corresponde un trato preferencial por encima de los demás. También es probable que haya en el entorno familiares de cierta singularidad y relativa fama cuyo comportamiento llame la atención. A diferencia de la Luna en Cáncer, en cuyo ambiente predomina la sensación de compartir, de disfrutar la pertenencia, el afecto grupal y la presencia de una tradición familiar, acá se observa una alta estima y deferencia por individualidades que, perteneciendo a la familia, se destacan de alguna u otra forma. Esta fascinación por personas "especiales" suele ser una característica de las mujeres de la familia; así, en el nivel inconsciente, está preparado el lugar para la llegada del hijo o hija que cumpla con esa expectativa y, al mismo tiempo, otorgue con su nacimiento la posición de "reina madre" a quien lo traiga al mundo. Sobre este marco familiar, los sucesivos hijos probablemente expresarán distintos aspectos del patrón solar, con sus luces y sus sombras. Pero aquel que nazca con Luna en Leo ocupará el lugar del favorito, recibiendo el mensaje inequívoco de que se trata de alguien "único y diferente".

Podríamos imaginar una escena arquetípica en la que la "reina madre" inviste a su hijito o hijita con los atributos de su majestad principesca: corona, cetro y capa. Cada vez que este bebé despierte en su cuna se encontrará rodeado por una multitud que estalla en aplausos y gestos de aprobación, ante la mirada arrobada de la madre para quien este homenaje es totalmente natural, tratándose de su príncipe o princesa...

Comienza a constituirse el circuito

El campo energético, en la primera etapa de la vida del chico con Luna en Leo, provoca un "feed back" por el que circula *una carga de extrema valoración e importancia personal.* Esta será la señal que le indica la presencia del amor y la seguridad; su ausencia, por el contrario, significará desamparo. Es común que se manifieste esta Luna en hijos únicos o en niños muy esperados por alguna u otra razón. En general, será el favorito o favorita del entorno familiar o, por lo menos, de alguna figura importante del mismo como el padre, la madre, o uno de los abuelos.

• ¿Esta posición preferencial implica entonces mucha exigencia para el niño?

No, porque no se espera de él que sea maravilloso en el futuro; no está obligado a sostener el favoritismo del que goza ni se pretende que se destaque en el mundo, como en el caso de un Sol en el Medio Cielo, por ejemplo. Con la Luna en Leo se es maravilloso por la sola razón de haber nacido; ser alguien muy especial es un hecho natural para él, no una demanda. En el ámbito protector que la familia le otorgó en la infancia el chico se siente adorado y por eso no puede perder su sitial de preferencia; no experimenta exigencia alguna.

• Es el que "nació en cuna de oro"...

Sí, pero no en términos de bienes materiales. Aunque la persona con esta Luna tenga, al mismo tiempo, Saturno en la Casa IV —de manera que quizá no fue precisamente el hijo favorito de mamá— probablemente lo fue de la tía que vivía con ellos o de la niñera, con quien mamá lo dejaba cuando iba a trabajar. El mecanismo se articula en relación a esta experiencia, parcial o total, de ser el centro adorado de alguien. Por supuesto, en este caso, la combinación de esos factores puede hacer que la afectividad oscile entre el anhelo de ser adorado y el pánico a ser abandonado, o la convicción de ser un príncipe o princesa que nunca consiguió el amor que merecía.

Envuelto por esta adoración, goza de prerrogativas y de una atención que los demás no obtienen y que a él le es conferida sin condiciones. Esto es muy diferente a haber sido considerado el centro absoluto de la vida de sus padres, sin el cual éstos no podrían vivir. Él no debe entregar nada a cambio de su favoritismo, como ocurriría en el caso de la Luna en Escorpio, por ejemplo. En la Luna en Leo, ser el centro del mundo no está ligado a un fuerte deseo puesto sobre el niño, sino a su extrema valoración.

• *En definitiva, no es posible que esta persona pase desapercibida...*

Precisamente en esto reside el problema para el futuro, si la conciencia no logra desidentificarse de esa matriz primaria. El lugar preferencial y la adoración —en mayor o en menor medida— tuvieron lugar realmente durante la infancia y en familia. Pero más tarde es perfectamente posible que la persona pase desapercibida; más aún, seguramente le ocurrirá esto en una gran cantidad de ocasiones. Aunque en los marcos afectivos primarios siga obteniendo miradas admirativas, la necesidad emocional de ese hábito protectivo constituido en la infancia exigirá el retorno de la misma cualidad, casi en cualquier circunstancia. Esto, obviamente, no sucederá; y aquí comienzan las dificultades para esta Luna.

La necesidad de ocupar el centro, como único contexto seguro para estas personas, convierte paradójicamente a esta Luna en un factor *de desubicación y sufrimiento para el conjunto del sistema, dado que es muy poco probable que esa experiencia de incondicional valoración —para alguien que la da por descontada— se pueda prolongar indefinidamente a lo largo de la vida.*

Desaires y frustraciones

¿Qué sucederá entonces, cuando el pequeño príncipe o princesa viva su primer "destierro", por ejemplo, al concurrir al jardín de infantes o cuando nazcan hermanos menores, eventualmente solares? De aquí, en más, la Luna en Leo empezará a sufrir inevitables desaires: *"¿cómo no se dan cuenta de que soy el rey?, ¿por qué no me tratan como corresponde?"*. Algo no encaja para este chico en las nuevas situaciones y es probable que se instale en él una sensación de recurrente desubicación; la vulnerabilidad y el grado de exposición al que se siente sometido en estos casos, es muy grande.

La mayoría de las Lunas en Leo reacciona ante estas circunstancias de un modo mecánico, negando el vacío emocional que experimentan y desplegando sus aires principescos. Pero por otro lado, a raíz de los golpes recibidos por la ausencia del reconocimiento espontáneo al que están acostumbradas, suelen adquirir una actitud marcadamente defensiva. Tratan entonces de no exponerse, ante el temor de no obtener el retorno afectivo que pretenden. *En realidad, el malentendido más importante radica en que para ellas quedaron asociados afecto, seguridad y protección con valoración, adoración y posición central.* De aquí en más, sobre la base de esta confusión, la persona puede sentirse insegura y falta de afecto en los lugares donde en realidad es querida, pero no de la forma inconscientemente anhelada. Esto puede llevarla a oscilar entre comportamientos muy opuestos. En algunos ámbitos se desplegará, expresando toda su dignidad y seguridad arrolladoras, mientras en otros se sentirá sistemáticamente disminuida e incluso rechazada.

No es fácil, por lo tanto, que estas personas se abran y muestren su vulnerabilidad ante el mundo. Es tan costoso para ellas salir de su refugio lunar y abandonar su comportamiento principesco, que es muy difícil que puedan ser comprendidas por los demás; no por el hecho de "no ser entendidas" —como narcisísticamente tenderán a afirmar— sino porque su conducta suele ser desconcertante e incluso irritante y desubicada. Ante la "incomprensión del mundo", es muy posible que se replieguen a los ámbitos en los que se sienten seguras, rehuyendo las situaciones en las que no encuentran el contexto que necesitan.

Pero otra reacción eventual —quizá la más común— es que el mecanismo se refuerce. En este caso se *mostrará excesivamente y a destiempo, expresando una actitud de importancia autoconferida no refrendada por datos objetivos, que probablemente será chocante para los demás.* Esta desubicación de base —que la persona no advierte— la hace muy susceptible a la ofensa. En realidad es tan fácil desairar a una Luna en Leo que prácticamente no se lo puede evitar, puesto que satisfacer ese núcleo regresivo exigiría homenajes continuos.

Así se constituye el circuito: cuanto más atemorizada e insegura se siente la persona, tanto más insiste en emitir el mensaje que en la infancia le garantizó amor. Pero esas señales serán interpretadas por el "afuera" como muestras de altivez y orgullo, y generalmente provocarán rechazo. Aisladas en su mundo interno necesitado de reconocimiento y admiración, sólo atinarán a manifestar su "dignidad herida", reforzando la respuesta externa que eterniza el circuito.

• ¿Cómo actuaría un Sol en Leo, en casos similares?

Cuando el mundo externo no responde al patrón radial en el que se experimenta a sí mismo, el leonino despliega toda su energía para provocar el "feed back" adecuado. El mecanismo de la Luna en Leo, en cambio, *presupone que no es necesario realizar ningún movimiento ni desplegar energía alguna para que se produzca el reconocimiento*, sino que esto debería ocurrir espontáneamente. En principio, la naturaleza de un Sol en Leo tiene capacidad para hacer gestos e irradiar hasta lograr ocupar el centro de algún ámbito; esto es un correlato del patrón radial, propio de su energía. En otras palabras, hace todo lo posible y se las ingenia para demostrar que "está allí", pero esto no es un presupuesto emocional. En la Luna en Leo, en cambio, no existe de inmediato esa capacidad pero sí el presupuesto de que "el importante soy yo ...", entendido como algo ya dado y aceptado por los demás. Presupone —y ésta es su confusión— que para ser querida tiene que ser especialmente valorada, de modo que toda situación en la que se sienta ignorada la sume en el desconcierto.

• *Entonces, que se crea el centro de atención, no quiere decir que lo sea efectivamente...*

• *Pero... alguna vez sí lo fue...*

El registro histórico es haber sido ese centro de atención, en un momento determinado. Allí se desarrolló el hábito afectivo por el cual siente que si no es importante, no es querida. Esta es la confusión psicológica: si los demás no reconocen su valor —sin que tenga que demostrar nada— entonces no siente la presencia de afecto y la situación entraña peligro. No es fácil para la Luna en Leo exponerse a que sean verificadas sus reales posibilidades. *En su mundo imaginario no es posible verse obligado a demostrar nada; los demás deberían saber de qué es capaz, sin pedirle prueba alguna.* Toda situación de examen o de exposición es muy difícil para ellos y tienden a rehuirle con distinto tipo de racionalizaciones. En su mundo interno son —han sido— aplaudidos y reconocidos, pero cuando esto se debe confrontar con la realidad, el riesgo es demasiado grande y en muchos casos paraliza.

Esto hará que tengan grandes dificultades para ampliar su radio de acción cuando no encuentran a alguien para quien son "especiales".

Atreverse a ir más allá del reino en el que se sienten exitosos y admirados se convierte en un riesgo demasiado grande para su nivel emocional. Fijos en su mundo, no se atreven a entregarse a nuevas posibilidades y experiencias y, si lo hacen, muchas veces participan en ellas con cierta indiferencia. Seguramente, la zorra que decía que las uvas estaban verdes había nacido un día con Luna en Leo.

Por cierto, su talento auténtico es la capacidad de expresarse desde lo profundo del corazón, contagiando a los demás con su entusiasmo y vitalidad. Pero hasta tanto predomine el imaginario infantil esta experiencia fundamental se postergará, sustrayendo la verdadera cualidad lunar a las posibilidades del sistema en su conjunto.

Asociaciones afectivizadas, reacciones, mecanismos

Si la Luna en Leo estuviera maduramente integrada al resto del mandala natal, de allí podrían surgir otros recursos para recontextualizar las situaciones temidas. Pero en tanto hábito inconsciente, la persona no sabe qué hacer salvo mostrarse orgullosa y, como la ausencia de respuesta positiva a esto aumenta su inseguridad, se incrementa el correspondiente comportamiento altivo para conjugarla. Se impone allí el mecanismo en el que el "príncipe", para seguir siéndolo, decide que está rodeado por "torpes plebeyos" incapaces de advertir quién es él realmente. Así, el mecanismo de defensa de la Luna en Leo la lleva a "poner la nariz a 45°...". O sea, a maximizar el orgullo hasta llegar al desprecio. Esto, por supuesto, genera irritación en los demás, para quienes resulta imposible comprender que en realidad se trata de una persona asustada, insegura y necesitada de afecto, que expresa esto de una manera absolutamente paradójica. En general, nos es muy difícil comprender a alguien en los momentos en que se encuentra atrapado por sus condicionamientos.

• *La indiferencia puede serles, por lo tanto, altamente ofensiva.*

Sí, la ofensa se produce simplemente si el otro no se da cuenta inmediatamente de que él —o ella— está ahí. Traten de imaginar qué ocurriría con Madonna, que tiene el hábito emocional —y podríamos decir incluso corporal— de atraer todas las miradas y la atención de los demás, si de pronto no fuera reconocida por nadie cuando camina por la calle. Probablemente su lado más maduro se sentiría aliviado, pero su hábito la haría sentirse en una situación desconocida. Se vería obligada a apelar a otros recursos y no simplemente al de quedarse instalada en *"¡Hey! ¡soy yo, Madonna... cómo es posible que no me reconozcan!"*. Exactamente esto sucede con una Luna en Leo y quiero subrayarles a través del ejemplo que lo central es aquí el hábito. Hay una sensación recurrente de centralización; se ha organizado —como en toda Luna— una sensorialidad que implica afecto y corporalidad en una síntesis, que se siente segura y relajada sólo si se confirman esas sensaciones. Por eso, en esta o en cualquier otra Luna, dependemos inconscientemente de esas vivencias y su ausencia activa los comportamientos asociados con la generación de las mismas. Esta ausencia provocadora de respuestas automáticas es toda la cuestión y ello puede llevar, en el límite, a una actividad exasperada y casi frenética del mecanismo. Esto es observable tanto en la pelea de la Luna en Aries como en el apego taurino, en la racionalización geminiana o, en este caso, en la altivez leonina.

• ¿Esta Luna puede comprender cuáles son sus necesidades afectivas?

Allí reside precisamente el hechizo. La Luna en Géminis se dispone a leer un libro en cuanto la situación se complica, o se lanza a hacer varias cosas a la vez para tranquilizarse, cuando en verdad se le está incendiando la casa. El mecanismo lunar genera comportamientos que nos alejan cada vez más de la realidad de la situación y de nuestras verdaderas necesidades. El comportamiento de la Luna en Cáncer es arquetípico: se cierra sobre sí misma y no mira, creyendo que así se resuelven las situaciones difíciles. Toda Luna, en el nivel del mecanismo, se cierra sobre sí y no mira; en el comportamiento altivo de la Luna en Leo la persona es un bebé con los ojos cerrados, incapaz de comprender el contexto real de la situación; y por eso continúa dando una respuesta completamente inadecuada a la misma.

No es fácil apreciar toda la dificultad de este círculo vicioso y comprender el gran sufrimiento que implica. *Como alguien que está encerrado en una trampa invisible, el mecanismo de esta Luna separa a estas personas de las demás cuando más las necesitan.* Es muy fácil para ellas —y me refiero a personas en las que no se haya producido la integración de esta energía como talento— refugiarse en un mundo de escasos vínculos y estropear relaciones o posibilidades importantes.

Quizás la mayor dificultad de este mecanismo lunar es su *tendencia a quedar desubicada ante los demás*, porque sus respuestas básicas están ligadas al orgullo. La persona misma puede, luego, no entender por qué se comportó de esa manera.

En realidad, lo mejor para una Luna en Leo es —a mi criterio— exponerse, porque allí puede darse el aprendizaje real, la posibilidad de descubrir sus recursos genuinos y no moverse sobre la base de los imaginados. Pero esto es sumamente duro y también lo es para quienes la rodean. Imaginen la situación del marido de una Luna en Leo, que llega del trabajo agotado, preocupado porque quizás lo despidan en cualquier momento... ¡y no se da cuenta de que entró al "palacio"...! La "reina" pensará *"¡cómo, no me trajo flores...!"* pero, sin decirle nada, levantará altivamente la cabeza y lo despreciará por el resto de la noche. Aquí radica la dificultad para vincularse, propia de estas Lunas.

• ¿Cómo se desarma este mecanismo?

Con el mecanismo lunar sólo se puede trabajar cuando la persona se compromete activamente a hacerlo sobre sí misma. Tengamos en cuenta que es la parte más regresiva de uno, la parte más incontrolable que, de pronto, actúa a nuestro pesar. Es preciso un gran compromiso con uno mismo para querer ver estos lugares tan infantiles y regresivos y atreverse a descubrir que, en realidad, lo que considerábamos atributos son en gran medida comportamientos que surgen de la inseguridad, y que constantemente estamos imaginando contextos que no son reales.

Ser sorprendido en el propio mecanismo lunar implica una gran desnudez, porque se trata de una intimidad que se devela. Es muy probable que una Luna en Leo se ofenda al escuchar todo esto y diga que estoy exagerando. Por supuesto que estoy subrayando con trazos gruesos una serie de conductas, para que sean asociadas y se hagan inteligibles. Pero aun en el nivel más sutil todo hábito lunar remite al aislamiento, en el sentido de que son las capas más superficiales de la propia identidad las que se satisfacen en él. Imaginen un Sol en Piscis o en Virgo con una Luna en Leo: la presencia del mecanismo lunar puede impedir que se manifiesten por mucho tiempo las cualidades de entrega y colaboración que realmente caracterizan a estas personas. Por supuesto, en todos los casos hay un nivel de síntesis posible de las demás energías con la de la Luna; pero hasta tanto dure la identificación, los niveles más profundos quedarán opacados por el hábito lunar y no podrán expresarse con toda su potencia y creatividad.

Una sólida base emocional

• *¿Todo esto indicaría que en la Luna en Leo no hay una verdadera base afectiva?*

No, puede haber heridas y carencias pero no precisamente en la base sino producidas por el contraste entre ésta y las experiencias posteriores, o sea, por el despliegue del resto de la carta. En realidad, suele haber un piso afectivo bastante sólido ya que, en la primera infancia, esta persona fue seguramente muy querida y muy importante para alguien. Esto es algo que da "un lugar en el mundo", en el sentido de que no se trata de alguien "arrasado" afectivamente o con algún vacío emocional difícil de reparar en su propia base, como muchas veces sucede con la Luna en Capricornio o en Acuario, en las que está en juego un núcleo mucho más carente. Por el contrario, en la Luna en Leo no hay tal carencia sino, más bien, abundancia de afecto en el origen. El hechizo reside en que la persona pretende la misma abundancia ligada a la sensación de importancia durante toda la vida. Esto es lo mecánico de esta Luna y por eso el reconocimiento que reciba —aunque lo reciba efectivamente y en grandes cantidades— siempre puede parecerle insuficiente.

Para que vean cuál es el juego emocional y dónde se produce la marca dolorosa, les voy a dar un ejemplo que es casi literal: el padre de una chica con Luna en Leo salió a caminar con su hija por el campo mientras le tomaba fotografías; es típico que los padres de estas personas tengan varios álbumes con fotos, videos o grabaciones de sus hijos. Durante toda la tarde sacaron foto tras foto hasta que, de pronto, el padre registró que el sol se estaba poniendo en un ocaso maravilloso, de manera que desvió la cámara para tomar ese instante... ¡los gritos indignados de la hija, fueron increíbles!... y no se calmó hasta que él volvió a sacarle fotos con el Sol "simplemente" detrás de ella. Este es un ejemplo claro porque hechos de este tipo, seguramente, estarán luego presentes en el destino de estas personas una vez adultas. Muchas veces se darán cuenta de que el "foco de atención" pasó a algún "sol" y la tendencia será repetir el mismo berrinche hasta que vaya aflorando su lado más maduro, aunque muchas veces éste aparece demasiado tarde.

• **Pero, en realidad, esta persona va a sentir siempre que deja de ser centro...**

Este es el punto por el cual ésta es una "Luna sufriente"... O se descubre el mecanismo lunar y se lo trabaja, o para esta persona nunca habrá seguridad suficiente como para emerger del pequeño mundo en el que se siente importante y admirada.

También es posible que la identificación tuviera lugar por rechazo; es decir, a través de una matriz "materna" tan potente y alienante en la infancia que llevara a la persona a polarizarse —desde el punto de vista psicológico— en el opuesto de aquello que la madre amaba.

Generalmente aquí la madre es vista como una reina insoportable que no da lugar a su hijo y ante la cual éste se siente totalmente desvalorizado. Sin embargo, con una mirada atenta es posible verificar cuán identificado están ese hijo o hija con la valoración y la excepcionalidad como condición del afecto y la seguridad. No poder alcanzar esa posición los sume en una gran inseguridad que, de todos modos, suele ser reactiva y desafiante. Es muy común que estas personas proyecten con fuerza su anhelo de ser queridos a través de la posición central que observan en otros, criticándolos con dureza y sintiéndose por encima de ellos con esta actitud. Por lo general, realizan un doble movimiento en relación a las personas que ocupan lugares de importancia. Primero buscarán ser "elegidos", para recrear así el contexto propio de su infancia; incluso creerán que son especiales para esa persona, en un nivel puramente subjetivo. Pero si esto no es posible o se produce algún desaire, proyectarán su sombra de orgullo sobre esas mismas personas, mostrándose muy críticos hacia ellas.

Talentos de la Luna en Leo

Al nacer con esta Luna, la persona ha recibido la marca de ser un individuo en el principio mismo de su vida —o en su memoria energética— y esto suele ser indeleble. Esta marca otorga una fuerte sensación de dignidad personal que les permite plantarse con solidez ante los hechos de la vida.

De alguna manera, ciertas patologías o dificultades de integración psíquica resultan casi imposibles con esta Luna. Por lo pronto, es muy difícil avasallar a una Luna en Leo porque estas personas tienen un sentido de la dignidad que les evita ser maltratadas fácilmente. En principio, podrán ver que es más fácil pasar por encima de una persona con Sol en Leo que hacerlo con alguien con Luna en Leo porque ésta reacciona de inmediato, poniendo sus condiciones a los demás para permanecer en la situación.

Esta cualidad puede dar un talento organizativo y directivo muy grande, mucha decisión y, sobre todo, una evidente capacidad expresiva. Por ello, ésta es una Luna muy común en artistas, pero habrá que discernir aquí entre la capacidad expresiva y los intentos desesperados por llamar la atención. A poco de trascender el imaginario infantil y tomar el riesgo de exponerse, surge una capacidad espontánea para exteriorizar el sentimiento creativo y llegar al corazón de los demás. Como pueden ver, esto es casi el reverso de la persona altiva e irritante que se aísla en su superioridad imaginaria. En realidad, es sólo cuestión de quebrar la fuerte dependencia emocional hacia la aprobación de los demás, para que surja en ellos una libertad expresiva y gozosa, totalmente independiente del reconocimiento.

Algunos comentarios generales

• *Yo hice terapia por muchos años, pero lo único que me hizo ver este mecanismo es la astrología...*

Es muy difícil que ciertos rasgos que pueden parecer muy maduros, logren ser resignificados como provenientes de las zonas más regresivas; mucho más en el caso de este mecanismo, porque su existencia se connota desde una interpretación externa y fragmentaria. Creo que poder apreciar una estructura energética global *que está más allá de todo juicio* —y que simplemente es condición natural de una evolución— facilita la posibilidad de abrirse y escuchar de otra manera. Al mismo tiempo, advertir la desidentificación respecto de un hábito inconsciente, hace

117

que aflore un talento que es correlativo e imprescindible para la madurez del Sí mismo.

• Pero es muy importante hacerlo, porque en la Luna hay también mucho dolor.

Por supuesto, y en el caso de la Luna en Leo el dolor está referido a la cantidad de dramas vinculares provocados por esta asociación o malentendido entre afecto y adoración.

• ¿La Luna en Leo es una Luna negadora?

En principio, todo mecanismo lunar lo es. Por supuesto, veremos que la Luna en Escorpio no lo parece en absoluto y que, en verdad, no niega nada... excepto su propio mecanismo. Ahora bien: toda Luna en fuego, en principio, siempre resulta negadora en el sentido de que su seguridad se relaciona con una sensación de mucha integridad y fuerza personal, de modo que les resulta muy difícil descubrirse a sí mismas en su lado oscuro. Por ejemplo, la Luna en Aries siempre garantiza la iniciativa, haciendo y haciendo, adquiriendo en ello su seguridad. Pero lograr decodificar que lo mismo que la lleva a sentirse plena y llena de energía es algo defensivo que surge de una profunda inseguridad, requiere un gran trabajo sobre sí porque la primera sensación es la de quedar despotenciado. Una mínima mancha apaga los imaginarios del fuego; es mucho más fácil entregarse a la sensación de que los demás están equivocados y volver así a lanzar la propia energía hacia el mundo, aunque éste sea un mundo infantil.

• Parecería que, desde un punto de vista, es mejor para el equilibrio de una Luna en Leo tener Saturno en IV...

Lamentablemente, yo les propondría no creer que lo que en el cosmos está en equilibrio también lo está en la psiquis. Es probable que las vivencias contradictorias asociadas a esa estructura creen fracturas internas y dualidades que retardarán por mucho tiempo toda integración. Una persona con Luna en Leo y Saturno en IV puede tender a desarrollar, por un lado, un lugar donde se experimenta como centro y, por el otro, un lugar donde se siente completamente abandonada. Así, esta persona irá oscilando de un polo a otro en vez de integrarlos, y quizás tarde muchos años en disolver esa polarización. Sería demasiada madurez darse cuenta rápidamente de que, en verdad, *"ni me abandonan ni me adoran, simplemente me quieren..."*.

Solemos hacer identidad en las marcas lunares y tendemos a vivir el resto de nuestra estructura desde allí, pero en el fondo es un imaginario que no encontrará jamás la seguridad que anhela. En este caso, como la Luna en Leo se relaciona con una sensación de identidad muy fuerte desde el momento de nacimiento, esto puede obstruir el encuentro con niveles de identidad más profundos. Es posible que, cuanto más compleja sea la estructura natal, más tentada se sienta la persona de refugiarse en su Luna en Leo, ya que si no registra una identidad segura en otros lugares, por lo menos la encontrará allí.

• *Me gustaría que volvieras un poco sobre el tema de la astrología y la psicología, en el tratamiento de la Luna. Dijiste ya varias veces que antes de la matriz psicológica está la energética. Si esto es así, sólo con mirar de esta manera las Lunas, estaríamos cuestionando varios principios de nuestra cultura occidental.*

La gran dificultad de todo esto es la mirada. Damos por supuesto que somos entidades separadas, aisladas, con un mundo interno propio; y que no tenemos ninguna relación estructural con la totalidad que nos rodea. El punto de partida de la astrología es el inverso: somos diferenciaciones de una unidad y, en consecuencia, estamos profundamente imbricados con todo lo que sucede "afuera" de nosotros.

Les propongo que, a medida que aparezcan necesidades de "explicarnos" todo esto, lo tomemos como momentos indispensables para hacer pie, pero nunca como una respuesta definitiva. Estamos ante procesos muy complejos y aún no somos lo suficientemente sensibles como para reflejarlos en nosotros y así comprenderlos. Estas explicaciones son inevitablemente parciales y se irán destruyendo a sí mismas, porque hay algo por detrás de ellas que está más allá de las palabras.

La mirada astrológica, a mi modo de ver, está muy alejada de nuestro marco cultural y posiblemente nos atrae tanto hoy en día porque nuestro ser más profundo necesita compensar la creencia por la cual los seres humanos nos sentimos "el centro del universo". Pero que nos atraiga no quiere decir que la comprendamos. Por eso, digamos que por ahora no están de más estas interpretaciones básicamente psicológicas, pero tengamos en cuenta que éstas son parciales y provisorias.

Los símbolos astrológicos hacen a una totalidad, no sólo de la estructura psíquica sino también con respecto a los acontecimientos de nuestra existencia. La astrología consiste en poner un espejo para poder percibir la estructura de la vida, pero esto no implica intepretar o decirle a alguien "sos así". Creo que la astrología es sensibilidad, percepción, es una mirada; pero a medida que nos adentramos en una decodificación más profunda de sus símbolos, la tentación de apropiarnos de ellos a nuestra imagen y semejanza se hace cada vez más grande. Es común que —cuando empezamos a ver estos mecanismos lunares, por ejemplo— queramos salir corriendo a decirles a nuestros amigos con Luna en Cáncer o en Leo a qué se debía cierta conducta o reacción. En mi opinión, la mejor manera de relacionarnos con esto es tener presente que estamos ante un misterio profundo que nos excede y que no terminamos de comprender. Pero que, de todos modos, estamos nadando en ese río.

Si el diálogo con la otra persona se entabla desde una actitud de reverencia, de noción acerca de la índole del lenguaje sagrado con el que nos estamos aprendiendo a comunicar, allí surgirá otra cualidad y la interacción será mucho más fructífera. Pero esa cualidad no se puede transmitir y mucho menos "explicar"; sólo se pueden crear las condiciones para que se produzca.

LUNA EN VIRGO

La energía del signo de Virgo expresa la presencia de un orden funcional en el cual cada aspecto o elemento de la realidad se encuentra sistémicamente integrado a los otros; de ahí que el desarrollo y bienestar de cada parte se alcanza maximizando el bienestar del sistema en su totalidad (servicio).

En el caso de la Luna, el cuerpo del niño que nace con esta cualidad encuentra su comodidad y seguridad en la presencia del orden y en una cierta restricción de los movimientos, que tiene como finalidad encauzar su actividad en función del conjunto. Toda respuesta espontánea e inmediata a los estímulos externos será experimentada como peligrosa, dado que podría llevar al desborde y eventualmente al caos. Un minucioso énfasis en los detalles y una actitud crítica hacia el mundo se constituye en su actitud básica, puesto que ambos comportamientos permiten demorar y elaborar los impactos potencialmente amenazantes del "afuera", con su temido desorden.

Este cuerpo nace envuelto en una cualidad que no sólo retiene la espontaneidad ante todo posible exceso, sino que inhibe las actitudes tendientes a crear un espacio propio y exclusivo. Estas son reemplazadas por comportamientos asociados a compartir espacios y tareas con otros, donde *ser útil* es mucho más importante que expresarse, pedir, tomar o luchar para obtener algo.

La "madre" en la Luna en Virgo

Desde el punto de vista estrictamente energético, todo esto está implícito en el chico; él es portador de estas conductas connotadas como seguras.

Sin embargo, sabemos que esta energía deberá aparecer en su vida allí donde él busque naturalmente afecto; el "feed-back" con las personas que la encarnan constituirá la matriz que hará de espejo y será apta para actualizar la energía virginiana presente en él desde el origen.

Podemos deducir entonces cuáles deberán ser las características de ese mundo afectivo, que es la "madre" del chico. En él deberán estar altamente valorados el orden y la prolijidad y, evidentemente, el ideal de esa "madre" —consciente o inconsciente— será el de tener un hijo muy serio y eficiente, limpio, con sus juguetes perfectamente ordenados: el sonajero por aquí, el osito allá, la ropita doblada prolijamente..., todo en su lugar, mientras ella lo observa arrobada diciendo: *"¡Qué maduro es mi hijo! o ¡qué madura es mi hija...!"*.

Es decir, en la Luna en Virgo lo afectivizado es todo lo contrario de un comportamiento ingenuo, espontáneo y exploratorio, que prueba, se equivoca y necesita descargas físicas o emocionales de tanto en tanto. El niño sentirá que sólo los comportamientos que indiquen madurez serán premiados con afecto y esto es precisamente aquello que no es propio del mundo infantil.

En muchos casos la madre es una persona necesitada de alguien que la ayude a ordenarse —debido a carencias internas o incluso a problemas psíquicos— y deposita en el niño el apoyo que necesita para organizarse. Este, en consecuencia, se ve obligado a ocupar un lugar para el que no está preparado, pero del cual depende el encuentro afectivo con su madre. Siguiendo la veta humorística, esta madre preguntará a su hijita: *"¿Qué anticonceptivo me aconsejás?"*. Es una madre que entabla las conversaciones supuestamente más maduras con este hijo o hija, tratándolos como si fueran adultos y convirtiéndolos en interlocutores privilegiados de sus vicisitudes y problemas. El nene o la nena, entretanto, siguen ordenando sus juguetes y estudiando en un manual: *"Cómo agitar el sonajero sin molestar a la abuela"*. Y más tarde, le preguntarán a la mamá: *"¿Puedo llorar ahora, mami...?"*.

La regla afectiva implícita en el vínculo entre madre e hijo establece que éste, si bien necesita jugar, debería hacerlo en forma ordenada, sin romper cosas y sin ensuciarse. Es querido por mamá si todo queda en perfecto orden y él permanece disponible para ayudarla en el correcto funcionamiento del hogar, o incluso en sus necesidades personales.

Comienza a constituirse el circuito

En este vínculo se organizan una serie de conductas visiblemente sobreadaptadas que resultan muy exigentes para cualquier niño, en el sentido de que todo comportamiento irracional es considerado incorrecto. Que el afecto que necesita surja cuando respeta esta premisa, equivale a decir: *"Tengo que comportarme como un grande"*, o sea, en forma medida y criteriosa, incluso postergando sus deseos en beneficio de las necesidades de los otros.

En este sentido, la Luna en Virgo tensiona de una manera muy particular al conjunto de la carta natal, abriéndose dos caminos posibles para la persona: *o cumple absolutamente con este programa hipermaduro, inhibiendo su espontaneidad —que tarde o temprano deberá aparecer en forma seguramente disociada— o la demanda lunar queda puesta totalmente en la figura materna, polarizando otras zonas de la carta que necesitan transgredir este patrón de hipermadurez.* En el segundo caso, la rebelión y el desorden serán modos de compensar y eludir esa matriz afectiva inhibitoria, pero dejando una inevitable sensación de pérdida de afecto por "no hacer lo correcto".

• ¿Este intento de eludir la Luna, no es algo que ocurre con todas las cartas?

Tengamos en cuenta que estamos ante un caso muy especial, porque lo que da seguridad a la Luna en Virgo es prácticamente una negación de lo infantil. Esto genera una fuerte sensación en la que *"soy querido en tanto no sea niño"*, y ésta es una paradoja difícil de sostener porque el hecho es que lo soy y que necesito manifestarme como tal.

Pero no confundamos la Luna en Virgo con la Luna en Capricornio. Aquí no se trata de ser adulto por el hecho de afrontar responsabilidades y minimizar las necesidades en pos de una meta, sino que se establece una pauta mucho más mental y criteriosa. Se persigue un comportamiento perfecto; no en el sentido del logro y el reconocimiento sino, en cambio, no mostrando fallas y siendo capaz de responder con "inteligencia", sensatez y altruismo ante toda situación. O como decíamos recién, generando por oposición la sensación de no ser querido porque no se alcanza a responder con ese nivel de madurez.

Mucho más adelante en la vida, será este terrible y generalmente inconsciente miedo al caos el que conduzca a la persona a situaciones paradojales. El círculo vicioso, para ella, consiste en que se aboca a ordenarlo todo a fin de escapar de la constante amenaza del desorden, pero haciéndolo de una manera básicamente infantil e inmadura, que persigue a cambio de ello una recompensa afectiva. Así, en este orden defensivo, es imposible abarcar la real problemática de lo que está sucediendo y se terminan caotizando las situaciones en las que, por otra parte, lo reprimido actuará en forma invisible, desbaratando tarde o temprano el orden que se pretendía construir.

Que aquello que se tiene valorado en tanto sensatez e inteligencia se revele como una respuesta básicamente inmadura y regresiva ante los retos de la realidad, suele ser una dolorosa sorpresa, difícil de aceptar para las personas en las que se ha instalado este mecanismo.

Un mundo pequeño y ordenado

Como lo afectivizado se relaciona con la hipertrofia de una mente ordenadora, es importante observar los hábitos mentales de una Luna en Virgo. La conciencia se manifiesta aquí como una pantalla de computadora en la que constantemente aparecen señales y datos que pretenden dar cuenta de los mínimos detalles acerca del funcionamiento perfecto de un sistema. Cualquier desvío debe ser inmediatamente corregido y todo desorden, resuelto. La Luna en Virgo debiera siempre "saberlo todo"; en esto consiste su seguridad, pero es importante que distingamos este rasgo del de la Luna en Géminis. El "saberlo todo" de esta última se refiere a poseer toda la información posible y a realizar con ella asociaciones mentales rápidas y brillantes; pero en modo alguno éstas requieren ser convalidadas en la práctica. En la Luna en Virgo, en cambio, está afectivizada una inteligencia más lenta pero que debe dar siempre respuestas sensatas acerca de la realidad, por lo que la sobrecarga es mucho mayor. Hay una necesidad de cordura, ponderación y madurez reflexiva, que debería ser capaz de anticiparse a los problemas. Por ello, éstos —y las respuestas adecuadas para resolverlos— deberían conocerse de antemano. Este es el sentido de "saberlo todo".

• **Habrá entonces mucha obsesión...**

Por cierto, hay una tendencia muy fuerte a tener todo bajo control, todo previsto. La atención está puesta en la supervisión de los mínimos detalles y esto es lo que da seguridad. Si una variable se sale del control, surge la inseguridad y la sensación de caos inminente, activándose el mecanismo.

Es evidente, sin embargo, que si bien en esta Luna hay un talento para el detalle y el orden, no se trata del Sol en Virgo, en el cual estos rasgos expresan profundamente a la persona. Aquí son básicamente defensivos y el mecanismo no otorga el talento de poner en orden lo desconocido, *sino la necesidad de que exista orden para sentirse seguro.* En toda Luna damos inconscientemente por sentado que debería estar presente —sin que la hayamos generado— aquella cualidad que en el Sol somos capaces de irradiar por nosotros mismos. De aquí que el movimiento más probable, cuando el mecanismo de la Luna en Virgo se activa, sea el de *refugiarse en un ámbito, tarea o situación suficientemente pequeña y aislada que permita dar cuenta de todos los detalles y establecer un orden minucioso.* Esta sensación tranquiliza a la persona, pero a un solo paso de la situación-refugio en la que se esconde, el mundo podrá estar derrumbándose y ella no se dará cuenta.

Todo mecanismo lunar nos hace actuar como niños que se tapan los ojos y creen que nadie los ve. La dependencia de la sensación de seguridad que nos da la pauta lunar hace que recortemos dramáticamente la realidad para poder generar esa sensación. Así como la Luna en Géminis "disfruta" la ilusión de que entender una situación garantiza que sus consecuencias desagradables no se manifiesten, ustedes podrán ver a una Luna en Virgo ordenando placares, corrigiendo errores en un escrito, trabajando sobre objetos pequeños durante horas o realizando todo tipo de rituales. Esto crea en ella la sensación de que nada malo podrá sucederle, mientras lo haga con minuciosidad y concentración e incluso con verdadero talento y entrega a los otros. Es este empequeñecimiento del campo, en el que puede desplegar el talento ordenador lunar, lo que genera la sensación de "madre" —que a su vez recrea la vibración conocida— pero que generalmente da la espalda a problemas más profundos que no pueden ser ordenados de esta manera.

La inhibición de la espontaneidad

Lo realmente complejo de esta Luna es que hay un gran desplazamiento y postergación de la espontaneidad, en función de lo "correcto". Con el tiempo, estas personas terminan reprimiendo mucho dolor, agresividad, necesidad de libertad... Se transforman en seres muy cargados y contenidos, prenunciándose así la tendencia a síntomas físicos: úlceras, problemas intestinales y de piel, etc. Estar dentro de esta "computadora" inconsciente hace que jugar el propio deseo, expresar qué le está sucediendo aquí y ahora, resulte muy difícil para la persona. Y mucho más cuando ésta, eventualmente, llegue a saber que "tiene que ser espontánea" porque esto quedará atrapado como un "saber" más del mecanismo, transformándose en una falsa espontaneidad.

Es muy difícil que una Luna en Virgo se enoje y exprese toda la carga contenida. Este sería un comportamiento desordenado e inadecuado, pero es necesario advertir para quién: no para el aspecto realmente más maduro e integrado, sino para ese niño que la persona lleva adentro y que depende emocionalmente de lo que "mamá-Luna" dice. Así, suelen dar respuestas sobreadaptadas y sobre todo racionalizadas en las que se diluye o por lo menos justifica la carga. Un amigo mío con Luna en Virgo, que necesitaba imperiosamente descargar su rabia acumulada, me confesó: *"¿Sabés qué hago si me enojo mucho? Cuando voy en el auto y paso por una estación de trenes o debajo de un puente, subo las ventanillas...¡y grito con todo...!"*. Por cierto, él se siente así totalmente liberado, pero esa descarga satisface más a "mamá" que a la totalidad del sistema. Si para desahogarse hay que programar la escena, es claro que la espontaneidad equivale a un misterio total para estas personas. Por supuesto, tarde o temprano ocurrirá algo crítico que las hará explotar, sin posibilidad de que controlen la situación. En esos momentos, la sensación de caos por haberse salido del "marco" es muy grande, y es aquí donde se pone en juego la capacidad de recurrir a otras cualidades para resolver la situación. O, por el contrario, aparece la imposibilidad de sostener el vacío emocional, lo que vuelve a disparar el mecanismo.

Racionalidad, eficiencia, practicidad

En la Luna en Virgo hay siempre una mente que teje, que calcula todas las posibilidades y que se instala en el lugar del observador crítico de las situaciones, con lo cual se protege de lo inesperado, provenga esto del interior o del exterior. Seguir procedimientos minuciosos en los cuales es preciso respetar una secuencia de pasos, o en los que cada detalle es importante, queda inconscientemente valorado por la seguridad emocional que proporciona, llevándolos a *enfatizar exageradamente los métodos y la forma de hacer las cosas*, en detrimento de la exploración y la improvisación.

Es evidente que en esta Luna el contacto con el afecto aparece mediatizado a través de la eficiencia, la racionalidad y el desarrollo de actividades útiles y valoradas por los demás.

Un rasgo recurrente —que sintetiza la aversión a no estar preparados ante los imprevistos y el deseo de ser útiles a través de la practicidad— es que generalmente llevan consigo toda clase de instrumentos, remedios y cosas eventualmente necesarias, porque lo ideal es que ninguna emergencia los tome desprevenidos. Es posible reconocer a veces a una Luna en Virgo porque todo lo arregla acudiendo a su "bolso mágico", que siempre está al servicio de quien lo necesite por cualquier problema, haciendo que su dueño se sienta útil ante toda contigencia.

• **Es siempre muy bueno tener un amigo así, cerca.**

Bueno, vean si esta frase no resume el núcleo de la problemática de la Luna en Virgo. Los demás piensan así de estas personas, las quieren de esta manera y por esta razón: porque *"siendo útil se consigue afecto"*. Esto es como un nicho ecológico; allí hay energía disponible si se lo ocupa y, precisamente, éste es el patrón interactivo que refuerza la inmadurez del mecanismo de esta Luna. La persona nace con una cualidad que, en ese momento, es un talento y una modalidad energética organizadora de las primeras experiencias, desde la cual el niño explora el campo total de cualidades en el que ha nacido. Hasta aquí no tenemos ningún problema. Luego esto se traduce, por el desdoblamiento natural de los campos de energía, en un escenario que condiciona la experiencia afectiva de una manera particular; como ya hemos visto, para la Luna virginiana esto se da con el orden, la racionalidad, etc. Ahora bien, llegados al punto en que este condicionamiento natural y necesario transforma el modo de experimentar el afecto y la seguridad en un hábito, comienzan a reforzarse innumerables situaciones en las que, inconscientemente temerosa e insegura, la persona con esta Luna obtiene afecto siendo útil a los demás. Hay afecto disponible para quien sea útil, así como con otras Lunas lo habrá para quien sea brillante e ingenioso o para quien prepare una rica comida o para el que se lance intrépidamente a la acción.

Todos estos mecanismos lunares encuentran el modo de eternizarse, pero es importante darse cuenta de que no se perpetúa la capacidad de ser útil o inteligente o vital, sino el temor y la inseguridad infantiles que crean una ilusión alrededor de ese comportamiento. Allí hay una inercia, una falta de vitalidad y, sobre todo, una exclusión sistemática de las otras cualidades que integran el sistema, haciendo que la persona obtenga un supuesto afecto mediatizado por ese comportamiento a costa del empobrecimiento de su personalidad como un todo integrado. En este caso, la persona no está siendo útil y servicial de un modo espontáneo y creativo sino de un modo totalmente mecánico, a través del cual obtiene otra cosa que no pide explícitamente; básicamente, seguridad y afecto. Esta contaminación emocional inconsciente de los actos motivados por el mecanismo lunar es la que tarde o temprano revelará la inadecuación de esas conductas. Si ustedes están deprimidos, el amigo Luna en Virgo generalmente les ayudará a ordenar el placard o a terminar la tarea pendiente. No les dará un abrazo o un beso ni se conectará directamente con sus emociones; éstas se encuentran mediatizadas por ese hábito y el mensaje emocional toma esa forma. Pero lo más complicado tiene lugar en la misma persona, porque va en busca de la seguridad y el afecto a través del conocido camino de mediaciones y así, comenzando una dieta estricta u ordenando el escritorio —suyo o de los demás— creerá sentirse segura y querida, cuando en realidad eso no es cierto. Su sistema emocional está realmente necesitando otra cosa; no esa especie de placebo que otorga la Luna, que sólo satisface un aspecto muy superficial del mundo emocional.

• ¿Cómo se discrimina en esta Luna lo virginiano de lo geminiano?

Aunque en ambos casos se enfatiza el registro mental, éste toma formas por completo diferentes. La Luna en Géminis se refugia en una modalidad juvenil, de constante curiosidad y aprendizaje; su arquetipo es el del "estudiante eterno" y así resultan personas preguntonas, alegres, que parecen abiertas y sociables, con una explicación para todo. La Luna en Virgo, en cambio, quiere mostrarse como quien ha terminado de estudiarlo todo y no soporta verse en situación de estar aprendiendo. Es muy común, por ejemplo, que una persona con Luna en Virgo se vincule dando la sensación de saber de antemano qué es lo que el otro le va a decir. La posición preferida ante las situaciones es la de observador crítico, que filtra todo lo que escucha y ve a través de su poderoso sistema lógico, que busca las contradicciones en los mínimos detalles u observa desde una especie de escepticismo amable, con lo cual se protege de todo lo nuevo, intenso y realmente complejo.

Rasgos polarizados en los que persiste el mecanismo

Como vimos al principio, ustedes podrán observar con esta Luna a personas que se polarizan mucho y cuyo comportamiento aparente es, en consecuencia, todo lo contrario de lo que acabamos de describir.

En general, es muy común escuchar a la madre de una Luna en Virgo decir: *"Esto no es cierto... ¡mi hijo es un desastre de desprolijo!"*, lo cual confirma que el hijo o la hija tiene Luna en Virgo, ya que su madre lo mide desde un deseo de orden extremo. En lo profundo, el máximo anhelo afectivo de la madre que "le toca" a la Luna en Virgo es que el hijo no escriba jamás en las paredes, que no ensucie la ropa, que no se lastime jugando. Imaginen a ese hijo varón, por ejemplo, regresando de un partido de rugby todo sucio y golpeado. Además del posible dolor físico, este chico experimentará una fuerte sensación de estar en falta y de no ser querido por haber hecho, en realidad, algo completamente normal para alguien de su edad. Por lo general, verán que esta pauta —en la que se pierde el afecto si se comparten las conductas normales de los demás niños— hace que la persona se aísle, se retraiga y se desarrolle mucho más en lo intelectual; o que permanezca con los adultos evitando en lo posible el contacto con sus pares, que la llevarían a esa zona de peligro: *"Si me comporto igual que ellos, pierdo el cariño de mamá"*.

No obstante, también encontrarán chicos con Luna en Virgo tan traviesos como cualquiera y que vuelven loca a su madre, la cual enloquece por esta razón mucho antes que cualquier otra ante el despliegue de los comportamientos infantiles. Si observamos bien, el chico se siente mucho más culpable de lo normal al hacer esto, porque no se siente libre de ser un niño. En este punto, no nos importa si el chico ha hecho o no "desastres" verdaderos, sino que ese pequeño "desastre" lo hace sentir en falta de un modo desmesurado. Es muy probable que en una carta con mucho Marte, Urano o Neptuno se produzca una fuerte polarización con la Luna en Virgo, expresando la tensión interna de alguien que tendrá que aprender a integrar aspectos muy vitales y espontáneos, o una sensibilidad que su mente considera irracional y delirante, con la estrechez de su mecanismo lunar. Es muy común que con la Luna en Virgo se desarrolle una verdadera batalla interior que puede presentar resultados cambiantes según el momento o el área de la vida que se trate. Lo importante es registrar esta tensión interna y el desgaste de energía que ello implica. *Que yo pelee toda la vida con mi "madre", no significa precisamente que no actúe en mí el mecanismo lunar o que haya resuelto mi vínculo con ella.* Verán a muchas personas con esta Luna llevando una vida muy caótica o inmersa en el desorden; sin embargo, es muy fácil advertir en ellos el cúmulo de rituales, pequeñas restricciones y economías, actividades de extremo detalle y servicialidad, que operan como islotes dentro de los cuales se refugian para recrear su sensación de seguridad en medio de la confusión y de las dificultades de una vida en la que no se pueden organizar.

De hecho, incluso cuando durante muchos años se haya impuesto el mecanismo de sobreadaptación, esto puede provocar la conformación de un núcleo de energías de la carta que, permaneciendo en las sombras, lo lleve en un momento dado —a través de una pelea interna— a transgredir violentamente ese patrón que le indica desde pequeño que tiene que ser muy racional, ordenado y maduro.

Las crisis de la Luna en Virgo

Todo lo reprimido, tarde o temprano tiende a emerger. Por eso, siendo adultas, las personas con esta Luna suelen atravesar por crisis en las que parecen tirar su vida por la ventana. Pueden ser momentos en que lo infantil, lo espontáneo, lo libre, lo que no depende de un juicio maduro, irrumpe de una manera necesaria pero desorganizada. Bastará con proyectar la "madurez restrictiva" en alguna persona o grupo, para que las cualidades retenidas se polaricen contra la Luna y liberen la tensión acumulada por años. Por cierto que dependerá de la madurez real del sistema si esto se convierte en apertura —quizás dramática pero en definitiva necesaria para una posterior integración— o si, después de la explosión, la sensación de "haberle fallado a mamá" se hace insoportable y el ciclo recomienza en el mismo punto que antes.

• Pero ¿cómo pueden neutralizar esto los padres?

Por ejemplo, no cayendo en el hechizo de la hipermadurez del chico y advirtiendo que ésta, en realidad, satisface sus deseos inconscientes de tener un hijo perfecto. De todos modos, aunque le griten *"¡qué espontáneo que sos...!"*, la Luna en Virgo apenas percibirá un susurro y viceversa, si le susurramos *"¡qué ordenadito sos...!"*, lo registrará plenamente. No tenemos que olvidar que la Luna no es externa al chico sino que es una configuración interna que resuena especialmente con los escenarios en los que se materializa. Este es el circuito de manifestación de la Luna, que evidentemente minimiza las posibilidades de ser reorientado a través de comportamientos voluntaristas.

Por supuesto que es fundamental para los padres aprender a dar a sus hijos mensajes más amplios. Pero ¿cómo pueden un padre o una madre ayudar a resolver la Luna de su hijo? Pues... sólo comprendiéndose a sí mismos... Lo que a un padre o a una madre le surge como comportamiento espontáneo es el mensaje de la Luna. Si soy padre de una Luna en Virgo y me interrogo con preocupación acerca de qué hacer, buscando un método seguro para regular mi conducta a fin de no afectarlo, queda desenmascarado el origen de mi deseo de un hijo perfecto.

Muchas veces esta Luna aparece en niños cuyos padres, generalmente la madre, han renunciado casi completamente a organizar su vida por sí mismos. Esta madre "caótica" —en lo económico, en lo sexual, con problemas de alcoholismo o drogas, etc.— obliga emocionalmente al niño a ocupar el lugar del ordenador de su existencia. Desde el punto de vista astrológico, ésta es una forma de destino peculiar a través de la cual se expresa la cualidad virginiana básica del chico; no es el caso general, pero se manifiesta con cierta frecuencia y es necesario mencionarlo. La hipermadurez —energética para nosotros— se desarrolla psicológicamente, en estos casos, a partir de una necesidad imperiosa de satisfacer una carencia extrema del ser amado, que es la madre. Y ésta vuelca toda su necesidad emocional de orden en el niño. Pero en todos los casos y más allá de estos extremos, lo importante como madre o padre es cuestionar la imagen, fantasía o deseo inconsciente de hijo que cada uno tiene. Debo descubrir de qué manera —en el imaginario de mi familia actual y en la historia que incluye a mis propios padres y abuelos— está presente esta idealización que opera más allá de mis deseos conscientes organizando mensajes, tonos, gestos, que valoran aquello que pretendo corregir. En verdad, yo mismo como padre o madre tengo que aprender a afectivizar el hecho de que el chico venga sucio y golpeado después de jugar rugby. *La transformación de la Luna del chico es la transformación de su campo afectivo*; no hay otra cosa para hacer. Como madre debo comprender que soy el destino de mi hijo, no en el sentido lineal de que debe soportarme tal cual soy, sino entendiendo que son sólo mis transformaciones profundas las que pueden permitir a mi hijo un escenario infantil menos disociado, que propicie la síntesis de lo que le corresponde vivir en la red vincular que conformamos.

Salud y cuerpo

Otro aspecto importante de esta Luna, como podemos presumir al tratarse de Virgo, son los temas relacionados con la salud. Por un lado, es evidente que en la atención puesta sobre el funcionamiento ordenado de un sistema, el interés acerca del funcionamiento correcto del cuerpo será muy grande. Si el mecanismo lunar puede verse afectado por un detalle fuera de lugar en el mundo externo, con mayor razón se verá afectado por el cuerpo; la tendencia en general hipocondríaca de Virgo acá se ve maximizada, especialmente en el anhelo de un funcionamiento corporal perfecto. La tendencia a hacer dietas purificatorias, el seguimiento de una alimentación estricta, la ingesta de sustancias —naturales o no— en las que confían para regular el sistema, son rasgos frecuentes en estas personas.

La preocupación por la salud propia o de los otros suele estar afectivizada, pero de un modo sutil, el estar enfermo también lo está. En la historia infantil de la Luna en Virgo se inscribió la memoria de que *"las pocas veces que fui tratado realmente como niño fue cuando estuve enfermo"*. Así, surge la asociación inconsciente entre estar enfermo y obtener afecto; éste aparece *"cuando me comporto con madurez o cuando estoy enfermo"*. Por eso, es muy común que ya adultos, recurran inconscientemente a la enfermedad para pedir afecto. Completando el cuadro en relación a la salud, ya hemos dicho que la falta de espontaneidad y negación de todo aquello que queda connotado como desorden, hace que muchas Lunas en Virgo identificadas con el mecanismo no tengan otra manera de escucharse a sí mismas en sus necesidades profundas, sino a través de las somatizaciones, cuando lo retenido hace cuerpo a través de la enfermedad. Como este hecho se complementa con los dos anteriores, podemos deducir que un comportamiento hipocondríaco suele ser común en estas personas, especialmente en períodos de gran inseguridad o crisis emocionales. *En oposición a esto, la capacidad de cuidar la salud de otros, especialmente en la prevención de las enfermedades y en la atención de los pequeños síntomas que son manifestación de procesos más profundos, es un verdadero talento de esta Luna.*

El refugio de la estrechez

Esta matriz afectiva inconsciente se muestra también a través de cierta tendencia a la restricción excesiva, como mecanismo de seguridad. La abundancia y una relación despreocupada ante el futuro suelen encenderle a esta Luna fuertes señales de peligro y generarle inseguridad. *El exceso de economía* es un rasgo común, basado en el autoconvencimiento de que pueden disfrutar con muy poco. Si bien es cierto que aquí hay un verdadero talento administrativo y una gran economía de recursos, es preciso observar si no se trata, en realidad, de recrear una sensación de estrechez inconscientemente confortable y una manera de empequeñecer el mundo para mantenerlo estrictamente bajo control; rasgos que son, en este caso, regresivos. Cuando la persona está realmente identificada con este mecanismo, podrán observar en ella una negativa sistemática a toda expansión y fuertes racionalizaciones que justifican el vivir en una escasez que está muy por debajo de sus potencialidades. De manera semejante, el mecanismo de cuestionarlo todo y no sentirse realmente convencido de nada —boicoteando así iniciativas y experiencias— no se manifiesta solamente en un nivel racional y lógico sino que puede invadir la totalidad de la vida, contaminando de escepticismo toda actividad.

La hiperracionalidad defensiva

Ustedes podrán deducir cuán complejo es hacerle un análisis de la carta natal a una persona con esta Luna. En principio, la lectura de una carta es siempre una situación atemorizante y existe la fantasía de que uno puede enterarse de algo que preferiría no saber. Esto le sucede a casi todas las personas y por eso siempre es conveniente no caer en el juego del mecanismo lunar del consultante, que se verá casi inevitablemente activado. En el caso de la Luna en Virgo, es visible que una consulta astrológica pone a la persona en una situación que ella catalogará de irracional. Quizá su Ascendente en Acuario haya llevado a esta persona hasta un astrólogo, pero una vez allí su Luna en Virgo preguntará *"¿qué es esto? ¿cómo puedo estar escuchando esta irracionalidad?"* y, desde aquí, se le activará el personaje crítico y escéptico que comenzará a censurar y a desvalorizar la situación en la que se encuentra; esto es, por cierto, muy común. Quizá se trate de un doble Piscis con Luna en Virgo que se ha pasado la vida consultando tarotistas y videntes; de cualquier manera, podemos imaginarlo en todas las sesiones con una "grilla mental" en la frente, filtrando cuanto se le dice y dejando ingresar sólo lo que manifiesta una extrema coherencia lógica; todo lo demás es dejado de lado por peligroso. Así, tenderá a adoptar una posición distante y cuestionadora, que hará muy difícil entablar una buena comunicación. Lo contrario ocurre con una Luna en Géminis, quien no dejará de preguntar todo tipo de detalles y estará finalmente más interesada en que el astrólogo le enseñe su técnica, antes que en escuchar la devolución... Para las Lunas en Virgo, encontrarse con algo inexplicable y que no entre en el orden conocido, es enfrentarse con la irracionalidad y el caos, y esto les genera una máxima inseguridad emocional. Necesitan mucho tiempo para elaborar una información que tenga estas características, por lo cual no es fácil que reconozcan que se han topado con algo nuevo y transformador, prefiriendo escudarse en su defensivo "ya lo sabía". Generalmente, no es fácil darse cuenta de que una persona atenta y seria, con gestos controlados y un discurso medido y racional, en realidad está muy atemorizada.

• *¿Son personas obsesivas con la limpieza?*

Sí, es una modalidad típica de esta Luna aunque, por supuesto, habrá variantes de acuerdo con cada carta. Podría darse el caso de alguien que tenga esta Luna pero que, por otros indicadores, le encante estar sucio porque aún está *"peleando con mamá"*. Es decir, yo puedo tener cuarenta años y, sin embargo, ese aspecto mío meticuloso, ordenado e higiénico es vivido por mi otro lado uraniano o neptuniano como propio de mi madre. O sea que podemos ver a estas Lunas en comportamientos muy polares.

• *De acuerdo a todo lo que hemos visto, me parece que discutir con una Luna en Virgo debe ser terrible...*

Cuando la persona está atemorizada o se encuentra ante un punto de vista que la cuestiona particularmente o la perturba inconscientemente, es muy difícil que escuche. Resultan en estos casos extremadamente argumentadoras y, durante todo el tiempo que les sea necesario imponer su mecanismo, levantarán una barrera lógica casi imposible de traspasar. Una cosa es cuando —con el Sol en Virgo— la persona percibe el detalle desajustado o la incoherencia de un argumento que no respeta la lógica. Pero otra, muy distinta, es lo que hace la Luna en Virgo: exigir coherencia lógica y sostener que no la hay, ante una situación que la lleva a sentirse insegura.

Talentos de la Luna en Virgo

En este caso, como en el de cualquier otra Luna, todo lo que hemos dicho en tanto mecanismo se revierte completamente si esta energía es integrada a la totalidad del sistema y, en consecuencia, no se expresa como una necesidad emocional inconscientemente mediatizada o como el reclamo de un orden ilusorio sin el cual la persona se siente insegura.

Esta Luna, una vez integrada, manifiesta una serie de talentos muy importantes como, por supuesto, la capacidad de orden, pero también la enorme disponibilidad hacia las otras personas. En este sentido, la inclinación hacia el servicio es realmente un talento fantástico en ellas. Tienen el don de percibir lo que alguien necesita, especialmente en el trabajo o en relación a su salud, anticipándose y suministrando lo requerido, de un modo que hace extremadamente fluida toda tarea. Es muy difícil que antepongan cuestiones personales o de "cartel", cuando se trata de realizar un trabajo o de llenar una necesidad.

Por otro lado, también hay en la Luna en Virgo una gran capacidad lógica y una actitud criteriosa muy desarrollada; una verdadera sensatez y una cualidad de objetividad notable para ponderar situaciones. Es, por lo general, un excelente asesor que puede mostrar los defectos y necesidades inadvertidas de todo proyecto o idea. Por supuesto, aun desde el talento, el trabajo será algo siempre afectivizado pero no ya como refugio o como única manera de encontrar afecto —que así sería el mecanismo— sino como entrega a la tarea y como capacidad de encuentro profundo con todos los que se hayan involucrado en ella. Médicos, enfermeras, secretarias, ayudantes, asistentes y asesores de todo tipo, se encuentran entre los poseedores de esta Luna. Y aun en los casos en los que la persona ocupe el rol central de una situación, se sentirá simplemente un colaborador funcional al servicio del orden en el que se siente incluido.

Algunos comentarios generales

• *Quería hacer esta pregunta: uno tiene la Luna en un signo pero ésta hace a la vez aspectos a planetas que le dan generalmente otra tonalidad. Entonces ¿cómo se expresa esta Luna? ¿De un solo modo sintético o de distintas maneras, alternativamente?*

Lo que les propongo, como hipótesis, es que los campos energéticos se manifiestan con comportamientos que identificamos como personales pero también con los acontecimientos del mundo que nos rodea. La manera habitual de expresión de estas energías aparentemente contradictorias es mediante la identificación personal con algunos elementos de la estructura, quedando el resto para ser actuado por otros. Por ejemplo: alguien puede ser Luna en Virgo conjunción Plutón-Urano, de manera que se identifica con el orden, pero recurrentemente aparece en su vida un "loco destructivo" dando vueltas alrededor. O quizás ella misma actúe espasmódicamente mientras que en el "afuera" aparecen personas ordenadoras y posesivas.

Es decir, para abarcar lo que aquí estamos denominando "contradicción" es preciso incluir no sólo el comportamiento interno sino también lo que sucede "afuera", considerándolo como parte de ese sistema energético y como manifestación de esa contradicción.

Ahora bien, el problema que nos trae la otra persona, en realidad, es el mismo problema que subsiste dentro de nosotros, sólo que aparece jugado "afuera". En general, ésta es la manera que tenemos de enterarnos de las estructuras contradictorias de nuestros campos energéticos. El trabajo con la astrología significa aprender a mirar el "afuera" como un espejo del "adentro".

Otro criterio básico a recordar es que la psicología del cuerpo que protagoniza la carta natal no puede tolerar desde el principio la totalidad de ésta. Desde allí se va a constituir inevitablemente una distancia entre lo que pide la energía de la carta y lo que el cuerpito del bebé y el psiquismo que se va formando en él pueden tolerar. Necesariamente se irá formando una resistencia a la propia energía; esto es inevitable. *Leer cartas natales es leer al mismo tiempo lo que pide la energía y la resistencia psicológica a esa energía.*

• ¿Y la vida de esa persona sería ir en busca de esa energía?

La vida siempre traerá la energía que nos corresponde experimentar. Lo hace recurrentemente y al principio uno responde reforzando la defensa. El patrón habitual es que la energía se sigue manifestando y uno repite la defensa básica; de allí provienen nuestros principales conflictos y las repeticiones que atribuimos al "destino".

El momento clave se produce cuando la defensa que fue necesaria —la personalidad organizada en su fase defensiva— comienza a abrirse a la energía que se manifiesta, porque esto permite la separación del borde entre el "adentro" y el "afuera".

Pero para que en una estructura se produzca una síntesis real, se debe inevitablemente dejar de ser quien se era o, mejor dicho, dejar de ser quien se creía que era. Si digo, en cambio, *"yo soy siempre el mismo, pero más crecido o con más experiencia..."*, en verdad nada se ha modificado: los núcleos básicos no se han reordenado. Tenemos que darnos cuenta de que necesariamente tuvimos que protegernos de la manifestación de nuestra propia energía. De modo que, tarde o temprano, tendremos que salir de esta estructura protectiva.

Lo central es registrar cómo nos refugiamos en ciertas zonas de nuestra energía para defendernos de otras zonas de ese mismo campo... Esto no está mal; simplemente sucede. El tema es cómo, a partir de registrarlo, podemos ir abriendo esa zona defensiva al resto de la estructura que nos constituye.

LUNA EN LIBRA

La energía que impregna al niño en el momento de su nacimiento y en la cual se instala naturalmente —a fin de experimentar las otras energías de su carta natal— es en este caso Libra. Es decir, el momento del Zodíaco en el cual la existencia se registra como una oscilación armónica entre opuestos en equilibrio dinámico. En Libra nada es completo en sí mismo; cada ser es complementario de otros y en el encuentro de los complementarios se abre el Ser como belleza.

Esta criatura trae consigo los gestos adecuados para abrirse de tal manera que, aquello que no es ella, también se abra y se complazca en el encuentro. La armonía que elude todo extremo y la gracia de los movimientos tendientes a que el entorno busque naturalmente el acuerdo, serán las cualidades cuya presencia harán que este chico se sienta seguro y protegido, cómodo frente a los posibles peligros de la vida. La belleza, el acuerdo y la cooperación constituyen la atmósfera natural en el inicio de la existencia de esta persona, atmósfera que habrá de nutrirla a lo largo de la vida para que le sea posible expresar sus cualidades más profundas.

Como siempre, la manera como se manifiesta este capullo energético protector —en tanto destino— es a través de las personas que constituyen su mundo afectivo primario, quienes deberán vehiculizar esta cualidad de armonía que cobijará sus primeros pasos.

La "madre" en la Luna en Libra

Es fácil imaginar que la "madre" —entendida como estructura vincular que va más allá de la madre concreta— será extremadamente sociable y muy interesada en mantener vínculos armoniosos y complacientes con el mundo. Como toda Luna en aire, el afecto aparecerá mediatizado por un fuerte anhelo vincular y, en este caso, *la importancia del otro* para la "madre" será tal, que la capacidad de complacer a los demás constituirá el requisito esencial para que el niño sienta que obtiene cariño y seguridad.

Podemos imaginar una familia en la que uno —o varios— de sus componentes propician una intimidad hogareña siempre preparada para recibir invitados e incluso extraños. Estos deben ser atendidos y agasajados de la mejor manera, anteponiendo sus necesidades a las de los miembros del hogar. *La intimidad debe contener a los otros,* quedando así expuesta y abierta; complacerlos queda registrado en el chico como supuesto básico de la existencia. En el circuito afectivo siempre habrá un "otro", presente o virtual, ante el cual deberá aparecer sonriente, amable y elegante: un ser *íntimamente social.*

Esto crea evidentemente un entorno muy exigente para una criatura, que se ve forzada a sobreadaptarse al medio, de un modo semejante al que vimos en la Luna en Virgo. La presencia de los otros en la intimidad hará que la casa y sus habitantes respondan generalmente a fuertes criterios estéticos y estén siempre listos para la "llegada de los invitados". *Siempre hay gente entre la madre y el hijo. En el imaginario, él no está jamás a solas con ella y en esta socialización se ve obligado a dar constantemente respuesta al deseo de los otros, que es el de la mamá.* Esto no ocurrirá a través de un comportamiento hipermaduro como en la Luna en Virgo, o de la brillantez intelectual como en Géminis, sino del refinamiento y de la amabilidad. Los gestos y movimientos serán entonces objeto de una continua atención; siempre se estará pendiente de hacer sentir bien al otro, de no realizar el gesto incorrecto y de no adoptar la actitud inadecuada.

Quizás la escena infantil que mejor arquetipiza la manifestación de esta Luna es la llegada de la nena o el nene a su casa, encontrándola llena de visitas; están todos reunidos en un salón elegante, tomando el té exquisitamente preparado. Entonces, la mamá dice: *"¡Qué hermosa es mi hija! ¿No les parece? Querida...¿por qué no tocás un poco el piano o recitás una poesía para nosotros...?".* Esta imagen condicionante es muy potente y en ella se genera un circuito por el cual, pese a la apertura y la socialización, no se busca la carga afectiva realmente en los otros sino que toda la atención está puesta en la madre *a través* de los otros. En este *agradar a los otros para "mamá",* se configura una actitud que en la edad adulta condicionará sutilmente la gran sociabilidad de estas personas.

Es muy posible que artistas o personas ligadas al mundo del arte y de la belleza estén presentes en el entorno familiar o sean extremadamente valoradas por éste; la importancia de la cultura, el compromiso social y los valores estéticos suelen recorrer con insistencia las conversaciones familiares, creando un ambiente de ideas refinadas y objetivos sociales del cual el niño se alimenta.

Se constituye el circuito

Como se ve, aquí la espontaneidad resulta prácticamente sacrificada al tener que dar continuamente las respuestas que la familia dice que se deben dar. La necesidad emocional de cumplir siempre con las formas esperadas lleva a postergar los impulsos y las reacciones inmediatas en función de encontrar la respuesta, no ya más madura sino más agradable y socialmente aceptada. Captar las formas sociales adecuadas y atenerse estrictamente a ellas será lo esencial. ¿Cómo puede expresar el niño lo que quiere, lo que realmente le está pasando en ese momento? Toda espontaneidad atenta dramáticamente contra su seguridad emocional; permitírsela garantiza que el afecto que le estaba destinado será retirado, dejándolo desprotegido y sin seguridad alguna. ¿Cómo puede decir entonces lo que realmente está pensando? Con una Luna en Virgo es necesario pensar muy sensatamente, mientras que con una Luna en Libra se puede pensar lo que se quiera, pero cuidándose muy bien de no decirlo jamás. Para la Luna virginiana, lo primero es ser madura y útil; la Luna libriana, en cambio, necesita cumplir con una forma vincular, repetir los movimientos e ideas que sabe son encantadores, agradables, armonizantes. La primacía de las formas bellas, que en realidad son estereotipos familiares o culturales repetidos mecánicamente, es aquí la pauta que hace circular la totalidad de la energía de la carta de una manera pobre y muy por debajo de su potencial.

• *O sea que es una "Luna de buenos modales"...*

Exacto; y de esta manera se conforma un sutil mecanismo vinculado con la no frontalidad, asociado a la sensación de que la sinceridad es muy peligrosa. La franqueza está aquí emocionalmente prohibida y existe un juicio muy fuerte en contra de la explicitación directa de las situaciones y los conflictos. Toda la afectividad de la Luna en Libra está tejida de "mentiras piadosas" en las que la verdad suprema —ante la cual todas las otras son secundarias o relativas— es la *ausencia de conflicto con el otro*. Esto, desde el punto de vista del conjunto de la carta, se convierte en un peso difícil de sostener porque la espontaneidad, el centrarse en sí mismo, y todo lo que signifique impulso agresivo e inmediatamente deseante, quedará ligado a un fuerte vacío emocional que no es fácil de atravesar.

La manera en que ha tomado forma la energía lunar hace, en todos los casos, que se constituya un hábito emocional, un registro incluso corporal en el que la ausencia de la cualidad afectivizada produce una sensación de vacío que por un momento resulta insoportable. Ante ese vacío, la inercia del mecanismo se dispara en procura de llenar la ausencia con lo conocido, en este caso con la *sensación* de armonía, aunque ésta sea puramente formal e ilusoria. El hecho de que en realidad exista vitalidad e incluso afecto en la situación desconocida —como por ejemplo en la franqueza o en la inmediatez del deseo— no es percibido, a causa del hábito. La velocidad con la cual éste se gatilla inhibe los otros registros que podrían dar cuenta correctamente de la situación. Este es el punto en el cual el mecanismo de la Luna actúa regresivamente, obstaculizando el despliegue de otras cualidades presentes en ese individuo, que puede tener el Sol en Escorpio o en Aries, dado el caso.

Quisiera que vean con precisión la diferencia existente entre integrar una Luna en Libra con un Sol en Escorpio —o en Aries o cualquier otro— e intentar expresar Escorpio o Aries *a través* de la Luna en Libra, es decir, filtrado por ella. Como ya hemos visto en los capítulos anteriores, esta capacidad de filtro protector es la función de la Luna en su momento; pero el hábito y la identificación con la sensación de seguridad que brinda, perpetúan en el tiempo una "protección" que realmente ya no necesitamos y que distorsiona nuestra identidad.

En el caso de la Luna en Libra, la necesidad emocional de complacer a los demás no está en absoluto asociada a la capacidad intuitiva de *desplegar el propio deseo en complementación con el del otro,* como sí en cambio puede hacerlo un Sol en Libra. En ella, claramente, es visible la dificultad para expresarlo mientras que en el caso del Sol, el intercambio con el otro es de deseo a deseo, jugándose allí la magia del encuentro. En la Luna no está en juego el deseo en la complementariedad *sino la necesidad de afecto y más aún —inconscientemente— el complacer a mamá.* Es evidente que si no se ha comprendido la naturaleza profunda del origen de estos rasgos encantadores de la Luna en Libra, la condición regresiva de los mismos inhibe enormemente el contacto con —o más bien, la expresión de— lo que realmente se desea.

• *Estas personas parecen tener muy limitada su espontaneidad...*

Recuerden la película *La Edad de la Inocencia*: en ella se muestra un medio ambiente tan apegado a los formalismos sociales, que realizar el propio deseo llevaba toda una vida. Incluso en el momento final, en el protagonista se diluye la posibilidad de percibir qué es lo que realmente quiere: si expresar definitivamente el deseo que siempre ardió en él, o mantener las formas que construyó mientras lo retenía.

La tendencia inconsciente —que lleva a sostener las sensaciones confortables que nos produce el imaginario lunar— en todos los casos obtura la posibilidad de conectarse con un deseo renovador, sintético y profundo. Pero con la Luna en Libra, el anhelo inconsciente de seguridad dice expresamente: *no desearás aquello que no responde a las formas adecuadas y que no complace a los otros.*

En este punto advertirán que es muy probable que la persona con esta Luna, incapaz de elaborar su mecanismo, tarde o temprano entable una batalla feroz con su *madre Luna* en un nivel más o menos inconsciente, de modo análogo a lo que vimos en la Luna en Virgo. En este caso, se reforzarán las energías de la carta más ligadas a lo socialmente inaceptable, a la violencia, la trasgresión e incluso el desprecio por el otro. Esto podrá ser actuado desde una identidad polarizada con la Luna —pero determinada aún por ella— o se proyectará en otras personas con las cuales se establecerá una relación de inconsciente dependencia, en la que se dramatizará el choque entre las energías disociadas. Es muy notable cómo se genera en muchos individuos una particular tensión interna provocada por las exigencias de la Luna en Libra.

Largos períodos de la vida se organizan en contra de ese núcleo incomprendido pero inconscientemente dominante, potenciando características transgresoras e inconformistas que son tan inmaduras como el mecanismo lunar. Despojar la enorme sensibilidad y sentido de la armonía de la Luna en Libra, de los mandatos y formalismos adquiridos en la infancia, para dar lugar a una personalidad integrada, es casi siempre un largo y arduo trabajo.

La "sinceridad" de la Luna en Libra

Una de las cosas más difíciles de este hábito lunar es *la falta de sinceridad,* o sea, la sensación de riesgo que experimenta la persona al decir la verdad o al enfrentar una situación en forma franca. Por cierto, esto fue efectivamente riesgoso en la infancia, cuando embellecer la realidad era premiado y desnudarla castigado, pero el mecanismo lleva a que estas asociaciones sean vividas como reales en la edad adulta. La sola posibilidad de tener que enfrentar un conflicto vincular —o incluso una simple confrontación— hace que estas personas eludan casi siempre las definiciones o, muy comúnmente, digan algo para no quedar mal. Como es previsible, luego harán otra cosa completamente distinta al no poder sostener aquello que la Luna les "obligó" amablemente a decir. Recuerdo a una amiga con Sol en Escorpio y Luna en Libra a quien acompañé en una oportunidad para entrevistarse con una socia

141

circunstancial, con la cual había tenido enormes diferencias de criterio en sus negocios. La escorpiana estaba muy enojada; se la veía realmente furiosa y decía cosas terribles sobre la otra, en el camino hacia la oficina de esta mujer. Ahora bien, cuando llegamos, la supuesta víctima hizo el gesto exacto para activar la Luna en Libra: nos invitó con "un cafecito"... Al crear esta situación amable, se disparó el hechizo y mi amiga, entre una masita y otra, comenzó a decir: *"Bueno, en principio estoy muy contenta con esta sociedad que hemos establecido y si bien habría algunos puntos que tendríamos que conversar, quizá podamos dejarlo para otra oportunidad..."*. Durante el resto de la conversación —en la que trazaron planes para nuevos proyectos— el Sol en Escorpio sólo pudo manifestarse a través de algunos chistes cargados de ironía. Por supuesto, cuando llegamos al auto, el Sol emergió del hechizo de la Luna, volvió a enfurecerse y esta vez, lógicamente, no sólo con la socia sino consigo misma. Posteriormente no cumplió con nada de lo acordado y finalmente devino la ruptura por desgaste y evasión del vínculo. Aquí se ve de nuevo el "comportamiento de avestruz" de los mecanismos lunares: si no veo el conflicto, éste no existe. Es muy común que estas personas tan encantadoras y amables, que poseen el arte de caerle bien a casi todo el mundo, cíclicamente terminen desarrollando conductas elusivas y decididamente poco sociables. Pero como están basadas en la evasión y en la no confrontación directa con aquello que los otros piensan de ellos, se comportan como si el conflicto no se hubiera producido.

En lo profundo, lo más grave de este mecanismo es, a mi juicio, que esta relación con el mundo "externo" refleja un vínculo interno. *A la persona se le hace realmente difícil decirse la verdad a sí misma.* Mientras el mecanismo esté vigente —o cada vez que la conmoción emocional lo dispare— enfrentar las cosas tal cual son es un compromiso que una parte de la persona no quiere asumir. No puede escuchar la verdad que tampoco es capaz de decir a otros; y si no puede evitar verla, tratará de embellecerla, relativizarla y, sobre todo, postergar el momento de enfrentarla directamente.

Reconocer nuestros aspectos oscuros es algo que a todos nos resulta difícil, pero a una Luna en Libra le produce un vacío emocional y una inseguridad aún más marcada que a los demás. Por supuesto, esto no quiere decir que la persona sea mentirosa sino que busca afanosamente el instante armonioso y perfecto en el que los conflictos puedan ser enfrentados con tanta comodidad y amplitud desde ambas partes, que el acuerdo quede asegurado. Posponer decisiones hasta el momento en que la resolución aparezca como deseada naturalmente por todas las partes, es un arte libriano; pero en el mecanismo lunar esto no nace desde una amplitud real sino en respuesta al temor y la inseguridad del niño asustado que siente que ha cometido una falta.

Otro de los factores complejos que suelen aparecer, es que la identidad afectivizada queda ligada básicamente a cualidades estéticas —belleza, elegancia, refinamiento— y al encanto y la amabilidad. La persona se siente querida por su belleza y su sociabilidad; no por su inteligencia, por su energía, por su dinamismo o su carácter. Esto resulta casi siempre más fuerte en las mujeres, que suelen quedar inconscientemente identificadas con el estereotipo de "la muñequita". En su imaginario emocional, no encuentran seguridad en ninguna de las otras cualidades que poseen, porque lo afectivizado es ser "linda y agradable" y fuera de allí sólo existe el vacío. Así es como lo vinculado a la potencia, a la fuerza, a la iniciativa, a la capacidad intelectual o a la creatividad, es experimentado como inseguro. Apoyarse en esos atributos sería salirse completamente de la Luna y, como tal, emocionalmente peligroso.

• *Pero ¿por qué, siendo una Luna en aire, no tiene afectivizado lo mental o lo intelectual?*

El aire enfatiza un registro vincular que discrimina y asocia simultáneamente y, en particular, habla de la mente en tanto relación; son estructuras equivalentes en niveles distintos. Desde el punto de vista emocional la dificultad de las Lunas en aire, como vimos en otro capítulo, reside en una fuerte tendencia a la disociación y la falta de contacto. La función lunar por excelencia es capacidad de contacto, intimidad, registro de necesidades básicas y aptitud para nutrirlas. Al disociar, la Luna en aire se desdobla y la persona se separa de sí misma para sentirse segura; en Libra esto viene dado por la presencia de un otro que, con su mirada imaginaria, está siempre presente en su intimidad. Complacer a este otro es psicológicamente más seguro y cómodo que permanecer en contacto emocional con la totalidad de sí mismo. Pero si observan bien, esto que en la Luna en Géminis toma la forma de un exceso de pensamiento, también se reduce a estar desdoblado en un diálogo constante en el mundo mental. Cuando la Luna en Géminis se refugia en la lectura está con un "otro"; de allí la dificultad de sintetizar un pensamiento propio. Aunque pueda tomar formas diferentes, la estructura es la misma en ambas Lunas y también lo es en la tercera de aire —Acuario—, como ya veremos. De todos modos, la Luna en Libra suele disfrutar muchísimo de la lectura y de la participación en conversaciones intelectuales y estéticas. Es más difícil, sí, que se identifique con la capacidad intelectual puesto que lo afectivizado es la posición pasiva que goza al sentirse *envuelta* por la belleza de las palabras o las ideas.

• **Me imagino que la persona con Luna en Libra es alguien muy pendiente de su arreglo personal...**

En efecto; eso es muy evidente en Menem, por ejemplo, que tiene esta Luna...

• **¿Se vincula también a lo carismático?**

En el particular caso de la Luna en Casa VII, la astrología tradicionalmente habla de "popularidad". La capacidad innata para complacer a los demás y el talento real que hay en ella, hace que estas personas sean buscadas por los otros, para sentirse bien. Son indudablemente populares, pero en el nivel del mecanismo, dramáticamente dependientes de la respuesta de los demás.

• **Pero entonces, ¿por qué sufre?**

El mecanismo lunar no sufre en sí mismo. Los que "sufren" son los otros aspectos de la persona, que son ignorados cuando la Luna absorbe todo el campo de la conciencia; eventualmente, también la totalidad del sistema sufre cuando en un momento dado se revela que aquello que prometía seguridad o protección era una ilusión. De todos modos, en relación con la popularidad, estas personas se vacían tanto en el acto de complacer a otros y sacrifican tantos aspectos de sí mismos por retención, que tarde o temprano esos otros se convierten en objeto de resentimiento e incluso de desprecio. Toda la carga acumulada por el resto del sistema se lanza contra ellos revelando la ambivalencia profunda que existe en la persona. Cuando la Luna en Libra es mero mecanismo, la alienación en otros es realmente muy fuerte y, para recuperarse a sí mismos y volver a tomar contacto con el propio centro, la oscilación deberá ser necesariamente dramática.

• **¿Cuál es el riesgo que percibe esta Luna?**

El gran temor del núcleo infantil es mostrarse desagradable, definirse de un modo tal que la lleve a un conflicto abierto con los demás. Pelearse o permitirse una discusión frontal es una sensación desconocida y una transgresión explícita de aquello que está connotado como seguro; es exactamente lo opuesto a una Luna en Aries. Claro que siempre podremos observar a alguna persona con Luna en Libra que, en su necesaria pelea con su "madre interna", se muestra hasta exageradamente desagradable o actúa a través de evasivas y postergaciones de un modo realmente agresivo hacia ese "otro" que debe ser inconscientemente castigado. Estas son polarizaciones que, según se prevé, provocarán un retorno oscilatorio a la posición inicial, que puede llevarla a ser aun más dependiente de las formas sociales que antes. Es obvio, en todos estos juegos, que quien tiene el dominio de la situación es el nivel más regresivo y que en ningún caso se trata de una resolución madura. Si así fuera, las restantes cualidades de la carta trascenderían a la Luna al integrarla; pero en cambio, al permanecer en el nivel del mecanismo, sólo se polarizan y antagonizan con ella.

La seducción de la Luna en Libra

La seducción es obviamente un tema central en esta Luna; pero quien trata de agradar aquí realmente no es el nivel adulto sino un niño o una niña. La Luna en Libra no está poniendo en juego su deseo, sino la repetición de estereotipos que garanticen la posición vincular que tiene asociada a la seguridad. No se abre realmente en una sonrisa cautivante como sí lo hace el Sol, sino que hace gestos y mohínes que transparentan la repetición mecánica de un comportamiento arraigado que en realidad no tiene nada de espontáneo y abierto, como pretende mostrar. Agradar y atraer es el comportamiento conocido y supuestamente necesario para disolver toda sensación de peligro y dificultad.

Como dijimos, éstas son personas generalmente populares, ya que buscan agradar constantemente y saben hacer los movimientos necesarios para generar simpatía y afecto. Por eso, ésta es una Luna común en personas que se mueven con mucho público, actores, políticos y líderes de masas. Perón, por ejemplo, tenía la Luna en Casa VII, igual que Hitler y Mussolini. Otra Luna en Libra es la de Menem.

• *Pero ¿cómo se compatibiliza el tema de la autodesvalorización, con el liderazgo político?*

Quizá habría que discutir un poco acerca de la presunta libertad y autodeterminación de algunos líderes. En general, dependen mucho del afecto de los demás. De todos modos, no es correcto hablar de desvalorización con la Luna en Libra, sino del riesgo que entraña la identificación exclusiva con la capacidad de complacer a los otros.

• *Pero un líder es alguien que debe "ir al frente"...*

Sí, van al frente pero dependen de una plaza llena de gente que los aplauda o les dé un apoyo masivo expresado de cualquier otra manera.

Dije *líderes de masas*, no de otro tipo, aunque por supuesto no podemos descartar el talento que hay aquí para crear una corriente de energía en la que los otros —en estos casos a gran escala— se sientan satisfechos en su deseos.

Diferencias entre el Sol y la Luna en Libra

En el mecanismo de la Luna en Libra hay pautas de formalidad, de mucha amabilidad y gentileza; pero no hay una relación con el otro, abierta y natural, como sí ocurre en el Sol en este signo. En el caso de la Luna, lo que está en juego es el cumplimiento de las formas y modelos de comportamiento, porque eso garantiza ser querido por los demás. No se trata de su propia identidad forjándose en el equilibrio continuo con el otro, como ocurre con el Sol; su seguridad consiste en que los otros se sientan complacidos y contentos. De allí el acento en la repetición de formas y conductas que mecánicamente se supone que agradan, y la tendencia a rehuir un verdadero encuentro con los otros.

Es muy difícil que se sientan seguros si antes, con los gestos, actitudes y palabras apropiadas, no se ha creado el clima que el mecanismo anhela. Visto así, esta Luna no se abre en su sociabilidad sino que se cierra, escondiéndose en situaciones donde está garantizado que puede agradar y que no presentan conflicto visible. El Sol en Libra tiene una sonrisa muy especial, muy abierta hacia el otro: es un rasgo distintivo. La Luna en Libra también la tiene, pero uno puede observar que en las situaciones emocionalmente tensas, el que sonríe es un nene o una nena que repite un movimiento con el fin de agradar.

Talentos de la Luna en Libra

Indudablemente, esta Luna otorga la posibilidad de irradiar una delicada ternura y comprensión afectiva hacia los demás, generando ambientes y situaciones de gran placer y encuentro para todos. Su sensibilidad hacia la belleza suele abrirles camino en el mundo del arte y la estética en general. Tienen también un talento innato para la diplomacia y la capacidad de encontrar lo que el otro necesita, así como para realizar un acuerdo que satisfaga a todas las partes.

El sentido de la oportunidad suele ser muy fuerte en ellos, y así como en el mecanismo esto se opaca en una continua postergación de las decisiones —en la ilusión de alcanzar el momento perfecto que habrá de satisfacer a todos—, la sensibilidad para encontrar el instante adecuado para la acción es una cualidad de esta Luna integrada.

Pero, a mi juicio, lo más importante es que poseen *una real intimi-*

dad con la gracia y la belleza de la vida. Esta, más allá de los imaginarios infantiles, es una cualidad profundamente instalada en sus cuerpos que le facilita acceder a momentos de intensa plenitud. Cuando se permiten ser fieles a ese don, destilan un encanto que trasciende lo personal y es capaz de nutrir a los demás.

Crear ámbitos y situaciones donde otras personas tomen contacto con la belleza en todas sus formas, "internas y externas", suele ser un modo natural de expresar el talento de esta Luna.

LUNA EN ESCORPIO

En el Zodíaco, Escorpio encarna el momento en el cual los extremos del movimiento de la vida —que aparecen como antagónicos para la conciencia— se encuentran frente a frente en un proceso de máxima intensidad. Este proceso apunta a trascender dichos extremos en una fusión, para dar lugar a la síntesis que se manifestará luego en Sagitario. Por esta razón, la función específica de la energía de Escorpio está bastante lejos de la cualidad protectora y nutriente de la Luna y consiste en hacer emerger todo aquello que fue necesario excluir en un momento —el canceriano— para liberar una máxima intensidad vital que posibilite la integración sagitariana.

¿Qué significa, entonces, haber nacido envuelto en una energía tan intensa y cruda como la de Escorpio, en tanto cualidad básica protectora? Desde un punto de vista puramente energético, podemos imaginar aquí un sistema que adquiere máxima seguridad en su capacidad de transformación continua, por la cual las formas que lo protegían en un momento dado mueren para dar lugar a otras —más vitales— que a su vez habrán de ser abandonadas, en un ciclo constante de muertes y renacimientos. En este sentido, podríamos decir que cualquier individuo capaz de transformar aquello que lo protege, dejándolo morir para que una nueva forma renazca, ha encontrado una dinámica vital de extrema creatividad. Sin embargo, esta posibilidad de experimentar la seguridad —aunque está implícita en esta Luna y es su talento profundo— deberá atravesar un difícil itinerario psicológico antes de aflorar en el modo a través del cual acabamos de describirla.

En el caso de esta Luna, se abre una brecha muy grande entre la posibilidad energética del sistema y la historia psicológica que se constituye en el niño, al manifestarse la energía en su destino concreto. Hemos descripto en los capítulos anteriores, para el caso de las Lunas en Virgo y Libra, hasta qué punto aquello que solicita la articulación energética es tremendamente exigente para el niño, obligándolo a una sobreadaptación que le provocará un fuerte conflicto interno. En Escorpio esto es aun más marcado y, como veremos, esta distancia entre el requerimiento energético y las posibilidades de respuesta psicológica habrá de incrementarse a medida que progresemos zodiacalmente.

La "madre" en la Luna en Escorpio

La experiencia arquetípica más clara que tenemos todos los humanos —en relación a la cualidad de la Luna en Escorpio— es el momento prenatal en el cual el feto, por su propio crecimiento, ya no tiene lugar en el útero. El ámbito maravilloso que hasta ese instante lo protegía se ha transformado, súbitamente, en un encierro mortal del cual hay que emerger para dirigirse hacia lo desconocido. Las contracciones uterinas y los propios movimentos fetales en procura de la salida pueden ser vistos como un momento de intensidad espasmódica en el que impera la ambivalencia. Lo vital y lo mortal alternan sus posiciones, instante a instante, hasta que se produce la entrada en un nuevo ámbito de la existencia.

De hecho, todos atravesamos por esta experiencia —congruente con una fase lunar— y por otras semejantes, como la del primer período del óvulo fecundado, que debe resistir la agresión del nuevo medio (Aries) hasta que, cesado el movimiento, consigue anidar inmóvil para empezar a crecer casi indiferenciadamente (Tauro), y así con el resto de la secuencia. Sin embargo, esta fase natural de la relación madre-feto se absolutiza en la persona con Luna en Escorpio por varias razones. Por ejemplo, podemos verificar que —muy comúnmente— estos niños nacen con doble vuelta de cordón umbilical, por lo que ese instante queda dramáticamente fijado a una experiencia de asfixia en la que el bebé se encuentra desgarrado, desde el principio, entre la vida y la muerte.

Ésta es precisamente la gran dificultad de esta Luna: *la proximidad entre lo que nutre y da la vida, con la muerte y la destrucción, será demasiado intensa en la experiencia cotidiana como para que la conciencia pueda distinguirlas y articularlas en un proceso.* Todo el medio ambiente afectivo —la "madre" del niño— manifestará una impregnación tal entre protección, nutrición, afecto —por un lado— y muerte, dolor, fusión y poder con su posibilidad destructiva —por el otro— que estos extremos se identificarán en el psiquismo. Así, de un modo muy peculiar, esta intensa ambivalencia quedará asociada a lo conocido y esperable, a lo psicológicamente seguro.

Vamos a desplegar por capas, a continuación, las múltiples formas en las que puede escenificarse la presencia escorpiana en el medio afectivo inmediato. No obstante, haremos primero hincapié en la experiencia más global, a fin de observar la articulación de la psiquis más allá de las anécdotas posibles.

La relación Escorpio-Luna materializa alrededor del niño una "madre" de inusual poder e intensidad, con la que se establece un vínculo que no encuentra impedimento alguno para mantenerse en un estado de absorción fusionante. En esta fusión "madre-hijo", el niño experimenta la máxima ambivalencia entre ser todo para la madre (familia, clan) y, al mismo tiempo, perder toda identidad propia, esto es, quedar constituido como el mero deseo de ese mundo afectivo que impide toda diferenciación. *Ser absorbido en un deseo atrapante ante el cual no hay manera de poner límites ni se puede escapar de él, se configurará como patrón emocional básico para estas personas.* Como en realidad el núcleo de la seguridad inconsciente reside en la ambivalencia que genera esa absorción, la contracara será un intento de sustracción constante a la intensidad de ese mismo deseo. Esta modalidad energética del niño —expresada en una "madre" a la que él percibe como deseando todo de él, hasta vaciarlo— lo lleva a retraerse profundamente dentro de sí, para que aquélla no pueda tomarlo por completo. La Luna en Escorpio —en cuanto mecanismo emocional— mostrará así este doble movimiento de absorción y repliegue simultáneos, bastante difícil de comprender para los demás pero fundamentalmente para quien lo vive, pues queda desgarrado en esa ambivalencia.

• ¿Cuál es la diferencia entre este deseo y el de la Luna en Aries?

Recordemos siempre que, para nosotros, "madre" simboliza un campo afectivo que puede ser encarnado por distintas personas. El deseo de la Luna en Aries es definido, claro y puntual, siempre referido a la acción; el campo afectivo desea *algo concreto* del chico y éste, en todos los casos, sabe qué es lo específicamente deseado; por eso se siente puntualmente invadido y acosado y responde con belicosidad. En la Luna en Escorpio, en cambio, *el chico mismo es lo deseado*; no se desea algo objetivo y discriminado sino que se desea todo de él, lo cual resulta inespecífico. El niño no ha podido emerger del estado de fusión con la madre, quien lo trata como una parte de sí misma. Aquí no hay discriminación alguna respecto de la madre —familia, clan— y su deseo: *el niño es propiedad de ese mundo deseante; él es ese deseo.* En la Luna en Aries está implícita la lucha y el enfrentamiento contra esa atmósfera intrusiva, en la cual se puede decir "no". De manera muy distinta, en la Luna en Escorpio se juega un deseo envolvente y absoluto ante el cual no existe la posibilidad de un "no" que se le pueda oponer.

• *¿Esta Luna puede dar a la persona un modo replegado, como si siempre se estuviera ocultando dentro de sí?*

Es necesario comprender que en la escenificación de la energía de esta Luna se suceden experiencias por las cuales, en el nivel inconsciente, *aquello que da la vida queda identificado con lo que da la muerte.* .

Les voy a presentar un ejemplo para que podamos verlo mejor. Cuando yo era chico tenía hamsters en mi casa; este animalito, cuando está en cautiverio, tiene la característica de que la madre se come a sus crías. En una oportunidad, una hembra estaba preñada y no llegué a tiempo para apartar a los recién nacidos, de modo que cuando volví a mi casa, ya las había devorado. Sin embargo, en un rincón de la caja donde los guardaba, vi que el aserrín se agitaba; allí se ocultaba una pequeña cría que había logrado escapar de la voracidad destructiva de la madre. Esta escena encierra un arquetipo, que muestra el patrón de manifestación de la Luna en Escorpio en su modo más crudo y literal.

Ahora bien, la historia no termina aquí porque, después de rescatado, se presentó el problema de cómo alimentarlo. Cada vez que se le acercaba un poco de leche, como el olor de ésta estaba asociado con el de la madre y, en consecuencia, con el de la destrucción inminente, lo aterrorizaba tanto que le impedía comer. De esta manera iba a morir inevitablemente, por su imposibilidad de acercarse a lo que asociaba con la madre. Fue necesario darle leche con un gotero o mojarle el hocico en el plato, de modo que, aunque luego se escapaba y se escondía en un rincón, lograba por lo menos lamerse y alimentarse gota a gota. Esto sigue siendo Luna en Escorpio: se ha establecido una asociación cruzada entre lo nutritivo y lo destructivo, que lleva a protegerse de aquello que al mismo tiempo se necesita, porque está connotado como tóxico. A la inversa, siendo esto fundamental en el desarrollo del mecanismo, aquello que es realmente intoxicante es percibido a su vez como nutritivo y necesario.

Comienza a constituirse el circuito

Podremos ver, entonces, el patrón de este doble movimiento: un lado de la energía absorbe en forma voraz, impidiendo toda diferenciación, y otro se sustrae necesariamente a dicha absorción, porque si se entregara a ella quedaría destruido. Es posible, incluso, registrar este proceso en la expresión y gestualidad de las personas con esta estructura lunar: por un lado, muestran un magnetismo intenso y absorbente y, por el otro, el terror a esta misma cualidad, con lo que parecen refugiarse en sí mismas, emitiendo continuamente una señal que dice *"¡no me tendrás..!"*. Este anhelo primario de ser inaccesible —en realidad, de sustraerse a la voracidad del propio deseo de fusión proyectado en otros— suele notarse en la mirada: es alguien que parece observar el mundo intensamente, escondido detrás de los propios ojos.

En general, en el patrón de toda Luna en agua se constituye *un interior imaginario* donde la persona busca refugio. Estos lugares pueden resultar calmos y profundos, como un oasis protector en el caso de la Luna en Cáncer, o "nirvánicos", como en la seguridad del océano interior de la Luna en Piscis. La Luna en Escorpio define ese interior, en cambio, como inalcanzable, porque es eso precisamente lo que da seguridad psíquica: *"hay un mundo interno al que nadie podrá llegar jamás..."*. Esto es lo que salva imaginariamente a la persona del otro lado de su Luna, en el que la seguridad está puesta en dejarse absorber completamente por otro.

O sea que el mecanismo tiene dos posiciones: si se abre, queda atrapado en su propia intensidad y si se cierra, se protege del mundo desde un núcleo inaccesible. Es evidente que esa misma intensidad inalcanzable opera magnéticamente, como un "agujero negro" que todo lo absorbe, y que el supuesto modo de defenderse termina provocando lo temido/deseado.

Asociaciones afectivizadas, reacciones, mecanismos

Veremos ahora con más detalle las posibles manifestaciones de esta energía —en tanto campo afectivo primario— para comprender mejor la constitución del hábito que devendrá en mecanismo en la persona adulta. Todas ellas presentarán necesariamente, de distintas formas, la ligadura al mismo tiempo fascinante y aterrorizante entre aquello que da la vida y aquello que la quita.

Ya vimos que muchas veces esto se hace presente en la misma vida intrauterina de la persona con Luna en Escorpio. Por ejemplo, alguien muy cercano puede haber muerto mientras la mamá estaba embarazada, de modo que al tiempo que lo nutría y protegía en su vientre, ella se sentía invadida por el dolor y la sensación de muerte. Que la madre experimente con toda intensidad la ambivalencia entre la alegría de esperar un hijo y la presencia simultánea de la muerte, el sufrimiento o algún dolor casi insoportable, forma parte de esta estructura. Es decir, la madre, mientras dura el embarazo, puede estar viviendo simultáneamente depresiones profundas, conflictos desgarradores, pérdidas dolorosas y hasta intentos o fantasías de autodestrucción. Muchas veces ocurre que, inmediatamente antes de él o ella, hubo un hermanito que murió y la mamá aún está cargada por todo ese dolor, e incluso atravesada por la fantasía de la pérdida del nuevo embarazo. También puede ocurrir que una persona nazca con Luna en Escorpio en el seno de una madre que ha tenido muchos abortos; esto es totalmente independiente de que la persona lo sepa o no, por cuanto es obvio que lo registrará a nivel inconsciente. De hecho, el chico crece en un vientre en el que ha habido muerte en forma concreta.

• *Entonces, puede tratarse de una atmósfera de muerte, antes que de una muerte física...*

Sí, puede ocurrir que la madre haya estado "cargada de muerte", pero no por una muerte concreta sino por la enfermedad grave de alguien muy querido, por ejemplo, de modo que durante su embarazo se sintió llena de dolor ante la posibilidad de la pérdida.

Es muy común, como dijimos al principio, haber nacido con doble vuelta de cordón umbilical, de manera que cuando el bebé quiere salir del vientre no logra hacerlo y el mismo movimiento de la salida lo asfixia. Esta es la marca impresa inicialmente, pero la estructura se seguirá desarrollando durante la infancia, con nuevas manifestaciones de esa correlación. También es habitual que la mamá haya padecido graves enfermedades cuando el niño era pequeño, quedando éste pendiente de su estado y envuelto en la atmósfera psíquica del dolor. Depresiones profundas e intentos de autodestrucción de la madre —o la explicitación frecuente de esta fantasía— también forman parte del patrón: estar al lado de mamá, el ser más querido y necesitado, significa al mismo tiempo estar al lado del dolor, del conflicto, de la presencia de la muerte. La manifestación más literal de todo esto será, en algunos casos, la muerte temprana de la madre.

La descripción de estos escenarios reproduce, de manera más o menos precisa, la ligadura *afectividad-destrucción* propia de esta energía, pero el mismo registro se dará también en otros niveles. Por lo general, en el campo afectivo que rodea al chico reinará una fantasía de fusión en la cual éste no es percibido como un ser autónomo, no sólo cuando bebé sino a lo largo de su crecimiento. Es evidente que esta fantasía es compartida en el nivel inconsciente tanto por la madre como por el hijo, aunque en general la persona adulta con Luna en Escorpio la atribuirá exclusivamente al campo afectivo que lo rodeaba en su infancia, como si el deseo absorbente hubiera sido completamente externo a él. Desde el punto de vista astrológico, igual que en las restantes Lunas, esto no es así: la modalidad afectiva fusionante forma parte de la energía del chico que, por esa razón, tiene como destino esos vínculos. En términos psicológicos, se puede observar en esta estructura la incapacidad del padre —o su ausencia— para poner límites a esa relación que permite que se articule en el niño la fantasía de ser todo para la madre y de ser ella, a su vez, toda para él. *En este imaginario coexisten la fascinación del absoluto y el terror de sentirse completamente a merced de ese ser todopoderoso.* Es preciso aclarar que ese ser absoluto, en el caso de la Luna en Escorpio, siempre será femenino. En esto se diferencia de otras estructuras de alta carga plutoniana en las que puede aparecer como masculino (aunque de todos modos, en tal representación generalmente podremos rastrear la presencia de una fantasía femenina acerca de lo masculino).

El modo efectivo en el cual el vínculo fusionante suele manifestarse es a través de una madre sobreprotectora, una madre que siempre "sabe" lo que su hijo/a necesita, anticipándose continuamente, sofocándolo y dándole todo, sin permitir jamás que descubra por sí mismo qué es lo que en verdad necesita y pueda así articular un deseo autónomo.

En todos esos casos el bebé primero —y el niño después— no tienen tiempo ni espacio para descubrir qué es lo que quieren, ante la presencia del potente deseo sobreprotector de esa madre que "sabe" lo que se debe desear. Más tarde en la vida, experimentar un deseo independiente o no autorizado por esa gigantesca figura femenina —proyectada donde fuera— será algo terriblemente peligroso. Satisfacerla y volver a quedar atrapado en un juego sobreprotector y alienante, en el que siempre se necesita la autorización de esta figura, será la pauta mecánica de comportamiento.

Como decíamos antes, esto es diferente a lo que ocurre con la Luna en Aries, porque al pedir continuamente "algo", está en juego una madre que claramente dice *"¡quiero que seas o hagas esto y esto otro...!"* de quien, por lo tanto, es posible defenderse. Con la Luna en Escorpio, en cambio, hay un campo deseante que produce ahogo e indefensión, porque la madre siempre está dando algo que obtura el deseo. Es la Luna de la típica frase: *"¡El nene no me come..!"*. En el patrón de la Luna en Escorpio es importante registrar que aquello que da, al mismo tiempo quita; aun más, destruye a quien está recibiendo, porque éste no existe más allá de la intensidad de ese deseo.

En términos arquetípicos, podemos ver desde otro ángulo las transformaciones de esta estructura. Aunque es común a ambos géneros, en las mujeres con esta Luna es más visible la sensación de haber sido nutrida por una "madre araña", que tejió su tela y la atrapó durante su infancia. Cuando ella llega a ser madre, se convierte a su vez en una "madre-pelícano". Las hembras pelícano alimentan a sus polluelos introduciéndolos dentro de su gran buche y, si por alguna razón no encuentran comida para ellos, se abren el pecho con su propio pico para dejarse comer por sus crías. La persona con Luna en Escorpio tiende a dejarse devorar por lo que ama, y ésta es la "contracara-pelícano" de la "madre-araña", en la cual la sensación de ser devorado se pone en aquéllos a quienes se da. Es común, por tal razón, que muchas personas con esta Luna no quieran formar familia o tener hijos, al sentirse terriblemente ahogadas por esa situación potencial ante la cual no saben poner límites.

El niño queda entonces envuelto en esta sobreprotección, de la que no puede diferenciarse porque su deseo se ha definido como idéntico al de la "madre". Desear otra cosa es perder automáticamente la intensidad de esa presencia afectiva y quedar suspendido en el vacío de la diferenciación, vivido como mucho más peligroso y mortal que la permanencia en el deseo alienante, asociado a la seguridad.

Esta identidad con la "madre" y su deseo se manifiesta asimismo *en marcos familiares muy poderosos en los que el sujeto es la familia ("nosotros somos..."), no habiendo lugar en ella para individuos cuyo deseo no sea idéntico al familiar: "Nosotros somos los que hacemos las cosas de esta manera; si alguien las hace de otra, no pertenece a la familia...".* En este tipo de mundo afectivo, para ser querido tengo que ser idéntico a los demás y hacer todo aquello que se debe hacer y desear. El que se manifiesta es un cuerpo afectivo y el hijo/a es sólo una célula del mismo.

La necesidad de contacto o, mejor dicho, de inmersión en un cuerpo emocional colectivo, vasto y poderoso, que trasciende al individuo, organiza un hábito en relación a la intensidad emocional. Así, *si no experimenta una identificación afectiva vincular poderosa, la persona queda sin identidad, desnuda y desprotegida.* En este nivel, necesita desesperadamente pertenecer a ese núcleo potente, y la posibilidad de quedar fuera del mismo implica la muerte. Allí tiene todo lo que necesita y fuera sólo existe el vacío; pero a su vez, permaneciendo en él, no es posible ser un individuo porque ese núcleo no acepta diferencias.

• *¿Sería semejante a un núcleo canceriano, pero más intenso...?*

Sería canceriano a la "quinta potencia"... En verdad, toda Luna es canceriana en el sentido de que genera un mundo necesariamente cerrado, para proteger lo vulnerable. Pero el cierre, en la Luna en Escorpio, se hace absoluto, generando una intensidad emocional máxima. Lo canceriano, en su extremo, lleva a proteger y —en última instancia— a tratar a la persona como si fuera un niño, durante demasiado tiempo. Pero con la Luna en Escorpio ese niño es una célula más del cuerpo colectivo, es propiedad de un mundo afectivo que no puede soportar un comportamiento autónomo e individualizado. Diferenciarse es atacar a ese cuerpo, traicionarlo y despreciar todo lo que ese mundo ha entregado para el supuesto beneficio de la criatura.

- **En realidad, son Luna en Escorpio la madre judía, la madre italiana, la madre española...**

Esta es, en definitiva, una estructura colectiva. En muchas culturas podemos percibir este patrón afectivo, donde el afecto es atrapante y capaz de inhibir toda individuación. Es también la estructura de la mafia: *"Te damos todo lo que necesites, a cambio de que nos entregues todo de ti..."*. Es el poder del clan, fuera del cual no se es nada, aunque dentro de él la absorción termine destruyendo. Este es el pacto emocional profundo que está en la base afectiva de la persona con Luna en Escorpio y que tenderá a trasladar en el futuro a sus vínculos: *"Yo doy todo, pero te exijo que me des todo a cambio..."*. Es decir, aquí el afecto es imaginado como fusión total y, por lo tanto, absolutamente contradictorio con la libertad.

Una vez que el mecanismo se ha puesto en funcionamiento, esta persona sentirá que si pide algo —o si alguien le da— queda comprometida a dar todo de sí a cambio: se trata del movimiento circular de dos estructuras simultáneas. En el nivel inconsciente se articula un *acuerdo tácito* por el cual este intercambio debe cumplirse en todos los vínculos afectivos de estas personas. Es un juego en el cual la Luna en Escorpio *da lo que no se le pide, para así obtener lo que nunca se vio obligada a pedir.*

Podemos ver que aquí existe una estructura compleja, de la cual la persona es consciente de manera parcial y sólo en sus aspectos más superficiales. Tomar conciencia de la totalidad del mecanismo suele ser muy doloroso, por cuanto inevitablemente habrá que reconocer en sí misma una inconsciente modalidad manipuladora.

Esta posición infantil parte del goce de tener garantizado en forma imaginaria todo lo necesario, a cambio de permanecer en esa trama de afecto y fusión. En algún momento, esta actitud absorbente se proyectará sobre algún individuo o grupo —experimentando a su vez el ahogo de esa demanda afectiva— pero es raro que la persona sea consciente de todos los beneficios que obtiene a cambio. Inversamente, puede establecer relaciones de mucha intensidad y muy amorosas —por ejemplo con los hijos o incluso en el trabajo o en grupos— en las que se entrega totalmente y da todo lo que tiene, visualizándose a sí misma como dadora y nutriente para los demás. En esta posición complementaria, no es fácil darse cuenta que, como contrapartida, se exige una entrega total por parte de los beneficiarios de tal "generosidad" y que, por otro lado, es muy dudoso que lo que se da, sea realmente lo que los demás necesitan. *De manera pasiva o activa, se repite el circuito de identificación inconsciente del deseo, por el cual en estos vínculos no hay un otro real que pueda pedir, recibir o dar, espontánea y libremente.*

En esta trama nunca hay en realidad un intercambio claro; todo se mueve sobre la base de implícitos y supuestos por los que se entrega algo con la certeza expectante de recibir otra cosa a cambio, pero sin hacer jamás explícito este acuerdo subterráneo.

Como verán, se trata de un pacto bastante común en muchas familias. A partir de él, dar es automáticamente recibir y quien más se "entrega" tiene garantizada la obtención de lo que necesita, en el momento que lo desee: los otros están obligados a darle, puesto que así se definió, implícitamente, el pacto emocional. Todo incumplimiento es entendido como traición y, por ello, el juego espontáneo de dar y recibir se convierte en una trama intrincadísima de transacciones no explícitas, quejas, demandas y reclamos. En el fondo, este patrón muestra una posición muy infantil según la cual *"doy porque así me van a dar..."*, *sin tener que molestarse siquiera en explicitar el deseo.* De allí que lo que se obtiene de esta forma pueda ser destructivo o alienante, porque la persona no sabe cómo descubrir ni jugar su deseo de manera autónoma.

Por otro lado, entre estas corrientes invisibles de deseo fusionante, la persona con Luna en Escorpio sentirá que si recibe de los otros, queda obligada a entregarse al deseo de los demás. Es típico que ante una muestra generosa y abundante de afecto, la persona quede muy perturbada y tienda a sustraerse del vínculo. Para quien no comprenda el código, esta reacción puede parecer sorprendente pero, en realidad, el mecanismo lunar acaba de decir: *"¡Si acepto esto, me van a pedir algo tremendo a cambio..!".* De este modo, la persona hace el movimiento completo: constantemente está dando y pidiendo, pero en lo profundo no quiere recibir; sin embargo, dado que su patrón mecánico le indica que en lo afectivo corresponde dar todo, cuando alguien le pide algo siente que no puede decir que no.

Un rasgo típico es sentirse demandado o ahogado por la exigencia de los demás, sin saber cómo salir de la situación en la que se siente comprometido. Esto muestra el carácter regresivo del mecanismo porque, de hecho, *la persona no distingue entre demanda y pedido.* Un pedido se transforma inmediatamente en exigencia porque en ese mundo infantil se está obligado a responder, y no hacerlo es una traición. Del mismo modo, es incapaz de ponerse en una posición adulta y frenar la demanda del otro: inconscientemente lo autoriza a comportarse como un niño demandante que exige continuas satisfacciones, allí donde no ha habido acuerdos de ninguna clase ni compromisos definidos. Pero para el mundo de la Luna en Escorpio, en el nivel inconsciente el pacto se ha producido porque, *si hay vínculo, hay fusión; esto es, identidad de deseo.*

El hecho es que cuando el mecanismo se ha disparado, ya no es posible para estas personas poner un límite a los demás, porque sienten que si lo hicieran perderían absolutamente el afecto que los une. Poner límites implica cortar la fusión y ello significa peligro. *Cuando alguien con Luna en Escorpio lleva a la luz los acuerdos subyacentes en un vínculo, explicitando lo que está dispuesto a dar, lo que pretende a cambio, y estableciendo límites precisos, ya estamos completamente fuera del mecanismo;* pero esta actitud lo obligará a atravesar lo desconocido. De hecho se ha roto la fusión y, en consecuencia, se ha desvanecido la intensidad del vínculo en el que *"no necesitábamos aclarar nada porque éramos idénticos".* No será fácil seguir experimentando afecto donde no existe aquella intensidad, puesto que precisamente ése era el hábito.

Pueden ver que, dentro del mecanismo, las únicas posiciones posibles para no ser devorado por el propio anhelo de fusión —proyectado en los demás o no— consisten en retraerse y convertirse en inaccesible o escapar.

La polarización de esta Luna

Así como la Luna en Virgo se polarizaba en el desorden, la presencia de la Luna en Escorpio en un sistema energético suele potenciar cíclicamente los componentes uranianos del mismo. La absorción en el deseo fusionante provoca la inmediata asfixia del lado uraniano y gatilla la fuga de la situación o la desconexión.

Si se quiere, este último mecanismo es más insidioso que el fusionante, puesto que la persona puede desconectarse emocionalmente de la situación en la que se encuentra y no registrar lo que le está ocurriendo hasta llegar, sin advertirlo, a situaciones de alta destructividad. Por otra parte —si el mecanismo no es comprendido— la fuga no resuelve nada puesto que huirá de esa situación sólo para involucrarse en otra que, bajo una forma diferente, tendrá la misma intensidad.

En verdad, escapar de la propia intensidad es una estrategia básica de la Luna en Escorpio —que forma parte del mecanismo— configurando un pulso recurrente de *intensidad-fuga.* Así, escapo de mi familia aristocrática en la que debo hacer honor a mi apellido y donde se me exige seguir con las pautas preestablecidas por la tradición del clan. Entonces, me convierto en un militante revolucionario, hasta que advierto que en ese grupo me están pidiendo nuevamente todo, incluso que arriesgue mi vida. Escapo nuevamente buscando la paz espiritual en un "ashram", alrededor de un sabio "gurú" que, por supuesto, me obliga a dejar toda mi vida anterior para entregarme a él y al camino que ha trazado para mí... así que huyo otra vez, para casarme con alguien muy aniñado, lo cual me tranquiliza... ¡hasta que descubro que ese ser aparentemente inofensivo viene con una suegra todopoderosa, que me hace la vida imposible..! Y allí recomienza toda la odisea de la Luna en Escorpio, hasta tanto no se comprenda a sí misma en lo profundo de su estructura. Sólo desde allí se le revelará a la persona la naturaleza del patrón afectivo que la tiene atrapada en la alternancia *absorción/fuga*. Obviamente, este patrón incluye también aquellos episodios en los cuales *"los que huyen de mi intensidad son los otros"*.

• Pero si la persona comienza a poner límites, ya se estaría saliendo de la Luna...

Estaría saliendo del *mecanismo* de esa Luna, porque ha aprendido a expresar otras energías de su estructura que la balancean. Poner límites implica ejercitar la función paterna y, en este caso, significa que la "función-madre" ha dejado de ser imaginada como todopoderosa, dando lugar a su complementario. Por supuesto, es una desilusión enorme en el nivel inconsciente, pero es la base para la integración madura de esta Luna.

• Cuando se dice que esta Luna "oculta"¿se trata de un ocultamiento de sus sentimientos?

Más correcto sería decir que no explicita lo que realmente siente, entre otras cosas porque su mundo emocional es desmesurado en términos de intensidad y terriblemente ambivalente. En realidad, cuando una Luna en Escorpio dice *"¡te quiero..!"*, un lado suyo está diciendo *"¡unidos para siempre por el resto de nuestras encarnaciones..!"*, mientras el otro polo suplica *"por favor no te lo creas"*. Es una energía típica de esos matrimonios en los que se plantea un divorcio en cuanto uno de ambos manifiesta que quiere irse de vacaciones solo. Un comportamiento discriminado y una baja en la intensidad es vivido como ausencia de afecto. Pero si es ella —o él— quien demanda fusión, hará por otro lado todos los malabarismos posibles para no explicitar la potencia de tales sentimientos, porque se siente atrapada en las consecuencias de su propio movimiento.

• *O sea que si no hay conflicto, se siente inseguro...* *¡nunca podrá evitar el conflicto, entonces!*

Desde el lugar infantil nunca podrá evitarlo, porque allí su refugio *es* el conflicto y su protección es el desgarramiento... De modo que cuando la persona está torturada y sufriendo, ese mismo estado le da seguridad; ése es su hábito y si eso no sucede, está afuera de su "madre". Desde tal lugar, sólo puede entregarse a una gran pasión, esto es, a una intensidad afectiva voraz y absolutizadora en la cual existe la fantasía de entrega total pero donde, en realidad, no hay entrega en absoluto. En este nivel de la Luna en Escorpio *no existe el otro*; la persona está siempre consigo misma, en su refugio fusionante, desde donde imagina que los componentes del vínculo son idénticos. Por consiguiente, no puede aceptar —ni siquiera percibir— que alguien realice un movimiento diferente. A su vez le resulta muy difícil tolerar que haya paz, calma y disfrute gozoso en una situación que fluya normalmente; desde el mecanismo lunar, esto es vivido como amenazante.

• *¿Hay un nivel de goce o de placer en permanecer en lo oscuro...?*

Eventualmente sí, del mismo modo que en una Luna en Géminis hay placer en la verbalización o en la Luna en Leo lo hay en sentirse importante. Es decir, es un goce que forma parte de la naturaleza de la Luna.

El punto de mayor dificultad es que la persona se siente inconscientemente cómoda en medio del sufrimiento y de situaciones potencialmente destructivas. Si recordamos la confusión básica entre lo nutritivo y lo tóxico y el hábito de dejarse absorber por una intensidad exagerada, es fácil deducir que esta Luna estará presente en cuadros adictivos. Este doble juego en lo afectivo puede llevarla a establecer relaciones muy conflictivas y a escapar de otras mucho más sanas y nutrientes para el resto del sistema. Es posible también que se involucre en situaciones donde intervengan personas con tendencias destructivas, escapando de otras que expresan una capacidad vincular mucho más madura, pero que no son soportables desde el mecanismo. Esta Luna también puede ser un componente estructural de patologías tales como la bulimia y la anorexia, las adicciones a drogas, al alcohol o directamente al sufrimiento, por su tendencia a entrar en vínculos torturantes. Aquí reside el mecanismo a romper: *la asociación entre seguridad y absorción*, que lleva al desgarramiento y que inicia el ciclo ambivalente al intentar sustraerse de la situación y, a la vez, entregarse a ella. *Paradójicamente, es en este tironeo donde radica la máxima seguridad inconsciente.*

Talentos de la Luna en Escorpio

Una vez que el sistema aprende a desilusionar el anhelo de fusión —poniendo límites y explicitando el deseo— recién allí comienza a disolverse la absolutización afectiva, propia del mecanismo. La persona comprende entonces que es posible salir de los lugares, vínculos y situaciones donde hay afecto, para volver a entrar libremente en ellos, diferenciándose y permitiendo la autonomía de los demás. A partir de ese momento, esta Luna comienza a expresar sus mayores tesoros.

¿Cuáles son los talentos de esta Luna? En primer lugar, una enorme capacidad para sostener intensidades emocionales, lo que permite acompañar a los demás en situaciones difícilmente tolerables para el común de la gente. Estas personas se sienten "como en su casa" allí donde hay dolor y sufrimiento, donde reina el misterio y lo desconocido y afloran las emociones más oscuras. Es evidente su aptitud para todo tipo de actividades curativas y también para la investigación, puesto que existe en ellas una gran capacidad de profundización en los niveles más complejos y recónditos de la realidad. Hay una auténtica capacidad para tocar y permanecer en lo que se considera oscuro, misterioso y peligroso. Con esta Luna, serán muy buenos terapeutas, curadores y médicos, debido a que pueden permanecer en contacto con niveles de intensidad y conflicto que resultarían intolerables, incluso, a un Sol en Escorpio.

Cuando se produce una verdadera maduración emocional e integradora de ese núcleo fusionante regresivo —que permanecía disociado del resto del sistema— el comportamiento retentivo, absorbente e inconscientemente manipulador deja lugar a otra vibración, más cercana al magnetismo. Allí aparece esa gran capacidad para entregarse a las profundidades y misterios de la existencia, especialmente en el mundo psíquico.

Una vez que se profundiza en esta energía y se la integra, las personas con esta Luna ya no adoptan la actitud del pelícano sólo para obtener afecto a cambio, y su capacidad de entrega se revela como realmente asombrosa. Se transforman en seres profundamente nutritivos, con una enorme aptitud para dar, acompañando y brindando afecto allí donde hay altos niveles de dolor y sufrimiento.

Y así llegamos por último, a su capacidad básica: la de transformar periódicamente su mundo y el de otros, encontrando nuevas formas de seguridad y contención, destruyendo las viejas e innecesarias para dar lugar a una mayor vitalidad y amplitud. Brindarles a otros la oportunidad de enfrentarse con los mecanismos en los que se refugiaron para detener su crecimiento, acompañándolos en una transición renovadora, es quizás su máximo talento.

LUNA EN SAGITARIO

La energía a la que el niño está inmediatamente ligado al nacer es, en este caso, abundante, expansiva y confiada. A través de ella experimentará la existencia con una disposición básica gozosa que le brindará fuertes sensaciones de amplitud y libertad, permitiéndole entregarse al movimiento de la vida con optimismo y alegría. El sentimiento de que la existencia fluye sin obstáculos, develando a cada paso su sentido y dirección, es la fuente de seguridad que habrá de acompañarlo en su crecimiento: sólo es necesario entregarse al río de la vida porque ella, alegremente, siempre encontrará su camino hacia el mar. Uno se sentiría tentado de decir que, si no fuera por la inevitable tendencia de la conciencia a identificarse con lo fragmentario y a desarrollar un refugio imaginario, disociado del resto de las energías del sistema, no habría mejor manera de entrar a la vida que a través de esta cualidad.

El escenario afectivo

Desde sus primeros días, el niño tiende a manifestar una potente vitalidad y suele encontrar estímulos suficientes a su alrededor como para confiar en sus movimientos y exploraciones, reforzando su natural predisposición, alegre y dinámica. En consonancia con esto, en torno a él se constela un medio ambiente afectivo que le permite entregarse y expandirse y que a su vez confía en él, acompañándolo a la distancia y posibilitando sus juegos y deseos. A diferencia de otras Lunas, la modalidad afectiva que se materializa permite al niño mucho espacio propio, llenándolo de estímulos para su bienestar y para la exploración del mundo. En principio, el niño encontrará muy poca interferencia con sus deseos y movimientos, pero tampoco se verá abandonado a sí mismo. El modo como se constituye el escenario de una Luna en Sagitario hace que se sienta muy libre, pero al mismo tiempo, siempre guiado y protegido por alguien que le facilita juegos y aprendizajes, con un mínimo de intervención. *De allí que la sensación de confianza básica en las interacciones y un entusiasmo que descarta la presencia de límites a sus deseos, se constituya en el presupuesto emocional desde el cual experimentar la existencia.*

Si observamos la configuración del escenario en otros planos, encontraremos en general abundancia, no necesariamente económica y de medios, pero seguramente afectiva. Habrá una predisposición familiar a creer en la bondad de la vida, quizá por la fuerte influencia de alguno de sus miembros a quien el niño percibió como muy confiado, o de constante buen humor. También —esto en realidad es más común— por la existencia de fuertes creencias religiosas o ideológicas en la familia, que han teñido todas sus experiencias infantiles de sentido y optimismo.

Es muy raro que al relatar la historia de sus primeros años, una persona con Luna en Sagitario describa situaciones de carencia y conflicto. El impacto del mundo familiar, en su formación, suele imprimirle la sensación de haber vivido en el mejor de los mundos o, en todo caso, de no haberse visto obligado a enfrentar la frustración y el dolor por mucho tiempo. En general esto último —el dolor, la frustración y las dificultades— aparece como una condición propia de la vida adulta, a la que fue preciso adaptarse dolorosamente. La persona tendrá que hacer un esfuerzo para poder resignificar su historia infantil y dejar aflorar los recuerdos ligados al conflicto o la dificultad.

Otro rasgo visible son los viajes en familia; éstos han sido habitualmente importantes y es probable que algún miembro de la misma haya viajado mucho o se haya relacionado de manera estrecha con el extranjero, por una u otra causa. Durante los primeros años, suele establecerse en estas personas una fuerte afectivización de los viajes. Al compartir la espontaneidad emocional con la cual los suyos viajan —o, por lo menos, con la que se refieren al extranjero— se instala en ellas la sensación de que los mundos lejanos son familiares y seguros. Esta familiaridad afectiva con la amplitud del mundo las predispone a recorrer grandes distancias y a dar la bienvenida a todo aquello que provenga de otras latitudes.

Por otra parte, como dijimos, la familia suele estar impregnada de fuertes sentimientos religiosos, de principios morales o ideológicos que dan por segura la evolución de la humanidad —o la parte de ella con la cual se identifican— hacia un futuro lleno de esperanzas, que permite dar sentido a todos los actos de la vida. Alguno de los miembros del entorno familiar suele ser muy creyente, con lo que transmite al niño la convicción de que la vida tiene un sentido positivo, más allá de sus vicisitudes y dificultades. Esto no constituye simplemente una serie de creencias e ideas a las cuales la familia adhiere, sino que irradia una convicción poderosamente optimista acerca de la vida, que contagia con entusiasmo a los demás. El chico no puede sustraerse a esta confianza ya que, de hecho, es su energía la que lo lleva a ser educado en estas convicciones, que en el futuro teñirán fuertemente su percepción de la realidad.

Asimismo, es posible que haya en su medio afectivo inmediato personas dedicadas a la enseñanza, con muchos conocimientos que pueden dar cuenta de los múltiples interrogantes de la vida. Todo tiene una respuesta y un sentido y hay posibilidades ciertas de comprender el mundo; esta sensación que acompaña al niño desde un principio, se verá confirmada a través de sus futuras experiencias y del contacto con otras personas.

En general, quienes han nacido con Luna en Sagitario han establecido durante su infancia una relación de intenso amor hacia alguna persona con estas características, que les transmitió una certeza emocional acerca del sentido de la vida. Puede haber sido alguien muy noble y sabio, muy religioso y devoto, o lleno de ideas comprensivas y motivadoras; sea como fuere, ha marcado en forma indeleble al niño. En algunos casos, se trata de una persona con un inextinguible buen humor y gran disponibilidad para la aventura, la vida al aire libre o la exploración del mundo.

Que estos vínculos estén presentes en el entorno emocional de nacimiento es una necesidad para actualizar la cualidad sagitariana que se manifiesta a través de la Luna del niño. De una u otra forma volverán a hacerse presentes a lo largo de la vida, aun cuando la persona complejice su percepción de la realidad —una vez adulta— al integrar la energía lunar con el resto de su sistema.

Comienza a constituirse el circuito

Esta posición lunar muestra algunas analogías con la Luna en Leo, sobre todo en el sentido de ofrecer un contacto espontáneo con la abundancia, la vitalidad y una sensación de confianza básica en la vida, como un don natural de nacimiento. Así como en la Luna en Leo el entorno afectivo permite a la persona una fuerte valoración de sí misma, que operará como base emocional para toda experiencia posterior, la sensación de vitalidad y abundancia de la Luna en Sagitario da un "piso" para la vida. En efecto, esta persona parte con una confianza elemental en la existencia, que nadie podrá quitarle. Obviamente, no es lo mismo constituirse psicológicamente en el predominio de la ambivalencia vida / muerte —como acabamos de ver en el capítulo anterior— que hacerlo desde la sensación de que *"siempre habrá abundancia y bienestar..."*.

Pero, por cierto, la dificultad psicológica provendrá en este caso del modo como se articula en el inconsciente ese "siempre". La fuerza de la Luna y su correlato en la dependencia emocional —respecto de los patrones establecidos en la infancia— hace que esta libertad y optimismo *se conviertan en condiciones necesarias para sentirse seguro y protegido.*

En el futuro, cuando el niño con Luna en Sagitario se haya convertido en un adulto, necesitará que no exista ningún conflicto en su horizonte para no experimentar temor. El hábito infantil de disponer de libertad y abundancia, de sentirse siempre vital y de buen humor, lleva a que cuando aparezcan condiciones adversas en el entorno —asociadas a frustraciones, conflictos y dificultades— éstas sean vividas como doblemente amenazantes y peligrosas. Por un lado lo serán de por sí, como lo serían para cualquiera; pero por otro la restricción, la acumulación de dificultades o el dolor constituirán para ellos un contexto casi incomprensible, algo a lo cual no están habituados. Aun más, la mera posibilidad de que ocurran hechos frustrantes y dolorosos está prácticamente excluida de su matriz básica.

Enfrentarse a estas situaciones, por consiguiente, implicará una fuerte *desilusión,* una caída de los imaginarios infantiles que llevará a la persona a sentirse desprotegida y vulnerable, mucho más allá de la real envergadura de lo que le está sucediendo. Como en toda estructura lunar, *la ausencia de las condiciones que la Luna ha fijado se experimenta como vacío emocional* y genera temor, por cuanto nos enfrenta a lo desconocido en una situación que no ofrece garantía afectiva alguna. De esta manera, cuanto más difícil —en términos objetivos— se pone la situación, más se atemoriza la persona; esto la lleva a necesitar, imperiosamente, que todo se vuelva a acomodar positivamente y a fluir sin obstáculos, con una premura que la vida —el resto de su carta natal— no permite.

Aquí es donde se gatilla el mecanismo por el cual buscará casi con desesperación las condiciones de libertad, espacio y posibilidades ideales con las que está acostumbrada a tranquilizar su mundo emocional. Para aliviar su sensación de desprotección, a esta persona se le impondrá casi automáticamente una actitud por la cual todos los problemas carecen, en realidad, de importancia y pueden ser resueltos con facilidad. Incluso más, como no querrá tener problema alguno, los simplificará racionalizándolos en exceso, idealizando situaciones, negando la profundidad de los conflictos o también tomando distancia y evadiéndose de ellos mediante de un viaje u otra actividad, que le restituya las sensaciones placenteras a las cuales está habituada.

Así como la persona con Luna en Escorpio genera inconscientemente situaciones de fusión y conflicto —porque es esto lo que connota como seguro— si tiene Luna en Sagitario le será necesario, en cambio, experimentar la sensación de que *"está todo maravillosamente bien..."*. La seguridad se asocia con el buen humor constante, con la alegría e incluso con la despreocupación. Por el contrario, la dureza de la realidad y su confrontación con ella la desilusionan profundamente y la hacen sentir indefensa. Ante esto, la reacción automática será afirmar que *"no pasa nada, todo va a estar bien"*.

En realidad la Luna en Sagitario *está atada a las sensaciones de libertad y abundancia, sin advertir que depende de ellas.* Una imagen que revela la naturaleza de la libertad, para el inconsciente de esta Luna, es la del "perro de campo". Sujeto a un larguísimo alambre por el cual se desliza la cadena que lo sujeta, el perro corre feliz de una punta a la otra, disfrutando de una sensación de libertad casi ilimitada, mientras la realidad es que permanece en cautiverio.

De manera semejante, el hábito psicológico de la Luna sagitariana necesita una presencia que garantice la libertad y, por supuesto, la "madre" —esto es, su mundo familiar— es lo que asegura esa abundancia y fluidez. Estas sensaciones no aparecen entonces como posibilidad real o como confianza interna, sino como una necesidad que "debe" ser satisfecha, esto es, como un supuesto de la existencia. Su ausencia trastorna emocionalmente a la persona y, en consecuencia, los niveles disociados *procuran volver a protegerse en un mundo en el que algo o alguien garantice que todo se va a resolver felizmente.*

Negación de la realidad

De allí que la actitud de idealizar y hasta de negar la complejidad de la realidad constituya el refugio fundamental de esta Luna. Su aspecto costoso y realmente conflictivo es, precisamente, la incapacidad para permanecer con los hechos tal cual éstos son, tomando contacto con la verdadera dimensión de los problemas y, sobre todo, conectándose con sus emociones profundas y con sus motivaciones ocultas. Estas personas opacan rápidamente tanto la realidad como su verdadera interioridad, apelando a un optimismo y una alegría casi infantiles, que resultan inevitablemente negadoras.

Un mecanismo típico para enfrentar todo esto es viajar. Cuando la Luna en Sagitario pierde su estabilidad emocional o cuando una situación se hace demasiado difícil, lo característico es comprarse un pasaje e irse a cualquier parte. O, de manera semejante, embarcarse en la primera situación que le permita tomar mucha distancia de los problemas, para sentirse libre e involucrarse en cosas nuevas, que abran otros horizontes. Pero, lógicamente, nada de eso hará que las dificultades desaparezcan.

Con esta resistencia para enfrentarse a los problemas y su tendencia evasiva, las personas con Luna en Sagitario pueden demorar mucho más tiempo que el necesario en asumir una crisis. La paradoja del mecanismo hace que de esta forma las cosas se compliquen tanto, que luego resulta demasiado tarde para resolverlas con bajo costo.

• ¿No percibe que, aunque se vaya, queda igualmente enganchada en el problema?

Visto desde afuera esto es obvio porque aunque viaje, el problema subsistirá; sin embargo, la persona no lo percibe y aquí se puede ver perfectamente la manera como funcionan los mecanismos lunares. Existe un hábito que anhela sensaciones psíquicas o la presencia de una cualidad que se asocia con la seguridad, aunque esto dificulte aún más las cosas. En este caso, se establece la dependencia emocional con *las sensaciones de amplitud y expansión,* lo que la lleva a poner distancia, objetiva y físicamente. Por ello la persona con esta Luna siempre encuentra una solución optimista que le impide ir a fondo con las dificultades.

O sea que *idealizar situaciones y personas* es la actitud básica, de la que nacen gruesos errores de apreciación en la acción y en los vínculos. Es casi una constante que estas personas vean muchas más posibilidades de las que en verdad existen y que exageren en la evaluación de sus proyectos, convirtiéndose en activos "compradores de buzones". A los ojos de alguien con mucha energía capricorniana o escorpiana, aparecen como extremadamente ingenuos y crédulos. Por supuesto, no debemos olvidar que *en su matriz básica reina la confianza:* su expectativa natural los predispone siempre a ver el "afuera" como algo estimulante y a percibir a quienes los rodean como seres que procuran lo mejor para ellos, continuamente dispuestos a apoyarlos y comprenderlos. Esta es, obviamente, la prolongación inconsciente de su mundo infantil, donde la abundancia y la benevolencia del medio estaban garantizados. Pero ello no tiene por qué reiterarse en el futuro, cuando es muy posible que aparezcan la competencia, la manipulación, el dominio o el conflicto de intereses que —después de todo— no serán sino manifestaciones de otros aspectos de su energía. Sin embargo, a estas personas les cuesta aceptar estos costados de la realidad, por lo que su posición recurrente será confiar en todo y en todos. Su natural simpatía y generosidad hacia los demás quedará así confirmada, pero por la misma razón pueden ser llevados a experimentar fuertes frustraciones y fracasos.

Las tranquilizadoras verdades

La distancia interna entre este mundo feliz y sus propias zonas oscuras es, como se ve, demasiado grande. Explorarse y comprenderse a sí mismos, buceando en sus deseos inconscientes, es un arte difícil de desarrollar y, por lo general, sólo los golpes de la vida les enseñan hasta qué punto se habían idealizado a sí mismos.

Pero aun en este caso, el aprendizaje será complejo. Detrás del idealista y del crédulo, esta Luna presenta un nuevo personaje: *el que ha comprendido cómo es la vida y "sabe" acerca de la naturaleza humana y de sí mismo, porque ha logrado captar los principios generales de la existencia.*

Imaginen una persona con Luna en Sagitario y mucha energía plutoniana o saturnina en el conjunto de su carta. Al principio, las experiencias de su vida serán duras y tendrá muy poca comprensión acerca de su propio comportamiento y del de los demás. Pero, en algún momento, su interés natural por el saber y la verdad se trasladará a los mundos subjetivos. Este es el contexto donde la Luna en Sagitario comprende muy rápidamente conceptos y principios básicos, desde los cuales siente que realmente capta el sentido de sus actos y de la vida. Así como la Luna en Géminis conduce a interrogar, está ávida de información y quiere conocer cosas diferentes con múltiples variantes y posibilidades de acción, la Luna en Sagitario necesita saber el *cómo* de todo esto, porque precisa asegurarse que el camino elegido es el mejor. *Su sensación de potencia está ligada a que ha dado con la verdad,* porque sólo se mantiene en equilibrio emocional en base a una confianza extrema. El idealismo aparece así como una consecuencia de esa necesidad de confianza porque, *"si dudo, entonces me siento inseguro..."*. Su opuesta en el Zodíaco —la Luna en Géminis— duda en cambio continuamente, tanto que su mecanismo es "preguntarle a medio mundo", porque se protege aprendiendo y teniendo siempre una posibilidad más para considerar. En Sagitario, por el contrario, es imprescindible estar seguro e *incluso poder decirles a los demás qué es lo mejor, para que lo hagan.* Es muy fácil para ellos construir grandes generalizaciones desde las cuales creen haber alcanzado certezas respecto del sentido último de los acontecimientos. Refugiados en este saber y en la cualidad de síntesis sagitariana, es muy probable que se sientan capacitados para dar consejos a todo el mundo acerca del mejor comportamiento posible; incluso, que se dediquen a transmitir las generalizaciones que han hecho. Si bien la enseñanza es en esta Luna un talento natural, mientras el mecanismo no ha sido realmente comprendido e integrado, este personaje "sabio" es más bien un "maestro ciruela", que resultará un refuerzo gigantesco de la matriz básica idealista.

Escudados en la sensación de haber comprendido, aunque sólo lo hayan hecho en un plano puramente mental, sus racionalizaciones obturarán aún con más fuerza el verdadero contacto emocional y el diálogo entre el nivel consciente y las fuerzas inconscientes. Así como la Luna en Géminis se refugia en sus explicaciones y en su incesante actividad mental, la Luna en Sagitario se esconde en la sensación de haber captado los grandes principios de la vida, sean éstos religiosos, esotéricos, psicológicos o políticos. La supuesta posibilidad de sintetizarlos para otros les garantiza un "feed-back" emocional que potencia su sensación de confianza básica.

Si bien esta actitud es, por lo común, una dificultad sagitariana, en el caso de la Luna tenemos que percibir el trasfondo infantil y mecánico del que provienen sus generalizaciones puesto que no se ha producido, en realidad, una síntesis propia y una elaboración personal de múltiples experiencias desde las cuales se destila una comprensión vital. Cuando el mecanismo está activo, esta Luna *ama reflejar el saber de otros, reproducir síntesis ajenas y puramente teóricas que no han hecho aún carne en el que las repite.* De hecho, la persona utiliza estas generalizaciones como una defensa inconsciente que supuestamente la libera de tener que atravesar por el rigor de la experiencia. Una cosa es hundirse en la complejidad de la existencia y desde allí elaborar una síntesis propia —que pueda ser útil a los demás— y otra muy distinta es reflejar generalizaciones e ideas previamente sintetizadas. Si bien éstas transmiten mucha seguridad, en realidad están al servicio de *convencerlos a sí mismos de que la experiencia ya ha sido hecha* y que no deberá ser atravesada nuevamente, con su carga de dolor y desilusión.

El difícil encuentro con la realidad

Aunque una Luna en Sagitario nunca llegue a manifestar el tipo de personaje que estoy describiendo, la dificultad mayor radicará —desde un principio— en la presencia de ideas y creencias muy fijas. Estas operan como garantía de protección y por eso la persona se rehúsa a revisarlas o a someterlas a una refutación por medio de la experiencia. Como reflejo o prolongación de esas personas piadosas y sabias que influyeron tanto en su primera infancia, la Luna en Sagitario se aferra a convicciones e ideales inconscientes, para descansar en esa seguridad ingenua contra la cual el resto de sus energías —tarde o temprano—

habrán de embestir para que pueda manifestarse la totalidad del Sí mismo.

• *¿Esto quiere decir que muchas veces estas Lunas "niegan que niegan"?*

Claro, es una consecuencia natural. Es difícil abordar este mecanismo lunar porque, frente a tanta sensación de optimismo y de certeza, cualquiera que intente desnudarlo se transforma en un aguafiestas. ¿Qué sentido tiene sacarle el chupetín a un niño alegre y confiado? El punto es que no se trata de un niño sino de un adulto, que desde este refugio se comporta infantilmente, con desagradables consecuencias. Por ejemplo, supongan los efectos de esta Luna en la vida de un empresario cuyos negocios no están produciendo lo que tienen que producir y que, por lo tanto, se encuentra en dificultades. El movimiento correcto sería enfrentarse con la realidad y hacer los cambios necesarios en su empresa, pero es probable que postergue indefinidamente la aceptación de este límite. Se autoconvencerá primero de que *"la mala racha va a terminar pronto"* y luego se lanzará sobre la primera posibilidad de hacer un "gran negocio", tanto mejor si es en relación con el extranjero. Idealizará la nueva posibilidad, creyendo ver en ella su salvación y pondrá allí toda su energía en lugar de realizar los cambios que necesitaba con lo que, muy probablemente, la situación empeorará. Esa aparente confianza en sí mismo y en la vida, con la insistencia en sostener el entusiasmo y la expansión, es el mecanismo en el que está atrapado.

• *En este punto ¿tiene relación con la Luna en Piscis?*

Sin entrar en demasiados detalles —que luego describiremos— digamos por ahora, para distinguirlas, que la Luna en Piscis responde a un exceso de sensibilidad y a un mundo interno pletórico de fantasías y resonancias arquetípicas, desde donde es difícil dar respuestas maduras a los desafíos de la realidad. En la Luna en Sagitario, en cambio, se trata de idealización. Esto es, de tomar algunos factores reales y exagerarlos, confiando ciegamente en que algo o alguien vendrá a proteger la acción realizada.

• *¿O sea que no ve la realidad, de ninguna manera?*

Por supuesto que se encontrará con sus límites y los aceptará tan bien como cualquier otro, cuando la necesidad emocional aún no haya activado el mecanismo. Pero lo que quiero describirles es el proceso por el cual el mecanismo se impone reiteradamente, a fin de no emerger de la ilusión idealizante. Para entenderlo un poco mejor, piensen que la Luna en Sagitario —con la construcción que ha hecho de su pasado infantil— suele convertirse en "la tortura del psicoanalista", porque la niñez es generalmente recordada como maravillosa y absolutamente libre de conflictos. Y por cierto que pueden haber existido cosas maravillosas en su infancia, pero seguramente habrán sucedido también complejidades, dolores, sufrimientos, y es muy difícil que la Luna en Sagitario los reconozca. Suele construir un paraíso con su pasado, del que sólo recuerda la sensación de abundancia y felicidad, olvidando o minimizando cualquier sufrimiento. Ni hablar, obviamente, de aceptar las corrientes profundas y la trama de deseos inconscientes que pudieran haber existido en la familia. Todos sabemos lo que implica la represión de estos deseos, aunque ello pueda parecer una actitud positiva en el plano consciente. Conectarse con el dolor les es muy difícil; les genera una enorme desilusión porque, en el nivel superficial, casi han borrado sus recuerdos penosos, reteniendo sólo las partes luminosas. Bueno, posiblemente, las Lunas en Sagitario dirán al escuchar esto *"¡qué lectura tan escorpiana! ...¿para qué hay que conectarse con el dolor...?"*

Diferencias entre el Sol y la Luna en Sagitario

Podemos decir, en general, que la Luna tiende a fijar la vibración primaria de un signo como refugio, cristalizándola en un mecanismo que detiene el aprendizaje de esa energía. Por eso el Sol se manifiesta con una potencia y creatividad que la Luna —mientras se mantenga aislada del resto del sistema— no tiene. Por ejemplo, la manera de irradiar de un Sol en Leo impacta en el medio y lo lleva a ser reconocido, mientras que la Luna en Leo *necesita* que la reconozcan y da por sentado que eso va a suceder, dependiendo así de la presencia de esa vibración para sentirse segura.

La diferencia básica entre la Luna y el Sol —en todos los casos— es que en el Sol irradiamos energía generadora de condiciones en las que puede expresarse nuestra naturaleza profunda, mientras que en la Luna damos por supuesta su existencia y nos movemos con la ilusión de que está presente, exteriorizando los gestos y actitudes que le son congruentes.

En el Sol en Sagitario tenemos una enorme potencia y un entusiasmo vital contagioso, que mueve la realidad. La Luna, en cambio, necesita que eso esté garantizado sin poseer la potencia como para que se produzca; por eso la persona se imagina que existe, aún cuando se trate de una ilusión. En este sentido, la energía de la Luna no expresa a la persona sino que es su refugio, su necesidad. En simples palabras, una cosa es expresarse a través de una energía y otra cosa es necesitarla para sentirse seguro.

Por supuesto que a un Sol en Sagitario le costará afrontar una situación de no expansión, pero en principio logrará salir del dolor y de los obstáculos por medio de su potencia, intensidad energética y real capacidad de comprensión. Con la Luna —en cuanto mecanismo— esto es muy diferente porque se anhela una sensación de protección ligada a algo que evite rápidamente el dolor y la dificultad. En consecuencia, no llega a tomar contacto con ellos, sosteniéndose en una creencia infantil por la cual alguien siempre vendrá a salvarla. Esto le impide alcanzar una conexión profunda con su interioridad, lo que la impulsaría finalmente a salir por sus propios medios. Como es lógico, estas Lunas terminan idealizando fuertemente a otras personas, convirtiéndolas en guías y salvadores; o replegándose tan profundamente en su interior que las partes más oscuras de su psiquis, polarizadas en el juego ilusión / desilusión, se manifestarán como depresión, desesperanza o desencanto por el mundo.

Quizás en el Sol en Sagitario pueda haber un exceso de confianza, pero el problema con la Luna es que se engaña a sí misma, terminando por ser *autoindulgente*. Su dependencia inconsciente de la ayuda externa la hace a su vez excesivamente permisiva, consigo y también con los demás, en los que proyecta aspectos del mecanismo.

Talentos de la Luna en Sagitario

En cualquier Luna —una vez comprendido el mecanismo— hay un conocimiento o, por lo menos, una familiaridad con la energía correspondiente, aun más profunda que en el caso del Sol o del Ascendente. Se trata de una energía tan básica que resulta natural y fácil expresarla, pero ello sólo es realmente posible cuando han sido captados los resortes mecánicos de su afectivización y sus peligros correspondientes.

El talento será aquí un gran optimismo, vitalidad y confianza en la vida e, incluso, habrá una gran capacidad de síntesis. Estas son personas capaces de transmitir a su entorno mucha simpatía, alegría y confianza en la expansión y en el sentido de la existencia. Pero sólo será un talento auténtico y no un mecanismo de defensa si —al mismo tiempo que logran expresar estas cualidades— se han despojado de su excesiva idealización, fantasía y negación.

Una vez descubierto el mecanismo, ésta es una de las Lunas objetivamente más generosas del Zodíaco, porque puede conectarse en forma genuina con la síntesis creativa de las cosas y al mismo tiempo transmitirla a los demás.

LUNA EN CAPRICORNIO

Desde el punto de vista secuencial, la energía de Capricornio expresa el momento en que los procesos culminan. Allí se produce la extraordinaria concentración de energía destinada a dar la forma final a una larga serie de transformaciones precedentes, en el despliegue del Zodíaco. En esta fase quedan necesariamente inhibidas las tendencias a la variación, el desarrollo de diferencias y las posibilidades latentes. La energía se concentra en el objetivo de manifestar aquello que, para un ciclo determinado, será su forma definitiva. Esta contracción obliga a despojarse de todo lo que no coincide con lo esencial y fuerza a cada uno de los elementos constitutivos de esa fase a obedecer los requerimientos de la estructura que en ella se manifiesta.

Es evidente, entonces, que esta energía resulta contradictoria con los estadios iniciales de un proceso. Aquí estamos en el otro polo de aquello que —entregado al crecimiento que le es propio— se presenta como indeterminado y lleno de posibilidades pero, al mismo tiempo, vulnerable y necesitado de protección. Algo concluye en Capricornio y, por lo tanto, adquiere definición extrema, perdurabilidad, estructuración y capacidad de autosostén. En esta fase, *el crecimiento ha terminado.*

Como vimos en la introducción, este tipo de cualidad cumple al mismo tiempo con la función de sostener aquello que no puede hacerlo por sí mismo. En consecuencia, es complementaria de la lunar, configurándose como el lado externo de la protección; el aspecto de la protección que debe interactuar constantemente con las energías potencialmente destructivas del resto del sistema y que, por eso mismo, debe tener la capacidad de resistirlas en forma consistente.

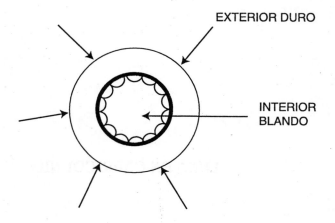

La "madre" en la Luna en Capricornio

Ahora bien, *cuando Capricornio es la energía de refugio en sí misma* —es decir, cuando se constituye como Luna en Capricornio— aparece lo que es propio del lado externo, en el lado interno de la protección. Lo que está concluido y debe sostener sólidamente el crecimiento —aislándolo del afuera— pasa al interior y se pone en contacto directo con lo más vulnerable. Allí donde —en un proceso normal— debiera aparecer lo cálido, blando, posibilitante, nutriente y vital, se manifiesta en cambio lo frío, duro, aislante, austero y formal.

La cualidad protectora se traduce aquí en una enorme capacidad de contracción y concentración, que minimiza las necesidades limitándolas a lo esencial a fin de autosostenerse y autoabastecerse, con una solidez que la aísla del medio que lo rodea.

Si quisiéramos imaginar el "capullo" de energía que envuelve al niño que nace con Luna en Capricornio, podríamos verlo como un pequeño habitáculo de piedra muy antigua, sufrida y gris, con una ventanita minúscula. Adentro de ella hay un jergón, un pedazo de pan duro y un poquito de agua... Es un ambiente frío y seco, una ermita solitaria y, por supuesto, sin ningún color.

La energía de este "capullo" nos dice que *el ser que nace con protección capricorniana es capaz de cuidarse a sí mismo, con una mínima dependencia de su entorno*, y que puede soportar grandes restricciones en función de alcanzar los objetivos exigidos.

Aquí vemos la dificultad de esta Luna, en términos de configuración psíquica: el talento que ofrece es propio de un adulto pero difícilmente compatible con las necesidades de un bebé. Sin embargo, sabemos que habrá de ser esta energía y no otra la que lo protegerá. Esta cualidad se manifestará necesariamente como su campo afectivo desde los primeros momentos de su vida, y determinará las características de su nutrición emocional. Mientras lo habitual es recibir calor, abundancia, contacto, compañía y estímulo en los juegos y las exploraciones, la energía lunar de Capricornio nos dice que este chico nacerá del cuerpo de una "madre" sumamente austera, poco proclive al contacto físico y emocional, emisora de respuestas frías y distantes ante los requerimientos del niño. Lo dejará rápidamente librado a sí mismo, incluso sometiéndolo a pautas estrictas de adaptación en relación a principios generales y racionales, que otorgarán muy poco espacio a la consideración de sus necesidades personales.

Nos guste o no, ésta es la energía a través de la cual entra el niño a la existencia cuando nace con Luna en Capricornio. Lleva en sí el tesoro del autosostén emocional y una capacidad única para plantarse sólidamente en el mundo, como base para su desarrollo posterior. Sin embargo, esta cualidad tan exigente habrá de dejar marcas costosas en el cuerpo del bebé y en su psiquis. La capacidad de soledad que posee la energía de Capricornio —al manifestarse como destino— será vivida por el niño como *abandono* por parte de quienes deberían haberle brindado ese calor y afecto que, en su sistema energético, aparecen minimizados.

Veamos con más atención las características de la "madre" del chico, haciendo la salvedad de que esta matriz afectiva puede actualizarse a través de múltiples y matizadas vías al combinarse con otras cualidades del complejo lunar.

Sabemos que el medio emocional será relativamente frío y que el niño se sentirá solo en él. Desde el principio, allí donde debería haber contacto y efusividad hay contracción y distancia y esto será recordado más tarde como retiro de afecto. Muy comúnmente se presenta aquí la experiencia del destete temprano: por alguna razón el pecho materno se seca y el niño se ve privado del calor, de la sensación de alimento abundante y la seguridad emocional que anhela. La madre, por distintos motivos, puede verse abrumada por la presencia del niño y toma distancia de él, no lo tiene suficientemente en sus brazos, se atiene a reglas racionales de comportamiento y pierde espontaneidad en el contacto, está sola y debe atender a otras necesidades que le impiden estar cerca de su hijo, etc. Puede ocurrir también que éste haya quedado al cuidado de abuelos o de personas excesivamente serias, que cumplieron únicamente con las necesidades externas del niño, dejándolo solo por demasiado tiempo.

El contexto emocional de la familia puede ser en general muy austero, con mucha afectivización del sacrificio y postergación de las necesidades a fin de alcanzar objetivos "más importantes". La disciplina quizás esté muy valorada y algún familiar cercano —sea la propia madre, el padre, algún abuelo o alguien que el niño registra que es amado por la madre— tendrá probablemente ideas estrictas acerca de la educación de los niños, *"para que sean fuertes y sepan abrirse paso en el mundo"*.

Este arquetipo materno frío, distante y autoritario, sólo responde con afecto a la obediencia y el cumplimiento de reglas claras y explícitas. El mensaje emocional dominante es: *"serás amado si cumples con tu deber y te bastas a ti mismo"*.

Exagerando la imagen —para facilitar la descripción— podríamos visualizar a la "madre" con su dedo enhiesto señalando silenciosamente hacia la puerta. El niño o la niña se pone su bufandita, toma sus cositas y sale de su casa enfrentándose al viento, la nieve y la lluvia, yendo solo o sola a cumplir con la tarea que le corresponde...

• *Quisiera contar una escena que puede estar asociada con lo que acabás de describir. Mi hermano tiene Luna en Capricornio y recuerdo que cuando era bebé y alguien quería levantarlo de la cuna, mi madre decía: "Déjenlo, si lo levantan va a llorar, él quiere estar solo".*

Sí, en efecto: de distintas maneras el comportamiento materno se ajustará al requerimiento de soledad y distancia que pide la energía capricorniana. Aquello que para una sensibilidad canceriana, por ejemplo, parecería una atrocidad y una muestra de egoísmo y falta de cariño hacia los hijos, suele ser el comportamiento aceptado por el marco familiar en el que nace alguien con Luna en Capricornio. Voluntaria o involuntariamente por parte de los padres, el chico ha gozado de poca ternura y afecto directo y se ha sentido obligado a permanecer solo por mucho tiempo. *De alguna manera su madre ama la capacidad del niño de quedarse "solito".* Esto es visible a veces en términos muy concretos, pero en otros casos es una percepción que se organiza en el niño —aunque sabemos que éste trae la matriz significante— a partir de comparar el trato que él recibe con el que disfrutan sus hermanos, por ejemplo.

Psicológicamente, un nivel del niño quedará marcado por la sensación de que no merece otro afecto más que ése —tan escaso— que se le da. En torno a la sensación de no haber sido aceptado por la familia se configurará el mecanismo por el cual más tarde, siendo adulto, tendrá grandes dificultades para sentirse aceptado por los demás.

Como siempre, recordemos que la Luna —como matriz significante— genera el patrón correspondiente en el mundo "externo" y que las interacciones con él lo convierten luego en un patrón psicológico, que opera en forma mecánica como registro de seguridad y cariño.

Comienza a constituirse el circuito

Por uno u otro camino, en el principio mismo de la vida el sistema energético ha brindado un mínimo de afecto. Puede tratarse de una familia en la que todos trabajan y no hay tiempo para dedicarse a los chicos; quizá la mamá no puede permanecer en el hogar y los abuelos o las personas que los cuidan no son demasiado cariñosos; también puede ser cierto que la madre misma sea muy fría y distante o que esté excesivamente centrada en sí misma. Es común también que estas personas hayan nacido en casas austeras, donde no se ponía —o no se podía poner— mucho esfuerzo en hacerla confortable y cálida. Esta frialdad se manifiesta en el plano físico cuando, por razones económicas o no, ha habido restricción en las comodidades, en particular con poca calefacción en el hogar. Generalmente, el recuerdo de alguna experiencia de frío intenso —ante el cual la única respuesta posible fue ovillarse temblando— forma parte importante de la memoria emocional. Por ello, ya adultos, la relación con el frío suele ser un síntoma importante de estas lunas.

Ahora bien, todos estos marcos posibles —más o menos intensos según los casos— suelen reforzar con su repetición a lo largo de los años *la marca inicial de haber sido rechazados por la madre*. Los componentes del patrón ambiental que describimos retornan una y otra vez, confirmando una percepción primaria que no es fácil de rastrear puntualmente debido a lo dolorosa que resulta. La sensación de ser un hijo no deseado o de haber desilusionado a alguien por el hecho de ser varón o nena, o de ser un estorbo o un obstáculo para aquello que los padres querían en su momento, suele estar en la base —recóndita— de su experiencia emocional. Las pautas afectivas posteriores del ambiente familiar se inscriben sobre esta marca, real o imaginaria, reforzándola y complejizando el patrón. El centro del conflicto psíquico posterior que se desarrolla con esta Luna está edificado sobre la sensación de *rechazo y abandono.* Por alguna razón, reforzada por los retornos cíclicos del patrón energético, el niño registró que no era querido y, de esta manera, por un lado debe convivir con ese vacío emocional básico. Por el otro, se ve obligado a captar lo que la "madre" quiere que haga, a fin de complacerla para recuperar el afecto perdido. Aquí es donde aparece el implícito que dice: *"ser querido es cumplir".*

Este *medio emocional astringente,* que suministrará a lo largo de la infancia estímulos no sólo poco cálidos sino incluso de rechazo hacia el niño —por lo menos así lo interpretará él— hace que su cuerpo se habitúe a contraerse, como si se encogiera sobre sí para autoprotegerse y darse calor a sí mismo. Este hábito contractivo se convierte luego en un mecanismo inconsciente y prácticamente en una condición corporal. Se cristaliza aquí un comportamiento básico que retiene la circulación de energía en el cuerpo y que, en el futuro, censurará en un nivel muy profundo toda expansión, relajación o gratificación corporal y existencial.

El despliegue de los sucesivos escenarios propiciará, a lo largo de la vida, respuestas emocionales equivalentes a ese comportamiento corporal de contracción y encogimiento con el que la persona procurará darse calor a sí misma o, por lo menos, no perder el poco que tiene.

Acompañado por la soledad

"¿No hay afecto para mí? Y bueno, entonces... ¡me las arreglo solo..!". Aquí aparece el componente de autosuficiencia que, psicológicamente, surge de la sensación de que no hay a quien pedirle. Sencillamente, no está disponible lo que se necesita y pedirlo es un gasto inútil de energía, que conlleva el riesgo de exponerse al dolor aun mayor de la frustración. El registro del chico es que nadie vendrá a abastecerlo, aunque grite y patalee; solo y aterido, ovillado sobre sí —y quizás llorando— toma la decisión de hacerse fuerte y soportar, porque no hay otra posibilidad. Por supuesto, aquí resuenan en él todas las valoraciones y afectivizaciones familiares, en torno a quien es capaz de soportar estoicamente las restricciones y cumplir con el deber en soledad. Esta conducta resulta inconscientemente premiada y por eso, en el mismo momento en que se siente solo y decidido a enfrentar sus dificultades, surge la oleada de afecto que lo hace sentirse nuevamente querido. No por sí mismo, precisamente, sino por la "madre". *Solo y cumpliendo, es querido por una madre imaginaria.*

Es muy importante registrar esto para diferenciar entre madurez emocional y mecanismo lunar capricorniano. La sensación de afecto no surge de un contacto profundo consigo mismo o de una autovaloración nacida de la experiencia y de la correcta ponderación de necesidades y posibilidades. Aceptando estoicamente su soledad, el niño está satisfaciendo a otro —la "madre"— acurrucándose en su cuna fría y aprendiendo a responder a la única fuente de calor posible: la aceptación de la soledad y el cumplimiento de las obligaciones. Lo sutil es que *estando solo, estará acompañado por esa presencia materna* y en realidad será un niñito solitario, obediente y disciplinado aunque parezca un adulto maduro y responsable. El niño aprendió que quedarse solo lo hace querible y así, en la trama de este complejo circuito, se tejerán las vicisitudes de su futura vida como adulto.

Cuando el niño con Luna en Capricornio no pide lo que necesita, no llora frente a una pérdida y "aguanta" en su soledad, en realidad ha dejado de estar solo; *"sabe" que la madre distante está complacida y lo mira con aprobación, aunque no habrá de demostrárselo.*

Es fundamental percibir este diálogo tácito para comprender el circuito. Más tarde, cuando adulto, muy posiblemente la persona se queje del abandono y de la frialdad que padeció por parte de su madre, pero es poco probable que registre cuánta energía materna —real o imaginaria— contenía ese diálogo silencioso en soledad. Allí había tanta comunicación no verbal como la que experimenta una Luna en Cáncer; recreando ese diálogo hay cariño, compañía y seguridad. Quizá lo más complejo de comprender en este mecanismo lunar es que no se trata de una soledad real sino de un encuentro imaginario con lo afectivizado por la madre. *Por eso no está nunca solo sino que se aísla: es decir, se va con mamá.*

Para no pedir, basta con no necesitar...

• *De cualquier manera, no entiendo por qué esta Luna no pide lo que necesita...*

Una de las marcas típicas de esta Luna es la dificultad para pedirles a los demás aquello que necesita. No hay una respuesta lineal a esta cuestión y sólo podemos observar cómo se revela la estructura global que encierra a la persona en un callejón sin salida, como en los demás mecanismos lunares. Por un lado, existe la certeza de que sus requerimientos no obtendrán respuesta; la convicción de que será rechazado lleva a eludir sistemáticamente la frustración, que se da por segura. Cada "no" resuena aquí en toda la historia emocional y puede ser devastador. De este modo, la actitud más segura será no abrir jamás la posibilidad —casi cierta— de ser frustrado... ¿Cómo hacerlo...? pues, no pidiendo...

Pero al mismo tiempo, el hábito de contracción ha ido insensibilizándolo respecto de sus propias necesidades. *No experimentarlas es aún más seguro que resignarse a no pedir.* En su falsa madurez, la Luna en Capricornio ha resuelto que no tiene las mismas necesidades que los demás. En el marco de escasez afectiva en el que creció, el registro de lo vital y necesario se fue reduciendo progresivamente, hasta minimizarse.

Exagerando un poco, podríamos decir que la Luna en Capricornio es un "gasolero emocional", ya que con muy poco combustible tira muchísimo... Mientras que otros necesitan abundancia de cariño y contención —y además relajación y placer— esta Luna se acostumbró a arreglárselas efectivamente con dosis módicas, no sólo en relación a sus necesidades emocionales sino también a las económicas, y las relativas al placer o el descanso. *No sentir necesidad es sinónimo de seguridad* y, al mismo tiempo, posibilidad de autosuficiencia, es decir, de no dependencia de los demás; éste es, precisamente el registro afectivizado. *No pedir está premiado en el imaginario por una fuerte carga afectiva y, por otra parte —si se arriesgara a pedir— esto es tan cierto como la frustración.* Solo consigo mismo está imaginariamente con mamá, quien no le dará nada si le pide, pero lo premiará si no lo hace o, aun más, si demuestra haber trascendido el experimentar necesidades. Allí el círculo se ha cerrado.

• ¿Qué hace entonces esta Luna, si hay abundancia?

Toda situación desconocida para nuestros mecanismos lunares produce desconcierto en el nivel emocional identificado con ellos y genera inseguridad. Ante una situación nueva hay que apelar a recursos desarrollados tardíamente y sobre los que no existe ninguna garantía equivalente a la que ofrece el imaginario lunar. Por más que lo desconocido sea incluso deseado conscientemente —en este caso la abundancia— en lo profundo causa un enorme temor. Aquí la holgura es un despilfarro y disponer de más de lo necesario es un derroche, penado por la disciplina lunar. Por el contrario, postergar la expansión —aunque ésta sea posible— da seguridad; y también la da el hecho de sentirse siempre ocupado y sin tiempo para disfrutar, aun quejándose de ello. Eternizar transiciones en las que se vive con el mínimo necesario, en una casa demasiado pequeña o fría, postergando la decoración y el confort de la misma para el futuro, son rasgos visibles en estas personas. Invertir la propia energía en lo que otros le piden o necesitan, sintiendo que no tiene tiempo para hacerlo para su propio placer, es asimismo una forma sutil de disfrutar de la aprobación de esa "madre", que observa en silencio. Quien posee Luna en Capricornio generalmente se da a sí mismo aquello que para cualquier otra persona es natural, sólo después de un largo período de concentración, contracción y postergación de la necesidad, cuando ya se ha convertido en una meta lograda y ha dejado de ser una gratificación espontánea. Ese vínculo con el mundo externo, del que no pide nunca nada, se corresponde en su mundo interno con el diálogo silencioso con la madre, por el cual debe negarse a sí mismo todo aquello de lo que se puede prescindir, aunque no haya ninguna razón objetiva para hacerlo. Siempre habrá tiempo para la relajación, después de haber cumplido con la meta de turno; eso es lo que querría "mamá".

• *¿Le cuesta el contacto corporal?*

En realidad, lo que más le cuesta es abrirse afectivamente y pedir. Cuando la Luna en Capricornio se atreve a pedir es porque la persona ya está muy avanzada en su proceso de maduración, aunque veremos más adelante que al principio pedirá a otros —o a sí mismo— de tal manera que volverá a frustrarse. Esto perdurará hasta tanto no se haya disuelto el mecanismo, en la síntesis con la energía solar y con las otras energías del sistema.

Amor y sacrificio

A medida que obtiene logros, que cumple con mandatos y objetivos —ello está, lógicamente, vinculado al Medio Cielo de la carta natal— el mecanismo lleva a experimentar que se obtiene afecto. De cualquier manera —y acá perdura la dificultad—, la persona puede seguir sintiendo que así, tal como es, no resulta querible. Esto es duro porque se instala el condicionamiento que lleva a actuar en función de lograr afecto y a hacer cosas para ser querido, perdiendo espontaneidad en las relaciones. Con semejante pánico a la frustración, sólo atina a emitir mensajes emocionales indirectos, comprensibles únicamente para su código interno; tendrá mucha dificultad para abrirse al mundo afectivo de los demás mostrándose tal como es. Espera a su novia, por ejemplo, debajo de la lluvia durante tres horas... y cuando ella llega le dice: *"¿Qué hacés aquí todo mojado, por qué no me esperaste en un bar?"*. Ahora bien, estar esperando debajo de la lluvia durante tres horas, *sostener por alguien una situación difícil, displacentera, es un mensaje fuertemente afectivo para esa persona*. Allí se anudan la confirmación de la soledad y el darse afecto a sí mismo, con la demostración de esa particular capacidad de entrega y cariño —tan valorada por "mamá"— que es soportar y hacer cosas para otros. En lugar de decir "¡te quiero..!", la persona con Luna en Capricornio prefiere hacer cosas que demuestren el afecto tal como ella lo entiende. Por lo general, no es lo que el otro realmente necesitaba sino lo que ella —que no es por cierto una experta en registrar necesidades propias y ajenas— imaginó. Sacrificarse, retener, sostener, callarse "sabiamente", son actitudes que señalan afecto, son mensajes clarísimos desde su punto de vista. Es probable que no sean comprendidos y ni siquiera escuchados, pero sentir que su expresión silenciosa de afecto es rechazada, simplemente refuerza el circuito, confirmándolo. Y así estamos nuevamente en el punto de partida.

Esta circulación se convierte en destino sobre la base de estos malentendidos afectivos, y habrá de repetirse una y otra vez hasta tanto no se produzca el desprendimiento de la estructura infantil, enmascarada de madurez.

La confusión de lo maduro con lo infantil es el equívoco central de esta Luna. Que la energía capricorniana se haya manifestado en el nivel emocional de un bebé, hace que se superpongan confusamente en el adulto las necesidades infantiles con las actitudes maduras. La posibilidad de rearticular esta doble estructura —en la cual no se pueden efectivamente realizar estas distinciones— encierra, a mi juicio, la clave del este mecanismo lunar.

La repetición y acumulación de experiencias de escasez emocional y de frustración, la afectivización de la soledad y la disciplina y la recurrente minimización de las necesidades, hace que se constituya una apariencia externa y una convicción interna de autosuficiencia, sólida y solitaria, siempre dispuesta a dar todo lo que se espera de él. Este personaje tan serio, en realidad *es un niño*; se comporta de tal manera porque está convencido de que habrán de reproducirse las condiciones de su infancia, y ha permanecido fijo en el modo de resolución inicial de esas situaciones. Pero por debajo de esta estructura, tenemos todas las carencias y el vacío emocional que la generó en su momento, esto es, un núcleo afectivo que nunca recibió lo que realmente necesitaba.

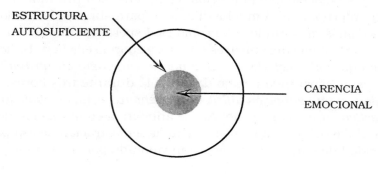

ESTRUCTURA AUTOSUFICIENTE

CARENCIA EMOCIONAL

La Luna en Capricornio, en tanto mecanismo, se ha organizado en torno a ese núcleo totalmente desprotegido y necesitado, recubriéndolo con una estructura que ha decidido ignorarlo e incluso rechazar el afecto que pueda llegarle desde el exterior, autoabasteciéndose.

Lo habitual es que estas personas no adviertan la real dimensión de las heridas psicológicas que se produjeron en los primeros años de vida. O las ignoran por completo o creen haberlas superado. Por un lado, superar heridas, carencias y frustraciones es precisamente lo que las hace sentirse seguras mientras por el otro, el anhelo de reparación del dolor padecido es tan grande que ambas tendencias se excluyen mutuamente, reforzándose el hábito de contracción.

En apariencia, esta persona ha trascendido las marcas de su infancia, pero el mero hecho de mostrarse de esta manera confirma que el mecanismo está activo. En otras palabras: precisamente en la supuesta negación de la necesidad emocional, *se está jugando una necesidad emocional.* De hecho, la persona está buscando afecto constantemente y la manera de obtenerlo es haciendo cosas para los demás, cumpliendo con obligaciones excesivas, postergando las gratificaciones y demostrando a todo el mundo que puede "solo".

Rasgos polarizados, en los que persiste el mecanismo

Podemos observar distintas expresiones del mecanismo que ilustrarán la mayor o menor distancia entre los dos polos de la estructura y la posibilidad de tomar conciencia de ellos para resignificar su relación.

El extremo más duro de esta Luna se produce cuando la persona está completamente identificada con el imaginario. Hasta tanto dure esta fase —y para muchas personas esto abarca toda su vida— la insensibilidad absoluta ante las propias necesidades emocionales o las de los demás aparece como la única posibilidad segura. Estas personas son extremadamente ambiciosas y desconfiadas; han puesto toda su afectividad en la obtención de logros y dan por descontado que siempre estarán solas. Ni siquiera existe la posibilidad de ser abandonados y, de esta manera, su superioridad respecto de los demás reside en la fría capacidad de autosostenerse sin necesitar a nadie. Por supuesto, esto puede estar recubierto por distintos tipos de racionalizaciones, incluso "espirituales". En este punto, la identificación con la "madre" es total y el resto del mundo es tratado tal como "mamá" lo hacía con ellos, o sea, de modo tremendamente exigente. Muchas personas exitosas, profundamente aisladas detrás de sus logros, poseen esta Luna. Napoleón y Hitler quizás hayan sido los ejemplos más dramáticos. Puede que no sea muy fácil ver —detrás de sus actos— su dependencia de la mirada de esta "madre gélida" y la manera como ésta retornó en el final de sus respectivas vidas; en la del primero, viéndose abandonado por todos en una isla solitaria, como prisionero en Santa Elena; y autoencerrado hasta morir en un bunker de duro y frío cemento, en la del segundo.

Pero el nivel habitual de esta Luna no es la identificación total con la energía "madre" —que imposibilita el contacto con la carencia interna— sino una articulación en la que se proyecta esta carencia en los demás. Estas suelen ser personas extremadamente sensibles —de un modo inconsciente, por lo general— a la vulnerabilidad y necesidad de los otros, percibiéndolos mucho más dependientes de lo que realmente son. Se sienten necesitados por quienes, a diferencia de ellos, no pueden resolver sus problemas por sí mismos; así, hacerse cargo de otros será su sufrida tarea. Siempre hay alguien muy carente que necesita apoyo y sostén, sea la familia, algún hijo, los amigos, pacientes o empleados, o los "necesitados del mundo" hacia los que en general se dirige su acción, su capacidad de consejo o su espíritu de sacrificio. En esta etapa, el único modo en el que puede tomar contacto con la necesidad, es a través de la de los otros.

Pero si observamos con atención —por detrás de su autosuficiencia y capacidad de sostener a otros—, la persona con Luna en Capricornio establece vínculos misteriosamente simbióticos y dependientes. Responde de esta manera a las necesidades de su núcleo carente, que necesita afecto con desesperación tras la máscara de autosuficiencia. *En este sentido, nadie está más necesitado de cariño que la persona identificada con su Luna en Capricornio* puesto que depende, de manera inevitable, de los vínculos en los que obtiene afecto de manera indirecta cumpliendo con sus "obligaciones". Imaginemos a una severa directora de colegio, quien se sabe temida y no querida por sus alumnos. Los observa a distancia, complacida por su trabajo y su capacidad de hacer lo mejor para los niños, *"aunque ellos no puedan reconocerlo, porque son todavía demasiado pequeños"*. Es poco probable que se muestre espontáneamente afectiva con los chicos, pero no querrá jubilarse jamás. La pérdida de esa corriente de amor distante y severa —la que valora su mecanismo— sería devastadora para ella.

O sea que permanecer solos, pero cerca de otros —por los que sienten un afecto poco demostrativo— es casi una necesidad para ellos. Así es como se nutren de las corrientes emocionales propias de instituciones, de lugares de trabajo y de vínculos con las personas para o con las cuales trabajan. En realidad, se quedan "pegados" a personas y situaciones que resultarían poco afectuosas para una Luna en Cáncer, por cierto, pero que a esta Luna le son absolutamente necesarias.

Evidentemente, esta manera de obtener cariño es muy funcional para la sociedad en su conjunto. De hecho, el significado básico en el que se suele expresar la relación de la Luna con el signo de Capricornio, es "ser amado por la sociedad", o sea, por *nadie en particular pero por todos en el imaginario*. De ahí que estas personas prefieran los vínculos impersonales a todo contacto íntimo; satisfacer deseos sociales —no para obtener identidad sino para sentirse amado y seguro— es el condicionamiento del mecanismo. La presión que ejerce lo colectivo para "sostenerse" en la aparente solidez de estas personas, es realmente abrumadora.

Establecen así una fuerte dependencia con esta afectividad social y casi impersonal, que las lleva a una simbiosis inconsciente con instituciones, grupos o individuos que detentan autoridad. Por oposición, les ocurre lo mismo con la necesidad de los otros, con los seres vulnerables y desprotegidos y con los "pobres del mundo", sobre los que proyectan su núcleo carente. En esta vincularidad, el mecanismo de la Luna en Capricornio se siente en equilibrio; pero como esto en realidad es un imaginario, cuanto más estrecha se hace la relación en todos estos casos, tanto más amenazante es la posibilidad de ser rechazado y el peligro de volver a experimentar el abandono.

Estas personas convierten así la escasez en algo seguro, moviéndose por el mundo como aparentes "expertos en frustraciones". Desde esa presunción, sus vínculos se enmarañan en un juego de *"no te necesito, ni a vos ni a nadie / pero contá conmigo para lo que quieras"*, *"pase lo que pase, apoyate en mí / pero en realidad no me querés y seguro que me vas a dejar"*, y así ad infinitum. Si nos atenemos a la historia, esta comprensible impericia para la intimidad hace que, tarde o temprano, se produzca la frustración y el rechazo confirmatorio. Esto los devuelve a lo más conocido —la carencia— para poder decirse a sí mismos, nuevamente, "así es la vida".

Pero aunque el "no" es escuchado estoicamente por el lado externo, el interno siente que se muere y para tolerarlo —para conjurar la pesadilla de la frustración— se conforman las dependencias sutiles: callar, postergar, comprender y aceptar. Sentir "maduramente", en fin, que "más no se puede pedir".

Es evidente que detrás de esa imagen de solidez, cumplimiento y efectividad se esconde una enorme soledad interior, una desolación a la cual la persona se sobreadaptó, manteniendo escondido un gran anhelo de afecto. Tarde o temprano —y es lo mejor que le puede suceder—, el sistema cede y se produce una crisis profunda. Es el momento en que la exigencia afectiva se impone y, por primera vez, la persona siente que realmente "necesita". Aquí hay un enorme dolor, aunque al mismo tiempo, hay una ruptura de la disociación entre lo que hemos llamado el nivel falsamente maduro y el núcleo carente.

Aunque éste es un paso fundamental, lamentablemente aquí no terminan las vicisitudes por las que nos conduce este mecanismo. La persona ha descubierto el enorme vacío emocional que enmascaraba su rigidez, y ahora pide. Sin embargo, así como no era el nivel integrado de sí mismo el que no pedía, en esta fase tampoco lo es aquél que pide. El sistema se ha repolarizado y ahora se dramatiza la queja y el anhelo del niño ante la "fría mamá que lo rechazó". *Todavía estamos dentro de la estructura del imaginario, aunque desde el otro lado.*

Esto no es fácil de comprender para alguien que acaba de hacer trizas su autoimagen y se siente invadido por emociones desconocidas, que ignora cómo expresar. Muy comúnmente se produce aquí un desborde emocional: la persona se aniña súbitamente y se aferra a quien pueda brindarle afecto, anhelando un encuentro que repare todas sus heridas. En este punto, se hace explícita la simbiosis propia de la fase anterior y surge la necesidad de un intercambio emocional abierto.

El problema es que la necesidad se expresa por lo general desde el nivel de la carencia absoluta, exigiendo una cantidad de afecto excesiva *para el contexto real de la situación,* aunque por supuesto no será así para su imaginario. En realidad, su sistema no se ha abierto lo suficiente como para distenderse y resignificar profundamente todas sus actitudes básicas: su relación con el tiempo, con el logro, la abundancia, la espontaneidad... Simplemente, ha descubierto que necesita afecto y se aferra a la fuente con desesperación; pero como aún subsiste el mecanismo, esa fuente sigue siendo "mamá", a quien ahora ya no le cree sino que le reclama. Toda la angustia y el dolor de su historia afectiva se vuelca en una sola persona o situación, y ésta inevitablemete habrá de comportarse como mamá. Desde un punto de vista objetivo, pide tanto que el otro —o los otros— naturalmente le responderán "no, no te puedo dar eso". Se reitera así el circuito —"pedir es peligroso porque me frustran"— por lo que vuelve a retener y retener, hasta que no puede más, y recién allí pide. Pero entonces, en realidad se "cuelga" de los otros, que inevitablemente lo frustrarán al no poder satisfacerlo.

• *¿Esto quiere decir que nunca podrá encontrar a alguien que lo quiera realmente...?*

Esta no es una cuestión psicológica; tampoco se trata de buena o mala suerte, o de haber elegido personas adecuadas o inadecuadas. Por más que, desde un punto de vista externo, interpretemos que había elegido una persona igual a su mamá, el hecho es que aún no ha agotado su mecanismo. Independientemente del comportamiento de los otros, *estará con "mamá"*, porque cualquier vínculo afectivo disparará las secuencias interactivas históricas hasta tanto la persona no logre resignificar los contextos de su "destino". O sea que, nos guste o no, la energía de la Luna en Capricornio seguirá manifestándose en forma autónoma con respecto al resto del sistema —construyendo un campo aislado— porque ése es el estado energético de la persona. Esto *tiene que suceder* aunque sea doloroso, para que ella se encuentre consigo misma y florezca su energía de síntesis con la afectividad que le corresponde, de la cual Capricornio forma parte como un elemento más.

El destino fluye en la dirección del Sí mismo, en forma independiente del dolor que eso nos produzca. Y no lo digo "capricornianamente" — en términos de "deber ser"— o porque esté escrito en alguna parte. En todo caso, sólo está escrito en la capacidad de la conciencia para desidentificarse o no de ciertas cualidades fragmentarias. Me refiero por lo tanto a la única cuestión posible, esto es, a la mayor o menor integración de un campo energético. Entre tanto, mientras las cualidades permanezcan fragmentadas y disociadas, se configurará un destino en el que deberá hacerse efectiva esa disociación. No hay otra posibilidad.

En astrología no tiene ningún sentido plantearse la resolución de las tensiones energéticas responsabilizando a los demás o a la mala suerte por lo que nos sucede. De qué manera participan las otras personas de ese destino vincular, esto es otra cuestión.

Concentración y no distribución del afecto

Continuando con nuestra descripción, en el estadio de polarización en la carencia total, la persona con Luna en Capricornio anhela que "la madre fría" lo quiera y repare —dicho en términos psicológicos— el sufrimiento acumulado. Pero ocurre que sigue tan atrapada en el pasado —en el fragmento lunar— como cuando estaba instalada en el otro lado del mecanismo. De esta manera, aunque puede ser querida por muchísimas personas, no puede serlo por su "madre" proyectada en otro. Será querida por alguien diferente que no logrará, aunque se lo proponga, darle la llave de "la ermita helada" en la que quedó encerrada en la niñez, y de la cual ahora quiere salir con desesperación.

Para salir, tanto para ésta como para cualquier otra Luna, la persona necesita comprender la totalidad del mecanismo y abrirse a una afectividad que está en el presente y que el imaginario le impide desplegar. En este caso, *si realmente la Luna cumplió su función, la afectividad ya no responde solamente a la Luna*. Algo creció, maduró y floreció y ahora se despliega, incluyendo todas las energías de la carta en su nivel afectivo. Pero, por supuesto, para que esto suceda serán necesarias experiencias que, paso a paso, nos conduzcan a la desidentificación con el mecanismo; en este caso, con la ilusión del aislamiento.

Mientras la persona con Luna en Capricornio anhele afecto desde una fuente única y reparatoria, estará recreando la dinámica inconsciente habitual. Aunque exteriormente se la vea fuera de su aislamiento —y ya no parezca el frío y distante personaje solitario— sigue sin embargo anhelando permanecer aislada con "mamá", proyectada ahora en la simbiosis con otro, o con un grupo o institución.

Puede verse, por lo tanto, que a la Luna en Capricornio le cuesta muchísimo *distribuir* el afecto. Cuando se abre una posibilidad afectiva pone todo en esa situación, con lo cual inevitablemente la estropea. Y esto no es una crítica sino la descripción de una experiencia por la que las personas con esta Luna deberán transitar hasta descubrirse en toda su complejidad.

Un indicio clave que, de por sí, marca el comienzo de la transformación, es escuchar a una de estas personas decir que no se siente bien, que se siente deprimida o necesitada, y que pide a sus amigos que "la soporten" en ese estado. Es un progreso enorme porque, por lo general, ella pasa todo el domingo por la tarde al lado del teléfono, esperando que algún amigo se deprima y la llame para contarle sus problemas... Es que —ya lo sabemos— escuchar los problemas del otro y sostenerlo equivale a un lazo afectivo.

Por esto, la clave consiste en registrar la necesidad, en darse cuenta que el primer "error" es creer que necesita menos de lo que realmente necesita. El segundo "error" es el opuesto complementario: creer que necesita mucho más de lo real. Si comprendemos la naturaleza del imaginario "frío y solitario" nos podemos dar cuenta de que, sea identificado con ese frío insensibilizante o experimentándolo como una realidad impuesta desde "afuera", la persona vive en la prolongación imaginaria de su pasado. En los dos casos, por exceso o por defecto, demuestra su dificultad para el contacto con *la real* necesidad.

Esto es profundamente el mecanismo lunar: *la supervivencia de una cualidad que ya no existe como tal, sino como hábito.* Este, por cierto, genera proyecciones, sensaciones y respuestas a las mismas, articulándose en patrones vinculares que se hacen efectivos. Así, el aislamiento de la persona o su salida del mismo dependerá exclusivamente de su estado de conciencia, del núcleo donde ésta se fije o con el que se identifique. Y cuando digo conciencia me refiero a la totalidad de la percepción, que también incluye los hábitos corporales. Así como en Géminis se trata de reconocer el hábito de la división, o en Escorpio el de la fusión, en la Luna en Capricornio se debe descubrir el hábito corporal de contraerse y concentrarse que la lleva a creer que, cerrando la circu-lación, dispone de más energía. La cualidad de base con la cual la per-sona nació posibilita ciertamente la concentración, pero el mecanismo la convierte en único recurso y así sólo se dedicará a cerrar los circuitos y nunca a abrirlos. Cuando estos hábitos perduran, la persona aún "vive en la Luna", sin integración del resto del sistema ni florecimiento de otras cualidades. Entonces, no se trata de una historia psicológica que debe ser reparada, sino de aprender otro movimiento: aquél que permite la circulación para abrir nuevos puntos focales, distribuír la energía y, sobre todo, recibir la abundancia externa y liberar la abun-dancia interna (en lugar de ahorrar para tiempos peores.)

En consecuencia, esto no se resuelve en el nivel emocional sino en todos los niveles que implican un cuestionamiento profundo de creen-cias y una renovación de actitudes corporales. No hay manera de hacer-lo, si no se replantean por completo el uso del tiempo, el miedo a la frustración, el anhelo casi excluyente de cumplir con las metas y logros propuestos, la sobrevaloración de las propias responsabilidades. En esta apertura global, la persona encontrará seguramente vínculos gratificantes y gozará de un afecto distribuido y ya no concentrado, como lo pedía su espejismo. Podrá descubrir, ahora sí, qué necesidad real hay en su vida de la presencia de los otros, y la dimensión creativa de su capacidad de soledad.

• ¿Qué sería aprender a "distribuir el afecto"?

Comprender la importancia de que la circulación no se concentre en ningún punto en particular. Advertir que, si en todos lados hay un poco, esto quiere decir que hay mucho a disposición de todos y que sólo es necesario aprovechar las múltiples oportunidades para que esa abun-dancia se manifieste. Por ejemplo, un síntoma típico de la Luna en Ca-pricornio es no festejar su cumpleaños, porque *"bueno, si finalmente es un día más, un día como cualquier otro..."*. En realidad, constituirse en el foco central de las manifestaciones de afecto de mucha gente la llevaría a experimentar una abundancia emocional desestructurante, pero muy nutritiva. Por eso, atreverse a festejar el propio cumpleaños es realmen-te un gran progreso para esta Luna. Significa exponerse a que los de-más le digan "¡te queremos..!", sin obligarse a hacer nada para obtener-lo. Por supuesto, no vale organizar "el cumpleaños del siglo" donde el mismo homenajeado sea quien ponga la música, sirva las bebidas y atienda a los invitados, trabajando todo el tiempo para que la fiesta resulte maravillosa. La clave es quedarse tranquilo, disfrutando, reci-biendo regalos y sintiendo que todo es para él. Ya podemos imaginar que esta situación es "dinamita" para la Luna en Capricornio, tanto como lo es un vínculo que no demande nada y deje libre, para una Luna en Escorpio.

Aquellas situaciones que no repiten lo que el mecanismo anhela confirmar resultan fuertemente terapéuticas y curativas, porque rompen con el circuito del mecanismo. En el caso de la Luna en Capricornio, cuando se dan este tipo de situaciones la persona comprende que la escasez no es el trasfondo de su vida. Por el contrario, advierte que hay gente que la quiere muchísimo, pero que ella no hacía los movimientos necesarios como para que se lo manifestaran *de la manera como los demás deseaban hacerlo.* Y que hacía exactamente los movimientos contrarios, porque presuponía la escasez.

• Si esta persona recibe de pronto una demostración muy grande de afecto... ¿puede escapar?

Quienes pueden escapar ante eso son la Luna en Escorpio o la Luna en Acuario. La Luna en Capricornio reaccionará "poniéndose a hacer algo" porque, profundamente, no lo puede comprender y no cree que el afecto venga si no está asociado a un logro o un comportamiento "ejemplar". Ahora bien, si se abre —especialmente en las primeras fases del mecanismo— siente que la emoción la invade porque registra que necesita más afecto del que creía necesitar, lo cual es riesgosísimo porque la expone al terror de la frustración. Su sistema funciona más bien anestesiando y por eso se retrae, se contrae y encierra en sí misma.

• Me cuesta diferenciar la austeridad de esta Luna, con la del Sol en Capricornio...

En todo caso, el Sol en Capricornio toma decisiones racionales que minimizan las necesidades en función de un logro. La Luna en Capricornio es, en cambio, un movimiento totalmente emocional que, ante el pánico a la frustración —y al estar segura de que va a haberla— no pide. Aun más, ni siquiera se pide a sí misma afecto, dinero, placer, descanso o valoración.

Talentos de la Luna en Capricornio

Llegados a este punto y tras haber disuelto las distintas capas del mecanismo, la cualidad capricorniana ya no opera como refugio sino que es una disponibilidad del sistema en su conjunto. Aquí la concentración, la responsabilidad, la capacidad para sostener la energía en el tiempo —cuando es necesario— dejan de ser respuestas emocionales para convertirse en auténticos talentos. Seguramente la persona descubrirá en sí una gran capacidad de soledad, que no tiene nada que ver con el aislamiento sino con permanecer sola consigo misma, no dependiendo de los otros —reales o imaginarios— en niveles emocionales y mentales. Así logra dar forma a su propia vida, de acuerdo con su ser más profundo.

Si realmente se ha abierto una nueva circulación de la energía, se disiparán los surcos de dolor y el velo de tristeza que muchas veces refleja el rostro de estas personas. Aparece una solidez emocional que permite un contacto muy profundo con lo humano, en sus limitaciones y necesidades. El trasfondo melancólico que era propio de las fases anteriores da lugar a un profundo realismo, capaz de encontrar las mejores formas posibles para el desarrollo de la creatividad. Nadie mejor que una Luna en Capricornio para comprender la esterilidad del aislamiento y la cristalización del pasado. Construir formas que respondan a las necesidades reales, articularlas con los demás y ser capaz de renovarlas con un ajustado sentido del tiempo, son expresiones naturales de una Luna en Capricornio integrada a la totalidad de la estructura.

Cuando ha perdido el miedo a la frustración y puede pedir, abrirse y jugar con libertad en el mundo de los afectos, es el momento en que aparece el talento de la Luna en Capricornio. Recién aquí descubre que tiene una tendencia a la simbiosis y a la dependencia emocional mucho menor que los demás y que, por lo tanto, su talento es precisamente ése: la capacidad de soledad, porque realmente no necesita "que otros le llenen la vida". En este punto aparece la expresión de una emoción madura, capaz de sostenerse sin dependencia, con real aplomo y de resistir situaciones que serían muy difíciles para otros.

Ahora bien, la expresión de este talento es posterior a la resolución del hábito, porque de lo contrario, es nuevamente el síntoma de su mecanismo de autosuficiencia.

Desde el talento, las experiencias donde hay mucho afecto amplificarán aquello que, para no sufrir, se había cerrado en el "corazoncito del bebé" y que había quedado como marca. A medida que recibe, va abriendo y volviendo al volumen natural, recordando que este "volumen natural" siempre será menor que el que necesita cualquier otra Luna porque ése es precisamente su talento: poder contar realmente consigo mismo.

• *¿Para llegar a esta fase de integración es necesario sintetizar aspectos contradictorios de otros lugares de la carta natal?*

Sí, y esto es central en el aprendizaje de la astrología; es preciso registrar matices y aprender a ver contradicciones. Con la Luna en Capricornio hemos profundizado algo que, en realidad, es válido para todas las demás Lunas y para toda la astrología, como tema de reflexión. El Cielo dice: "Luna en Capricornio", lo que quiere decir —estructuralmente— que Saturno está junto a la Luna. Ahora bien, eso que está en el Cielo debe plasmarse con lo que hay en la Tierra y ¿qué capacidad tenemos hoy los seres humanos de integrar Saturno y la Luna? En verdad, muy baja; es algo que para nosotros todavía está desintegrado, escindido. Todo esto hace que algo que en sí mismo aparece perfectamente integrado —la autonomía, la solidez emocional— desde la historia constitutiva se viva como escindido. La Luna en Capricornio no habla de una escisión entre afecto y solidez, sino que esa fragmentación se da en las estructuras psíquicas, a raíz del Saturno y la Luna disponibles en la Tierra. Esto se verá con mayor claridad en la próxima Luna: la de Acuario.

LUNA EN ACUARIO

Acuario expresa la creatividad de las redes de energía que trascienden a la forma, pero que se manifiestan a través de ella. Es el momento en que la circulación y el intercambio espontáneo entre las diferencias de un campo —que ya no están atadas a una posición fija— renuevan en su interacción la estructura del sistema. Desde una perspectiva secuencial, la forma totalmente desplegada en Capricornio —llevando dentro de sí, esencializadas, todas las transformaciones que la precedieron— se descubre en Acuario como un punto dentro de una constelación, a través del cual circula la energía en patrones siempre renovados. Esta interacción franca en lo abierto nos habla de la disponibilidad de los componentes acuarianos, desnudos ya de toda protección y sin otro refugio que la creatividad misma.

En este sentido, nos encontramos en un punto paradojal en relación a la Luna. Hay aquí una enorme afinidad con la espontánea intensidad de la vida en sus orígenes, apta para tomar las formas que su propia creatividad exija, libre de renovarse a sí misma en las mutaciones que expresan sus dimensiones más profundas. Pero al mismo tiempo hay también una incompatibilidad casi absoluta con la necesidad de cerrarse sobre sí y excluir interacciones, propia de la fase lunar de todo sistema. En Acuario la única seguridad está en lo abierto, en aquello que se entrega confiado a lo que nunca se repite y que habrá de renovar la forma en lo desconocido de sí misma.

Luna en Acuario significa, entonces, que *el único refugio es la ausencia de refugio*. La única seguridad es la confianza en un espacio indeterminado, donde la renovación es la única constante. Es la certeza de que cada situación desembocará en otra completamente nueva, sólo sostenida por una creatividad que se descubre incesantemente a sí misma. Permanecer abierto a todas las situaciones significa no pertenecer totalmente a

195

ninguna, no reconocer en ningún lugar un calor y una intimidad exclusivas, que no puedan experimentarse también en otra parte.

En tanto *patrón energético*, la persona que nace con Luna en Acuario posee la capacidad de renovarse en un mundo de interacciones creativas e impredecibles. A lo largo de su vida, participará recurrentemente de una súbita transformación de las condiciones en las que se había estabilizado. Esto la lanzará a lo desconocido con un máximo de libertad y espontaneidad, pero también la arrancará de improviso de las construcciones de su pasado.

El espacio es aquí la única *pertenencia* donde no es posible —ni necesario— construir un techo o encerrarse en un círculo protector. La *seguridad* reside en la espontaneidad creativa que, cuanto más se abre y vincula a lo diferente, tanto más posibilita descubrir las formas correctas para cada situación única e irrepetible.

"Mi madre es el cielo", parece decir aquí la energía. El único techo son las estrellas, todo puede suceder dentro de esta casa infinita y transparente. Ese cielo imprevisible se abrirá con la abundancia de sus dones, pero también con el huracán y el rayo. Esta "madre" nunca será igual a sí misma; será distante y cercana al mismo tiempo, ausente y presente, inmensa y vacía.

Podemos ver que este patrón energético, tan bello en su espontaneidad creativa, someterá no obstante a la criatura, desde el momento mismo del nacimiento, a una serie de *discontinuidades* muy alejadas de las del arquetipo lunar-canceriano de estabilidad, simbiosis y permanencia, que parecen ser condiciones imprescindibles para el ser humano en sus primeros pasos.

Estas cualidades de intermitencia, imprevisibilidad, espacio abierto sin contacto corporal y renovación súbita del entorno afectivo —que pertenecen al niño en tanto estructura energética— se descargarán sobre él, como sabemos, a través de la madre que lo trae al mundo y de su entorno emocional. Estos niveles de intensidad lo afectarán poderosamente, condicionándolo para el futuro.

Bajo diferentes formas, este patrón se repetirá a lo largo de su vida a través de experiencias que alteren súbitamente las condiciones emocionales, formando parte de la estructura de destino de esta persona. Pero cada nueva manifestación de esta pauta se encontrará con las reacciones que provocó en la primera infancia, en las que se configuró un patrón de respuesta a estas experiencias. ¿Cómo habrá reaccionado ese cuerpito ante la súbita y reiterada interrupción del suministro afectivo, a lo largo de la niñez? Esta es la pregunta fundamental que debemos hacernos para comprender el hábito emocional asociado a la Luna en Acuario.

La "madre" en la Luna en Acuario

No es fácil imaginar la materialización de esta Luna en un entorno que no genere efectos traumáticos para un niño. La amplitud y libertad que posee su campo afectivo, al manifestarse "afuera" de él en los vínculos primarios que deben objetivarla, atenta contra sus necesidades más básicas y, casi inevitablemente, dejará marcas muy difíciles de borrar.

Desde el punto de vista ideal, podríamos imaginar a este chico naciendo en una comunidad donde los niños son hijos de todos y el afecto circula intensa pero impersonalmente a través de múltiples "madres" y "padres" que satisfacen sus necesidades sin apegarse personalmente a ellos. Esta no puede ser una comunidad tribal o un grupo unido por la profunda consustanciación de sus miembros con una pauta común. Más bien, deberíamos imaginar que cada madre pertenece a una raza diferente, tiene pautas culturales y conductas totalmente distintas a las de las demás e incluso se dirige al bebé en un idioma distinto al de las otras. *Esta capacidad de sentirse seguro y cobijado en aquello que no se repite es el tesoro de la Luna en Acuario*, pero es dudoso que podamos verla materializada en un entorno de estas características. No sabemos tampoco si este medio, así imaginado, es realmente tolerable para un bebé. Quizás lo sea y en esto consista la promesa de la Luna en Acuario, como fuente de nuevas posibilidades emocionales para la especie. Pero en términos concretos y actuales, la cualidad de discontinuidad y diversificación creativa que esta energía exige para manifestarse, se materializa en general por vías mucho más contradictorias y dolorosas.

La pauta que debe hacerse objetiva, entonces, es la súbita interrupción del suministro emocional, *el pasaje instantáneo de la presencia a la ausencia.*

Este vacío emocional repentino no se relaciona con el abandono, como en la Luna en Capricornio. De hecho, en el marco del patrón acuariano habrá otra fuente de afecto y calor *diferente* a aquella que se interrumpe, inmediatamente disponible para suplir las necesidades del niño. El vacío acuariano no arroja a la soledad sino que exige no buscar lo mismo que se retiró, es decir, permanecer abierto a otra modalidad afectiva, a otra distancia, a otra intensidad. El pulso dice: *"está / no está / hay algo diferente / no está más / hay otra cosa"*, lo cual obliga a dejar atrás las identificaciones y entregarse a la circulación y la novedad.

En la historia concreta, *la experiencia básica suele ser el repentino corte de la seguridad emocional;* por alguna razón, el nido afectivo cálido y nutricio, súbitamente estalló y el chico quedó en el vacío. Como alguien que de improviso es privado de oxígeno, la carencia de lo esencial lo dejará "suspendido" por un instante y, aunque esto retorne tan repentinamente como se fue, un *espasmo* habrá sido la reacción inevitable y la marca que permanecerá en su inconsciente.

La súbita muerte de uno de los padres, el inesperado divorcio de los mismos, una incomprensible —para el niño— alteración de la situación económica familiar o de la conducta de sus seres más queridos como depresiones, crisis nerviosas, ausencias, haber sido dejado sin mayores explicaciones al cuidado de otros —eventualmente muy cariñosos— porque los padres se fueron de viaje, o porque la mamá enfermó y no se la puede ver; éstos son algunos de los acontecimientos esperables en los primeros años. Mudanzas repentinas, el incendio de la casa, un cambio de colegio sin previo aviso, etc., son también "causas" que la persona recordará como episodios significativos y más o menos traumáticos de su infancia. Pero, aunque ella luego sitúe uno de estos hechos específicos como desencadenante del patrón emocional, con seguridad hubo infinidad de estímulos de menor envergadura —en la misma dirección— ahondando cíclicamente la marca básica.

El contexto habitual para esta Luna es el de una recurrente inestabilidad del medio afectivo a través de fuertes crisis puntuales o de alguna presencia perturbadora que subyace a los acontecimientos cotidianos. Aquí, el factor más importante suele ser el comportamiento discontinuo de la madre. Esta, o quien ocupe su lugar, es de alguna manera impredecible para el niño. De hecho, el significador de la Luna en Acuario —desde el punto de vista canceriano— podría definirse como *"mi madre está loca"*. El entorno "madre" desorienta absolutamente al bebé, que deberá realizar un tremendo esfuerzo de adaptación. No pocas veces la madre sufre concretamente de trastornos mentales o padece problemas nerviosos. Sea por causas muy específicas o porque la situación familiar ejerce una presión excesiva sobre ella, su comportamiento inestable manifiesta el patrón por el cual el chico no puede contar con la seguridad de un suministro continuo.

Es probable también que en el entorno familiar esté muy presente la sensación de desarraigo: padres extranjeros o inmigrantes muy alejados de su medio cultural, personas nacidas en medios rurales que se han visto obligadas a vivir en la ciudad —y viceversa—, cuestiones ideológicas o religiosas; cualquiera de estos ítems serán particularmente relevantes cuando es la madre quien experimenta una sensación de extrañamiento y desubicación con respecto al mundo en que vive.

Desde otro ángulo, en la familia puede estar muy afectivizada la creatividad y la originalidad, o el ir en "contra de la corriente", tanto desde el punto de vista ideológico como religioso o moral. Quizás alguien importante en la infancia profesaba ideas revolucionarias o poseía una gran libertad de pensamiento en relación al medio, no sólo en cuanto a lo social sino expresando alguna cosmovisión que para el niño era incompatible, por ejemplo, con lo que se vivía en las familias de sus amiguitos.

Esta sensación de no pertenecer al lugar donde se está, probablemente presente ya en la madre —como vimos, con la que ésta impregna los mensajes afectivos que su hijo recibe— se manifestará también en él. Es posible que el hijo experimente el extrañamiento en el juego vincular con esa "madre discontinua", la sensación de estar fuera de lugar e incluso de no ser reconocido como un miembro pleno del marco familiar. Esta sensación de desubicación se repetirá luego fuera de éste, porque probablemente sienta que por pertenecer a su familia participa de algo excepcional, que no puede ser compartido con las demás personas.

Asociaciones afectivizadas, mecanismos

Podemos pensar que, en la medida en que las sociedades modernas aumenten su tolerancia a las diferencias, la vivencia de esta Luna no afectará tanto la necesidad de simbiosis con el medio que aun nos caracteriza. Entre tanto y por lo general, puede verse esta Luna en chicos que fueron obligados a adaptarse a una excesiva diferenciación, lo que les impidió entregarse completamente al medio para sentirse incluidos en él; *había algo que los dejaba sistemáticamente afuera de lo que los demás compartían*. Diferencias culturales, raciales o religiosas entre su familia y las de los chicos del barrio, actividades de los padres "inexplicables" —desde el punto de vista del hijo— a la hora de responder las preguntas de sus amigos, aparecer en un colegio a la mitad del curso lectivo y pasar a otro muy diferente antes de que termine el año; son todas experiencias quizás no tan relevantes como las anteriores, en relación al corte emocional, pero que impedirán recurrentemente al niño la anhelada sensación de pertenencia a un medio al cual entregarse completamente.

• *¿Pueden haber existido muchas mudanzas?*

Sí, eso es también muy común. Imaginen a ese chico al que cambian continuamente de barrio, ciudad, país y/o colegio ¿cómo hará para adaptarse? Cada vez que se entrega al mundo de sus compañeros es súbitamente arrancado de allí. Rápidamente comprende que, cada vez que llega a un lugar, pronto deberá irse. ¿Se abrirá entonces con los nuevos compañeros? Seguramente conocerá a muchos chicos, llegará a tener amigos muy diferentes entre sí, pero es difícil que logre intimar estrechamente con alguno.

Del mismo modo, tener padres extraños o diferentes a los de los demás por sus ideas, conducta, nacionalidad o profesión, le producirá una fuerte sensación de inadecuación, con su consiguiente angustia.

Aquello que en otro contexto o a otra edad puede ser vivido como original y creativo, en la infancia puede provocar una congoja devastadora. Lo importante para nosotros es percibir cómo, por distintas vías y con distintas intensidades, se repetirán experiencias de discontinuidad e inadecuación que, inevitablemente, habrán de angustiar al niño y cuya acumulación representa lo más difícil de elaborar en la Luna en Acuario.

Comienza a constituirse el circuito

La escena básica que subyace en todas las anteriores es la de una mamá que dice *"¡te quiero..!"* y luego desaparece; sobre esta escena se van acumulando experiencias en el mismo sentido, hasta que queda establecido un patrón. El bebé primero —y el niño después— no tienen posibilidad de comprender el proceso, pero sí de establecer una relación inevitable: *cuando hay afecto, éste desaparece súbitamente.* La sensación pautada es que la seguridad, el cariño, la protección, en cualquier momento se interrumpen. Aquí no existe un patrón de escasez o frustración, como en la Luna en Capricornio, sino la certeza de que ese afecto presente y satisfactorio se cortará. Podemos imaginar el monto de angustia que esto genera en un bebé o en un niño: cada vez que se entrega a la corriente afectiva ésta se suspende sin previo aviso, dejándolo en un estado que no puede calmarse fácilmente, aunque aparezca otra fuente para reemplazarlo.

Después que este circuito se establece, cada vez que surjan la emoción, el contacto, la intimidad, al mismo tiempo aparecerá la angustia provocada por la certeza del corte inminente. Incluso antes de que éste se haya producido, surgirán la ansiedad y la congoja. Así es como el paso siguiente dice: *cuando hay emoción hay angustia,* independientemente de lo que vaya a suceder realmente. En este punto, la acumulación de experiencias —propias del patrón energético— ha establecido un *patrón de respuesta.*

Si observamos con atención, esta angustia es literalmente espasmódica. En la situación de dilatación —entrega— el chico padece una contracción súbita —retiro— que luego se hará presente ante cualquier hecho que en el futuro implique entrega.

Este anudamiento por el cual se produce el corte interno antes de que éste se manifieste en la realidad, suele tener en estas personas su correlato corporal en un corte energético a la altura del diafragma. El hábito en el cuerpo no es, en este caso, el encogimiento y la contracción tensa de la Luna en Capricornio. Acá se trata del espasmo, que hace que la persona se dirija a la experiencia emocional tomando al mismo tiempo distancia de ella y repitiendo el patrón de la "madre": *está y no está*.

Podemos advertir también que la angustia aumentará en intensidad cuanto más prolongado o intenso sea el encuentro emocional. Las situaciones de estabilidad afectiva, por un lado anheladas, en lo profundo prenuncian el vacío inminente y gatillan toda la angustia acumulada. Como hemos visto en otras estructuras lunares, aquí se manifiesta un movimiento que atrapa a la persona en un doble vínculo —en este caso, en la dualidad anhelo/pánico— por el cual debe recurrir a una conducta que lo libere del ingreso a esta zona de tensión insoportable.

Estas personas, que suelen transmitir una sensación de transparencia y desapego y que se muestran tan sociables y abiertas a lo nuevo, encubren de esta manera a un niño angustiado, que anticipa toda situación emocional tomando distancia de ella para no volver a atravesar esa congoja devastadora.

Aquí se ha constituido el mecanismo lunar: una fuerte distancia emocional en una persona llena de vínculos y actividades grupales, en medio de los cuales se protege de toda intensidad, adoptando una actitud abierta pero impersonal y pronta a retirarse ante la mínima amenaza.

Tenemos entonces la secuencia de la Luna en Acuario y su mecanismo. La enorme libertad de esta energía toma forma a través de vínculos primarios tan perturbadores que, para no sucumbir ante esta "afectividad enloquecedora", el niño se retrae de toda intensidad emocional, sumergiéndose en una alta vincularidad que le permita mantenerse distante y desconectado del contacto profundo.

Energía de la Luna en Acuario

↓

Materialización de los primeros escenarios

↓

Configuración del mecanismo

↓

Nuevos escenarios, ahora vividos desde el mecanismo

Esta Luna está diciendo *"tu madre es el cielo... sos un hijo o una hija del cielo..."*, al mismo tiempo que el niño experimenta la humana necesidad de la simbiosis y el refugio cerrado. La previsible consecuencia psicológica será el hábito de colocarse más allá de cualquier situación intensa, de modo que nada emocione —es decir, angustie— demasiado.

Agrupado pero distante: el "participante objetivo"

Así es como la persona con esta Luna acude a una postura impersonal. Como vimos, toda Luna en *aire* se disocia del registro emocional a través de una intimidad socializada y de una fuerte tendencia a la racionalización. En Acuario en particular, es muy fuerte la sensación de "intimidad compartida". Suelen sentirse a gusto realizando actividades grupales y poseen la capacidad de establecer vínculos de compañerismo y comprensión mutua con muchas personas. Al mismo tiempo, prefieren instalarse en una posición abstracta, donde el oleaje emocional no los alcance. Protegidas por una disposición mental amplia e innovadora, extremadamente comprensiva, donde todo resulta objetivo y hasta natural —aunque sucedan las mayores desgracias— cualquier cosa puede ser abarcada racionalmente.

La Luna en Acuario no depende de las explicaciones, como lo hace una Luna en Géminis, sino que necesita mantenerse *emocionalmente más allá de toda intensidad personal.* Imperturbable, porque de otra manera tendría que tomar contacto con toda la angustia acumulada, siente que observando a distancia puede captar la universalidad de los procesos. Desde esa posición impersonal, pero extremadamente abierta y dispuesta a compartir con todos —para diferenciarlo claramente de la impersonalidad capricorniana— se siente desapegada de las emociones. Los demás parecen atrapados en una malla pegajosa, debatiéndose en la ignorancia de su subjetividad, mientras que ella se siente una persona con "emociones objetivas". Por cierto, tener emociones objetivas es el ideal del mecanismo de la Luna en Acuario; también es diferente aquí la Luna en Capricornio cuyo ideal es directamente no tener emociones. Acuario está más allá de esa simplificación, pero anhela trascender todo apego e intensidad perturbadora y conflictiva. Si bien no podemos dudar de que su espontaneidad y amplitud guardan verdaderamente el tesoro de una profunda renovación de los afectos, en el nivel del mecanismo la persona está absolutamente "más acá" del desapego que aparenta. En realidad, es tan fuerte la presencia de esas heridas emocionales infantiles que debe permanecer desconectada de las mismas para no naufragar en una angustia paralizante.

Pensemos que el corte espasmódico al que ha sido sometida, por la manifestación de la energía que le corresponde vivir, es mucho más complejo que la frustración y el abandono de la Luna en Capricornio. La angustia es tan grande que impide acceder al dolor y elaborarlo; tocar ese vacío absoluto, esa ausencia inexplicable —que no tiene que ver con el rechazo, aunque así se lo racionalice— es casi intolerable. Muy posiblemente se oculte allí la fantasía de enloquecer, si se abre esa puerta. No se trata de un núcleo de dolor asociado al imaginario de que debe ser soportado; en esa desolación no hay nada que pueda hacerse, salvo quedar suspendido espasmódicamente en el vacío. De allí que la única respuesta posible sea huir y hacer como si nada hubiera pasado. En general, la primera dificultad de este mecanismo *es la convicción de que ese vacío no existe.*

El refugio del corte y la desconexión

Suele haber una fuerte ingenuidad emocional en estas personas que, protegidas por su desconexión, observan con perplejidad las complicadísimas emociones de los otros. Ante las situaciones dolorosas y complejas suelen adoptar una actitud de "transparente inocencia", pasando a través de ellas como si nada hubiera sucedido. En realidad se han disociado y esta *habilidad* es la que las protege, con su sensación de que "nada las toca". Obviamente, lo que menos están dispuestas a tocar es aquella angustia y vacío profundos.

Pero es preciso no confundir esta aptitud para disociarse, con libertad y espontaneidad. En este sentido, quizás la Luna en Acuario sea una de las más complejas de vivir, porque a la enorme dificultad de elaborar la angustia con la cual inevitablemente carga, se suman la afectivización de la libertad y los múltiples recursos ideológicos relacionados con la valorización de la no pertenencia y con el rechazo de lo que es común a los demás. Lo que angustia profundamente en un nivel, protege racionalmente en otro. No olvidemos que sentirse distinto e imposibilitado de compartir con otros lo que realmente siente se ha convertido en un hábito y, como siempre, éste tranquiliza. Aunque su singularidad y diferenciación sean hechos ciertos, están enmascarando la incapacidad —más que comprensible— de permanecer en ese vacío básico. Pero reconocerla es el paso indispensable para abrirse realmente a una interacción curativa. Mientras persista en reacciones automáticas de sociabilidad, desapego y desenvoltura —*"los compromisos son cosas del pasado..."*, dirá— la persona continuará encubriendo ideológicamente el pánico al contacto y la intensidad.

Mientras se coloca como "observador objetivo" de las emociones ajenas, el propio umbral emocional de la Luna en Acuario es realmente bajo. Así es como, apenas la emoción se intensifica un poco, se corta el tenue fusible que lo protege, interrumpiéndose cualquier proceso en el que estuviera participando. Lo que para una Luna en Escorpio es apenas una "brisa", para Luna en Acuario es un "tornado".

Ante esa advertencia de peligro, la convicción de la pronta interrupción "externa" de la corriente afectiva dispara su angustia y así, automáticamente, la persona se acomoda en la distancia. Su conducta se hace impersonal, fría, objetiva; disociada de las emociones. Razona con claridad acerca de ellas pero, seguramente, tomará decisiones que no se corresponden con lo que está necesitando. Es muy común, en este sentido, que a una Luna en Acuario la acosen arrepentimientos tardíos, por su tendencia a cortar relaciones antes de tiempo.

• ¿Corta antes de comprometerse?

Bueno; la palabra "compromiso" es casi una blasfemia para la Luna en Acuario, un atentado a la libertad individual... Cuando se insinúa la estabilidad afectiva, inmediatamente se produce un movimiento inconsciente que lleva a retirar afecto y, obviamente, con esto se estropea cualquier vínculo. Aquí vemos la sombra profunda de esta Luna: quien cree poseer un sistema emocional más apto para el futuro que para el presente —en medio de *"esta humanidad de emociones primitivas"*— en realidad es casi un disminuido emocional. Esto puede sonar excesivo, pero me parece que todas las promesas creativas de esta Luna —para ser reales— dependen primero de la aceptación de la dificultad y de la necesidad de ayuda, en este plano. Al tener un muy bajo umbral de tolerancia emocional, es poco probable que esta persona pueda recorrer los ciclos de cualquier vínculo más o menos estrecho. No puede aceptar que toda relación afectiva tenga altibajos; en consecuencia, apenas siente que la carga emocional sube o baja más allá de su línea de corte, por lo general decide que el vínculo se terminó o toma una distancia incomprensible para los demás. Recorrer un proceso completo con sus máximos y sus mínimos, sus intensidades y retiros, encuentros y desencuentros, la obligaría a revisar la distancia entre su presunto desapego y su angustia básica. Antes de llegar a ese nivel de madurez, la Luna en Acuario pasa años de su vida oscilando entre dos posiciones: o toma mucha distancia desde el comienzo —de modo que los otros se las arreglen con la curva del ciclo— o corta mucho antes de lo necesario, interrumpiendo incluso lo que no tendría que haber sido cortado.

Para los demás es difícil comprender que el que se muestra de esta manera, en realidad, lleva sobre sí la carga de un enorme vacío interior y la acumulación de una angustia no elaborada. Es alguien que desconoce su nivel emocional pero que, inconscientemente, "sabe" que el contacto real lo hará atravesar por el espasmo, forzándolo a desilusionar su presunta libertad afectiva. Sostener esta tensión en una situación vincular concreta es fundamental para que emerjan todas las heridas, el vacío y las fantasías angustiantes asociadas a él. Sólo así la persona se comprenderá a sí misma y se hará comprensible para los demás.

Pero lo sutil es que *ser emocionalmente comprensible es estar fuera del mecanismo;* es poder sentir que realmente se comparte y se encuentra en profunda intimidad con los demás. Esto permite, a mi juicio —más que ninguna otra cosa— disipar el imaginario de excepcionalidad emocional sobre el que está inconscientemente sostenido por el cual *"mi destino es el vacío"*. Para que pueda emerger la sensación —no la idea— de que *"mi destino es la libertad y la espontaneidad"*, primero debe ser disuelta la fantasía anterior.

El lento trabajo con este mecanismo lunar

Llegado este punto, vemos que hay una doble vuelta a recorrer en el patrón de la Luna en Acuario: por un lado, primero es necesario reconocer y tomar contacto con la presencia de esa angustia acumulada. Pero luego es preciso abandonar la fantasía de que es preferible experimentar el vacío afectivo —con todo el circuito concomitante— antes que entregarse a una vincularidad que obligue a romper esa autoimagen de excepcionalidad emocional.

Por supuesto que esto no puede hacerse por un acto de la voluntad, que sólo retrotraería el proceso al nivel anterior. Este proceso únicamente puede tener lugar a través de un contacto y una entrega progresivos y comprensivos, que lleve a la persona a abrirse realmente con los demás, sin defensas y confiando. Haciéndolo, en definitiva, tal como lo dice el significado profundo de la Luna en Acuario y como lo impide el mecanismo configurado a partir de las heridas iniciales.

• *Tanto en la Luna en Capricornio como en ésta*
¿hay una tendencia al abandono?

No. Distingamos claramente la vivencia de rechazo y frustración en soledad de Capricornio, con la imposibilidad de comprender un corte sorpresivo o una inestabilidad constante. En la Luna acuariana hay algo que, si bien puede ser racionalizado como abandono, pertenece profundamente al orden de lo irreferenciable, de algo que no podemos comprender ni procesar. En Capricornio hay tiempo para registrar y por eso se lo sufre; pero aquí el chico no pudo elaborar nada y por eso la experiencia dolorosa quedó sepultada en una zona ligada al pánico. Este mecanismo lunar hace todo lo posible para olvidar que existió esa herida.

Es cierto que en ambas Lunas está presente la sensación de necesitar poco afecto, pero mientras la Luna en Capricornio tiende a sentirse abandonada o a registrar que nadie la quiere, la Luna en Acuario nunca sentiría esto. Está rodeada de personas que efectivamente la quieren, pero a una distancia "conveniente". En cuanto presiente la intensidad afectiva, se produce el corte que la traslada a una dimensión impersonal, como si lo que le ocurre le estuviera pasando a otro, tal como si fuera el analista de sus propias emociones. Ustedes podrán observar que, en su posibilidad de disociación, es capaz de llorar y decir al mismo tiempo *"estas lágrimas indican que estoy en contacto con lo que me está pasando..."*. En general, esto es lo que hace el aire: dividir la energía trasladándola al plano mental, para diluir la carga en el nivel emocional. En general, las Lunas en aire valorizan esto como si fuera un logro; una demostración de que se mueven en una realidad "superior", sea ésta racional o espiritual. Les es muy difícil aceptar que, en realidad, huyen de lo que aún no comprenden; será el destino, con su insistencia, quien las lleve una y otra vez a esas zonas que creen haber superado, para que pueda producirse una verdadera síntesis y no una disociación.

Polarizaciones del mecanismo

Ahora, compliquemos un poco más la cuestión: muchas Lunas en Acuario se consideran a sí mismas muy afectivas, conectadas y anhelantes del encuentro emocional profundo ... sólo que nunca encuentran la persona indicada... Nos dirán, claro está, que su desgracia es la de toparse siempre con desconectados emocionales... En estos casos, es evidente que el propio campo energético posee cualidades de intensa afectividad —si se trata, por ejemplo, de un Sol en Cáncer— pero ocurre que, al estar incluida en el sistema una Luna en Acuario, cada vez que la conciencia de la persona se ubica en un polo, se garantiza que el otro encarne el polo opuesto.

Esta ecuación refleja "afuera" la distancia interna no resuelta, algo muy distinto a realizar una mala elección. En ese estado de fragmentación no se puede "elegir" otra cosa. Proyectar sobre otros la propia Luna en Acuario permite eludir la real dimensión de la dificultad, trasladando al "exterior" la responsabilidad por el desenganche y la fuga de la intensidad. Imaginen a un canceriano con Luna en Acuario echándole culpas a *"esa loca, fría y desamorada..."* de su novia. Claro que, por otro lado, no toleraría a una persona no desconectada con lo que, si llega a su vida una *"pringosa absorbente"*, el canceriano con Luna en Acuario tomará probablemente el buquebús y se dedicará a enviarle cartas desde el Uruguay diciéndole *"¡te adoro..!"*. Otra alternativa es enamorarse perdidamente de una azafata; de esta manera, *"yo estoy totalmente entregado, pero ella no está nunca..."*. Sin embargo, allí encontró la seguridad de la carga conocida: la discontinuidad.

Esto es difícil de comprender para las zonas de uno mismo que anhelan continuidad y permanencia. Lógicamente, este pulso será aún más complejo si la Luna en Acuario participa de una estructura con características fusionantes, por ejemplo, con mucha energía escorpiana o plutoniana.

En una terapia, resulta muy difícil poner en contacto a esta persona con su emoción profunda porque, cuando se está por producir, se aleja. Y en el momento en que ella parece estar entregada, será el terapeuta quien mágicamente se encuentre con un imprevisto y deba suspender la sesión. Todo proceso emocional es aquí muy lento y necesita un ritmo de cercanías y distancias que permitan, por un lado, resignificar las experiencias infantiles; y produzcan, por el otro, un aprendizaje en la naturaleza cíclica de las emociones. Tengamos en cuenta que el mecanismo disociativo de esta Luna es muy exitoso porque distribuye sus afectos: tiene muchos amigos, pertenece a varios grupos, todo el mundo la quiere. A cambio de esto, transita todas las situaciones como si estuviera detrás de un vidrio que no le permite el contacto real con aquello de lo cual participa.

• *¿Estas Lunas pueden desarrollar la capacidad de ser queridas "como de la familia", en varios lugares distintos?*

Seguramente, y eso sería lo más auténtico de esta Luna, si no fuera defensivo. Su talento es, precisamente, el de reconocer que hay una red afectiva abierta a nuestra disposición y que, si todos nos abriéramos lo suficiente, encontraríamos afecto en todas partes sin depender jamás de una sola fuente. Ahora bien: esto podrá ser muy claro mentalmente, pero en la realidad cotidiana la persona no actúa con espontaneidad sino con el afecto dividido defensivamente. Si no se atraviesan las marcas históricas y no se reconoce el núcleo espasmódico, con su corte energético en el nivel corporal, es muy difícil que el mecanismo no se siga imponiendo sutilmente.

• ¿Le será difícil la propia maternidad?

En general, la maternidad o la paternidad es algo desconcertante para estas personas, aunque la anhelen, pero es también una gran oportunidad para atravesar ese vacío emocional y los miedos que le están asociados. Es probable, incluso, que sea algo que "les suceda" en forma súbita e imprevista y que, más tarde, incluso sean llevadas a descubrir nuevas facetas de la discontinuidad, libertad e imprevisibilidad afectiva en la relación con sus hijos.

Coartadas y resistencias

En mi opinión, el primer paso es comprender la estrategia inconsciente que lleva a la Luna en Acuario a *"ponerse siempre afuera"* de las situaciones. Luego, habrá que disponerse a tomar contacto con la intensidad temida para ir aumentando el umbral de tolerancia. Sin embargo, no es fácil que la persona acepte esta "dieta" de aumento progresivo de la intensidad emocional y que se anime a explorar dónde se corta el "fusible", porque posee infinitos recursos racionales para no someterse a ese proceso. El otro punto del trabajo es cuestionar la coartada que dice que *"los desconectados son los otros ..."*.

Siempre es bueno recordar que *el campo energético no varía y que sólo nuestras reacciones ante él pueden hacerlo.* Aunque cause angustia escucharlo, no es posible evitar que en esta Luna aparezcan los cortes. En el momento más intenso de una terapia, como dijimos, el terapeuta puede llamar a la persona para decirle que debe irse de viaje... Por eso, un terapeuta que trabaje con pacientes que tengan Luna en Acuario debe cuidar este tipo de situaciones porque siempre se manifestarán nuevas escenas del campo energético, que darán la oportunidad de confirmar el mecanismo.

La madurez, entonces, vendrá paso a paso, a medida que la persona descubra que el corte no es una interrupción definitiva sino un momento dentro de un proceso ante el que no es necesario reaccionar con pánico —poniendo cara de "desapego"— sino dejándose atravesar por la experiencia. De esta manera el resto del sistema, en su integración, podrá descubrir la respuesta más adecuada a la situación.

Si la persona comprende que su "válvula emocional" está distorsionada por la contracción espasmódica inconsciente —y en consecuencia, no tiene plasticidad para acompañar procesos— quizás habilite en su interior un espacio de búsqueda y aprendizaje, antes de sucumbir al corte. Relajar la inconsciente contracción espasmódica del diafragma es algo importantísimo en esta estructura. Al resignificar su imaginario devastadoramente discontinuo y aprender a dar el tiempo necesario para que los procesos emocionales se desplieguen en toda su amplitud, podrá comprender también a los otros. Advertirá que quienes participan de sus vínculos comparten con él un juego en el que, *alternativamente*, mientras uno intensifica el otro interrumpe, mientras uno parece abismalmente frío, distante e imprevisible, el otro se muestra anhelante, etc.

En general, comprender nuestra estructura no es comprendernos en la soledad de nuestros imaginarios sino en el juego de las relaciones con los demás. Éste es el escenario donde se manifiesta la realidad de la carta natal en cada momento de la vida, más allá de la claridad mental que tengamos acerca de ella.

Talentos de la Luna en Acuario

Una vez que el trabajo de maduración se ha instalado, la persona con esta Luna empieza a expresar su talento. Este consiste en una enorme espontaneidad, una gran libertad en los vínculos y una fuerte creatividad para encontrar formas contenedoras que no fijen a nadie en roles preestablecidos. También les es dado el talento de una impersonalidad unida a una alta conexión emocional, esto es, la capacidad de acceder a una mirada muy intuitiva y comprensiva que, por ejemplo, resulta maravillosa para un terapeuta. La Luna en Acuario tiene la capacidad de poder decodificar situaciones de mucha intensidad, desde una distancia extraordinaria. Comparemos, en este sentido, una Luna en Acuario con una Luna en Escorpio; esta última puede tolerar intensidades emocionales que la primera no puede siquiera imaginar. Desde el punto de vista terapéutico, el talento de la Luna en Escorpio consiste en poder introducirse "en el fango"; el de la Luna en Acuario, en tanto, es su cualidad "cristalina", que le permite acompañar a los otros en el dolor y el sufrimiento sin sentirse afectada. Es decir, esta Luna se ubica en un lugar tan impersonal y a una distancia tal, que puede atender el mayor de los conflictos y de los dolores sin verse afectada. En este nivel, la distancia respecto de la emoción y su natural cuestionamiento de la voracidad, el control y la dependencia —junto a su experiencia con el pánico y la angustia— le permite comprender muchas cosas y decodificarlas de un modo que otros no lograrían. De esta manera, el "disminuido emocional" se ha convertido en un experto.

Algunas reflexiones finales

En la Luna en Acuario —y también en la Luna en Capricornio— podemos observar que la dificultad en la constitución del mecanismo no se limita a la identificación de la conciencia con una cualidad fragmentadora de la percepción, como habíamos planteado en los demás casos.

En estas dos Lunas, al manifestarse el patrón energético, se materializa un contexto que *inevitablemente causa dolor en el niño*. Gran parte de su vida posterior girará, a nivel emocional, alrededor de esa herida de difícil cicatrización. Ciertas cualidades energéticas son propias de una persona de alta madurez emocional y, al precipitarse en el origen de la existencia, someten al bebé a una carga que no parece compatible con su vulnerabilidad.

¿Qué relación hay entre la estructura holográfica del sistema solar simbolizada por la carta natal y su materialización en el campo vincular que nos rodea desde nuestro nacimiento? ¿Necesariamente deben producirse esas heridas? ¿Hay alguna posibilidad de evitarlas, sin pasar por el lento proceso de reparación de aquello que se ha visto afectado?

La respuesta a estos interrogantes no depende de la buena voluntad de una madre —cuyo hijo nació "casualmente" en un día de Luna en Acuario— o de los consejos de un astrólogo bien intencionado. Aquí se trata de explorarnos y comprendernos a nosotros mismos, en tanto formas de vida ligadas a matrices cósmicas cuya dimensión excede los límites de nuestros paradigmas individualistas. Hemos enfocado a lo largo de todo este texto una primera fuente de distorsión, que conduce a procesos de destino sufriente. Esta es la identificación de la conciencia con un fragmento del holograma vincular —Sí Mismo— que, desde esa posición fija, no puede comprender el sentido profundo de la repetición de ciertas escenarios de su vida. De esta manera, la conciencia no sólo queda fijada a una identidad fragmentaria sino que también se condena a sí misma a experimentar la repetición literal de los escenarios.

Identificación fija Repetición de los escenarios en el mismo nivel

Pero es también necesario incluir otro factor: la estructura energética —que en su propio plano encierra incontables posibilidades— *se hace carne en el cuerpo del bebé a través del cuerpo de los padres* y de las interacciones posteriores con las personas y la situación global que lo rodea.

Esos cuerpos, en el nivel biológico, son portadores de un *torrente genético* determinado que podemos denominar "el estado de la sustancia física disponible" para la materialización de esa estructura energética. A su vez, imbricado en el nivel biológico —y manifiesto en las modalidades vinculares— aparece también un *torrente familiar, cultural y étnico*. Este último incluye modos afectivos, pautas emocionales, arquetipos colectivos, ideas, creencias, estructuras lógicas y limitaciones del lenguaje. Es decir que, a semejanza del torrente genético, existe un torrente emocional y mental que condiciona los límites de nuestra tolerancia psíquica a las intensidades del sistema solar. Estos distintos niveles de sustancia —*biológica, emocional y mental*— con los que contamos en un momento y lugar dados, constituyen la materia prima de los escenarios correspondientes a cada carta natal.

Dijimos que la manifestación cíclica del mandala vibratorio de ese instante de nacimiento, genera una reacción más o menos sistemática en el niño que crece en él. Esta reacción se organiza como un patrón de respuesta desde el cual será vivido el patrón energético en sus siguientes manifestaciones. Algo análogo sucede en un nivel anterior y colectivo: el de la sustancia biológico-emocional-mental disponible para todos nosotros. *Ella lleva en sí misma un específico modo de reacción a los patrones energéticos, que se fue acumulando a lo largo de la historia de la especie y de la vida.* Es decir, arrastra patrones de respuesta colectivos que condicionan la vivencia de las manifestaciones energéticas, de un modo anterior a toda historia personal.

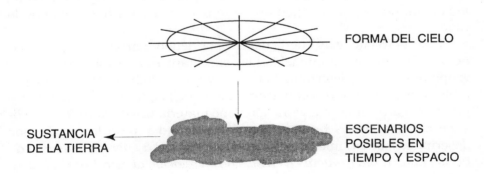

FORMA DEL CIELO

SUSTANCIA DE LA TIERRA

ESCENARIOS POSIBLES EN TIEMPO Y ESPACIO

Esta sustancia ofrece límites muy precisos para encarnar o materializar campos vibratorios y les opone una resistencia previsible. Podemos decir que carece de la plasticidad necesaria como para responder plenamente a los requerimientos de la energía. Reduce su intensidad y se protege sistemáticamente de ciertas cualidades que están más allá de la experiencia humana de ese momento y lugar.

Los materiales con los cuales la vida en la Tierra responde a las solicitudes del holograma solar están condicionados por experiencias previas que le imponen límites a su expresión. Estas se manifiestan a través de tensiones que muchas veces son insoportables para la singularidad que debe vivirlas. Ciertos instantes del cielo —esas configuraciones creativas del sistema solar que llamamos cartas natales— condensan intensidades para las cuales la materia terrestre no ofrece aún una respuesta fluida. Se polariza rígidamente ante ellas, distorsionando el patrón energético y obligando a la conciencia que se desarrolla en esas tensiones a un esfuerzo tremendamente doloroso.

Una sociedad tribal no tiene espacio alguno para ofrecer "sustancia" que responda a los requerimientos simbólicos de una Luna en Acuario, por ejemplo. Esto es, no cuenta con personas concretas —con sus posibilidades vinculares— que constituyan escenarios fluidos para ser experimentados por un niño que nace con esa energía lunar. Cuanto más cerrada al cambio y enemiga de las diferencias sea una sociedad, menos posibilidades existen para que la materialización de esta cualidad no sea traumática.

Si la pauta cultural preexistente es posesiva, autoritaria y fuertemente apegada a las formas y la tradición, sólo se puede materializar la Luna en Acuario a través de cortes antagónicos a esa cerrazón y posesividad. Deberán tener lugar "golpes del destino", "desgracias" o rupturas del orden establecido, para que se abra una brecha dentro de tanta rigidez colectiva. Sólo así ese niño puede vivir *lo diferente en su intimidad*, que es la cualidad que trae para sí y para todos los que lo rodean.

Ciertas frecuencias energéticas —por denominarlas de alguna manera— alteran con su intensidad las expectativas y posibilidades de un grupo humano en determinado tiempo y lugar. No hay personas disponibles que puedan vivir con naturalidad aquello que la Luna en Acuario promete. Pero como esta vibración debe materializarse, la única vía posible son los cortes bruscos, la inestabilidad y todo lo que hemos descripto. Necesariamente, esto produce dolor. *La energía de esta o de otras Lunas no es traumática en sí, sino en relación al estado de la humanidad en ese momento y lugar.*

Desde otro punto de vista, las cualidades de la Luna acuariana son maravillosas porque contienen la posibilidad de experimentar que *"el mundo es mi casa y hay seguridad en todas partes..."*. Ahora bien, el problema consiste en que esta energía —esto que el cielo propone— se produce en la Tierra y el cielo para manifestarse, debe hacerlo a través de personas y situaciones concretas. La herramienta "que tiene el cielo" para corporizarse es lo que hay: las madres de las que se dispone, la calidad de afecto que existe en un momento dado en la Tierrra. ¿Qué madre podría dar el afecto exacto de la Luna en Acuario, sin trabajo alguno?

• *¿Una madre astróloga, quizás...?*

Bueno, creo que estamos idealizando un poco nuestra tarea... Quizás esto sería posible en una madre que pudiera sentir en *todo el cuerpo* que ese chico que lleva en él o que tiene en los brazos, no es "su" hijo sino que es hijo de la Vida. Que ella es la madre —por cierto, una madre que lo quiere, lo cuida y lo adora, que debe nutrirlo porque ésa es su función— pero que no siente que "le pertenece". Alguien desapegado no mental ni neuróticamente sino alguien que, cuando abraza, cuando besa, lo hace sin apropiarse de aquél a quien ama. Y no desde un mandato idealista, sino desde las entrañas.

• *¿No sería, en ese caso, alguien muy saturnino?*

No, precisamente sería una persona muy acuariana. No se trata de alguien que no da afecto sino de alguien que lo da intensa y espontáneamente, sin apropiarse y sin miedo a perder aquello que ama. Me interesa que veamos que hoy, este tipo de madre no existe más allá de nuestros ideales, porque el patrón emocional y los cuerpos de las madres posibles aún se apropian de los hijos (o, en el opuesto, los rechazan). *Aún no podemos realizar la función simbiótica y dejar en libertad, al mismo tiempo.* Sentimos que los hijos son "nuestros". Entonces, si enviamos ese mensaje a través del cuerpo, las emociones, las palabras, para que se cumpla la apertura de la Luna en Acuario, necesariamente tendrá que producirse un contramensaje. De pronto, la madre deja al hijo, luego vuelve y sigue diciéndole de todas las maneras posibles "mi" hijo, luego vuelve a desaparecer... Esta modalidad básica de *apropiación afectiva* que atraviesa nuestro torrente colectivo, necesita de una desconexión en la historia o de la inestabilidad emocional para que se manifieste el patrón acuariano. Esto produce angustia y dolor, pero quizás no sería necesario que sucediera si pudiéramos ser madres y padres de otro tipo.

El talento de esta Luna es el afecto en libertad. En este sentido, la Luna en Acuario puede proveer una enorme posibilidad de libertad en los sentimientos y en las emociones, una gran capacidad de contacto e intensidad y, al mismo tiempo, de desapego emocional. Esto, así visto, no quiere decir desconexión.

Pero el destino se manifiesta a través de las personas que existen hoy por hoy; no hay otra posibilidad. Si circularan a través de nosotros otras cargas emocionales o nuevas síntesis de las mismas, quizás no tendríamos que pasar por estas heridas. La Luna en Capricornio no tendría que pasar por el abandono, la Luna en Leo no tendría que pasar por la adoración que después la llevará a la humillación y la de Acuario no tendría que pasar por el espasmo. Pero la sustancia con la que nos formamos —y con la que se forman nuestros hijos— arrastra dentro de sí patrones biológicos, emocionales y mentales milenarios. Está llena de surcos y marcas que atrapan la energía, en sus prefiguraciones y tendencias.

Esta es la Luna de la especie que nos da su materia, nos protege, nos nutre y nos limita. Si el paradigma funcional que esbozamos en la introducción es cierto, dentro de esta gigantesca matriz de sustancia colectiva se debe estar gestando una nueva síntesis, cuyos efectos habrán de manifestarse cíclicamente para traer nuevas posibilidades. En la medida en que la sustancia de la Tierra se limpie de sus polarizaciones y antagonismos, en el trabajo —arte, si se quiere— de la evolución podrán cambiar nuestras posibilidades emocionales. Podrá multiplicarse el número de madres y padres, de núcleos de pertenecia y ámbitos de contención en los que la libertad en el origen —Luna en Acuario— no quede asociada a la angustia y el vacío.

Pero no creo que esto pueda concretarse actualmente, más allá del nivel ideológico y de las aspiraciones. Sólo en casos excepcionales las emociones y los cuerpos disponibles pueden ofrecer un destino sin traumatismos para una Luna en Acuario; esto es, sin generar dobles vínculos extremadamente perturbadores. En este sentido, lo mejor que podría ocurrir es que, dentro de algunos años, estas descripciones fueran inservibles porque ya no reflejaran la respuesta emocional mecánica y previsible a la manifestación de los patrones energéticos. O, en todo caso, que el mecanismo lunar ya no estuviera necesariamente asociado con sepultar un dolor que —sabemos de antemano— esas personas sufrirán por el solo hecho de haber nacido en ese instante. Lo que quiero transmitirles es que, desde la lógica de la astrología, tener Luna en Acuario o en Capricornio o en cualquier otro signo —con más o menos cuadraturas u oposiciones— no es una "desgracia". Es tener que encontrarse a lo largo de la vida, en este caso desde la cuna, con las limitaciones familiares y colectivas —humanas— del momento en que nacemos. *Es hacerse cargo del estado de la sustancia de la Tierra y realizar nuestro trabajo en ella.* La misma persona que nace con esa configuración, hoy por hoy dolorosa, es un caudal creativo que toma contacto vívido con los condicionamientos de la especie y, desde su comprensión profunda, puede aportar una experiencia nueva y posibilitante para los que nazcan después de ella.

Cada nueva síntesis vital de los patrones de respuesta colectivos, por pequeña que sea, entra inmediatamente en la red vincular. Allí constituye un enriquecimiento de la sustancia creativa de la Tierra, habilitando para una nueva experiencia a los que nacen y posibilitándoles, con ello, un nuevo destino.

• O sea que si se manifestara plenamente el talento de la Luna en Acuario, todas las demás Lunas también se modificarían...

Si penetrara profundamente en la sustancia de la Tierra una modalidad afectiva no posesiva —pero que al mismo tiempo satisficiera todas las necesidades básicas de un bebé— creo que todas las Lunas se modificarían en su descripción psicológica. Una cosa es una humanidad cuyos arquetipos identifican la Luna con lo canceriano y otra la que puede manifestar la congruencia profunda entre la Luna y Acuario.

• Pero ¿el regente de Cáncer no es siempre la Luna?

Aquello que tradicionalmente llamamos "regencias" son niveles de afinidad, resonancias armónicas entre los componentes de la matriz zodiacal y los de la matriz planetaria. Como en la música, la percepción de las armonías y disonancias depende de la sensibilidad del oído —la percepción— y de la práctica, que libera la sensibilidad de los hábitos adquiridos. Todo el mundo coincide en apreciar armónicamente un intervalo entre tercera y quinta, por ejemplo, pero hay personas que —además de ese y otros intervalos "naturales"— son capaces de registrar enorme belleza y resonancia en relaciones armónicas no habituales e incluso desagradables para otros oídos.

A medida que vayamos profundizando las relaciones entre planetas y signos zodiacales iremos descubriendo otras afinidades profundas y esenciales que en principio no se muestran y que, incluso, pueden parecer contradictorias con las más básicas. En ese sentido, hay más de un nivel de "regencias" posibles —o de resonancia profunda— entre signos y planetas. Las más sutiles o *"difíciles para un oído no entrenado"*, siguiendo con la metáfora musical, siempre incluyen a las más "populares".

En ese sentido, con relación a la Luna en Acuario, que *"el cielo sea mi casa..."* es una posibilidad —por cierto distinta— a que *"mi aldea sea mi casa..."* . Que el espacio sea un útero pletórico de matrices sutiles, intensamente activas, en las que se gestan vidas de tal inmensidad que no es posible concebirlas hoy desde nuestra aldea, es a mi juicio una realidad que la contemplación astrológica de ese espacio permite verificar. Hoy vivimos aún, como humanidad, dentro de la primera regencia que marca la íntima afinidad entre la Luna y el signo de Cáncer. Pero esto no excluye que podamos percibir, aunque sea remotamente, la maravillosa intimidad entre la Luna y el signo de Acuario.

LUNA EN PISCIS

Piscis se encuentra más allá de las palabras. Su energía nos enfrenta más que ninguna otra con la dificultad central en el aprendizaje de la astrología: cómo volcar en formas inteligibles la captación de totalidades y resonancias que adoptan múltiples significados en planos concretos, pero que son intuidos como una totalidad en otros niveles.

En Piscis la energía termina un ciclo y se prepara para el siguiente. Las formas son ahora meras condensaciones de un continuo de matices vibratorios. En un océano de sensibilidad cada punto resuena con los demás, en un ritmo que lo traslada de la totalidad a la parte y de ésta nuevamente al todo, en el orden que mejor satisfaga las necesidades del conjunto.

La *sensibilidad* es la característica central de este espacio zodiacal. Esto implica una entrega en la que deja de tener sentido la noción de autodefensa. En Piscis, el "todo" —con su amorosa inteligencia— vela por la seguridad de sus diferenciaciones, que no necesitan perder energía en construir barreras ni límites de contención para protegerse. La cualidad pisciana disuelve toda estructura, para dejar en libertad la energía capturada en las tensiones y permitir así una máxima capacidad de respuesta a las necesidades globales.

Desde el punto de vista secuencial, cada elemento deberá agotar las experiencias inconclusas —aquéllas para las cuales aún no ha alcanzado la correcta sensibilidad— a fin de que el ciclo sea consumado y se libere la energía que dará origen al próximo.

Esta maravillosa pauta provoca sin embargo grandes problemas para la organización psíquica de un ser humano, naturalmente necesitado de bordes y autosostén. A cualquier persona con fuerte caudal pisciano en su mandala de nacimiento, se le hará muy difícil construir una estructura psíquica diferenciada y estable. Describir las complejidades del proceso de organización psíquica de los sistemas de energía pisciana excede los límites de este texto* pero debemos tenerlas presentes en lo que podamos decir acerca de la Luna en Piscis.

En el espacio anterior —Acuario— veíamos cómo, en la medida que alcanzamos los últimos signos del Zodíaco, se agiganta la distancia entre aquello que propone la energía y las posibilidades que tenemos hoy los humanos de vehiculizarla.

La Luna en Acuario nos mostraba la etapa en la cual ya no es necesaria ninguna protección cerrada para poder experimentar seguridad. En ella, el cielo mismo es el hogar y aquellos que nacen en los instantes de Luna acuariana dejan, para todos los demás, la posibilidad de renovar pautas ancestrales de la afectividad humana.

En el siguiente signo, la Luna ya no parece decirnos cómo construir un refugio; ni siquiera nos propone confiar en lo abierto. Sólo se entrega a la omnipresente inteligencia compasiva de la totalidad, para focalizar sus atributos al servicio de aquéllos a quienes se les debe protección y cuidado.

Nacer con Luna en Piscis significa ser un vehículo para la protección de los seres que lo necesitan; ser portador de una máxima sabiduría acerca de la vulnerabilidad de la vida en sus orígenes, de sus menesteres y de cómo satisfacerlos.

El contacto profundo con la cualidad de protección universal de lo viviente es el atributo de esta Luna; hacerlo presente para los demás es su talento. La protección personal surgirá naturalmente en el cuidado mismo de todo aquello que lo necesita.

La "madre" en la Luna en Piscis

Sin embargo —desde el punto de vista psicológico—, las cosas son bastante más complejas. La extrema sensibilidad hacia la energía lunar, propia de esta posición, puede capturar la conciencia en la absolutización de su cualidad, inhibiendo por mucho tiempo la madurez del conjunto del sistema.

El niño que nace a través de esta energía *se siente envuelto* en una cualidad maternal omnipresente, que va mucho más allá de su vínculo con la madre real. A través de ella toma contacto con la energía de todas las madres que la precedieron y se siente cobijado por una ternura y un cuidado infinitos, dentro de los cuales no es necesario realizar ningún esfuerzo para sobrevivir: todo está dado y es posible. Dentro de los confines de este "mundo de las Madres" en el que su psiquis habita no existen la violencia ni la lucha ni la escasez. Todo es suavidad y cuidado

* Ver *Zodíaco, el lenguaje sagrado*, de Eugenio Carutti y Olga Weyne (en prensa).

y se dispone del tiempo necesario para crecer sin apremios ni restricciones. Las voces de las Madres cantan alrededor de la cuna y los relatos acerca de las mágicas posibilidades con las que la vida satisface prodigiosamente los deseos de sus hijos es el arrullo con el que se duerme cada noche.

No es fácil, en este caso, determinar un escenario externo que refleje las características afectivas de la cualidad lunar del chico. El medio "objetivo" no presenta aquí las constantes que hemos podido ver en los otros. El borde entre lo "externo" y lo "interno" se ha disuelto realmente y lo que configura la psiquis del niño no son las modalidades manifiestas del entorno familiar —que pueden variar muchísimo de una a otra— sino sus corrientes inconscientes.

En otros términos, podríamos decir que su matriz afectiva está configurada por el arquetipo de la *Madre Universal*. Esta inmensa sensibilidad hacia la vida, que trae la energía de la Luna en Piscis, hace que el psiquismo del niño se nutra y resuene de un modo inusual con el mundo interno de su madre, el cual está a su vez fuertemente ligado a la cadena de madres de su estirpe.

La constante más visible, en el entorno familiar correspondiente a esta Luna, es el vínculo estrechísimo con el inconsciente de su madre. Quizás la persona no recuerde un excesivo contacto emocional ni corporal con ella, pero en su memoria inconsciente habita una "inmensa Madre dadora", cuyo primer rostro es el de su madre real.

Por lo general, la persona con esta Luna ha nacido en *una familia de fuertes figuras femeninas* y la madre concreta suele ser, en un nivel, el extremo final de un mundo de infinitas abuelas, bisabuelas y tías, que constituyen el verdadero y proteico personaje materno. Más profundamente aún, un sinnúmero de formas femeninas recorren sus sueños, con los rostros más arcaicos y universales de la protección y la maternidad.

Si se observa con atención, se verá que la madre no ha podido cortar el cordón umbilical que la unía a la suya y a sus abuelas. Y como ella, el hijo o la hija tampoco habrán de cortarlo. Un lazo que une generaciones de mujeres y madres está activo en el inconsciente del niño y a través de él corren los mensajes de la "Madre universal".

Desde otro punto de vista, podríamos decir que la sensación de la Luna en Piscis se corresponde con la del feto flotando en el líquido amniótico. Allí, en un estado prácticamente indiferenciado con el medio que lo envuelve, todas sus necesidades están satisfechas. Algo provee sin esfuerzo y no es preciso experimentar tensión alguna. En esa absoluta relajación que permite infinitas sensaciones y vivencias, está todo. *Es un mundo perfecto.*

Comienza a constituirse el circuito

Durante su infancia, el niño con Luna en Piscis se sentirá cobijado dentro de una réplica de este útero maravilloso. Envuelto en esta burbuja mágica jamás se sentirá abandonado, aunque a veces parezca solitario y absorto en sus ensoñaciones. Su enorme sensibilidad lo pone en contacto con todo tipo de captaciones sutiles en relación a los lugares, las plantas, los animalitos, las piedras o el paisaje. A su vez, la conexión con la línea materna del inconsciente le permite vivir en un mar de estímulos cálidos, protectores y nutritivos. Entregado a sus ensoñaciones, visiones y percepciones —en las cuales es imposible discernir entre los contactos reales que su enorme sensibilidad le permite, y su fantasía— se acostumbra a que no es necesario realizar esta distinción. La beatitud de este *mundo sin diferenciaciones* es un refugio seguro y atrayente. Es posible que otras estructuras de la carta, e incluso aspectos o posiciones por casa de la misma Luna, tracen una historia infantil con perturbaciones y conflictos; pero la presencia de ese campo protector neutralizará todo sufrimiento. Una mirada racionalista quizás diga que estos chicos evaden la realidad a través de ese mundo fantástico. Sin embargo, si bien es cierto que el mecanismo de esta Luna está ligado a la evasión, en su origen hay una enorme sensibilidad real. Existe un contacto prodigioso con lo viviente y con niveles inconscientes individuales y colectivos, así como un mundo onírico de enorme riqueza donde la diferencia entre lo captado y lo imaginariamente construido es imposible de establecer. Aun más, como dijimos, para un niño en crecimiento es absolutamente innecesario establecerla. Una cosa es evasión *y otra, muy distinta, es la renuencia a la discriminación. Distinguir las construcciones de la fantasía, de lo realmente percibido por una sensibilidad poco común,* es un punto central para la comprensión de esta Luna.

El contraste entre la dureza del mundo y ese entramado de sensibilidad y fantasía será la gran dificultad a sobrellevar, tanto en la infancia como más tarde en la vida. El mundo siempre es demasiado duro si lo que está absolutizado es el abrazo protector de la Madre Universal. La presencia del dolor, el límite, la violencia e incluso la muerte son incompatibles con ese ámbito ocupado por los infinitos diálogos con los que las Madres protegen a sus hijos de la crudeza del mundo.

Allí, junto a la percepción sutil, están vigentes todas las imágenes y sensaciones con las que se ven colmadas las necesidades infantiles. En ese universo de prodigiosa fantasía resuenan innumerables historias en las que "todo termina siempre bien", para consuelo y felicidad de quien aún no está preparado para enfrentar al mundo. El sentido profundo de la Luna en Piscis es dar a una persona el acceso a esa acumulación de sabiduría maternal, para utilizarla con los seres que la necesitan. Claro que esto es muy diferente a permanecer pasivo en ella, constituyéndose en el objeto único de esa ternura maravillosa. Pero si esta posibilidad existe, no se puede culpar a los niños que nacen con esta Luna, cuando se refugian recurrentemente en esas sensaciones cada vez que el lado duro de la vida amenaza su seguridad.

En su capacidad para entrar a voluntad en el refugio de esa cueva encantada de infinitos colores —donde ondea un lago imperturbable— se forja el mecanismo de esta Luna. No es fácil renunciar a ella para aceptar los límites del mundo de los adultos. Menos aún si se posee tanta sensibilidad y una verdadera devoción por el aspecto maternal del universo.

Integrar toda esa sensibilidad en una personalidad madura implica encontrar el límite de la absolutización de lo materno. Al mismo tiempo, ello entraña aprender a confiar en un mundo complejo y articulado en el cual la Madre Universal es *sólo un aspecto más*, entre muchos otros. Ante semejante tarea, es evidente que resulta más sencillo retener esa capacidad de disociación que les permite acceder a su refugio eterno, donde es posible protegerse —y proteger a los demás— de todo peligro y dificultad.

Como dijimos en capítulos anteriores, las personas con Lunas en signo de agua tienden a construir en su interior un espacio inaccesible. El mundo encantado de la Luna en Piscis será impenetrable no sólo para los extraños, sino también para los aspectos racionales y discriminantes de la propia persona. Se ha construido una zona de embeleso en la cual se disfruta de la inmensa sabiduría de las Madres que, como vimos para la Luna en Cáncer, es siempre una zona no verbal. La "Madre" adivina, comunica más allá de la unilateralidad de las palabras. Por eso sus mensajes son completos, como ninguna otra experiencia en la vida. Intentar aclarar esas sensaciones y resonancias, discernir entre lo que proviene de la sabiduría inconsciente o de la sensibilidad, y aquello que nace de la fantasía y el anhelo infantil, es casi un sacrilegio o, por lo menos, un trabajo excesivamente costoso.

En una persona con Luna en Piscis suele ser enorme la tensión que existe entre las funciones conscientes y discriminantes, y ese mundo milagroso de captaciones mágicas. Generalmente, tal tensión se manifiesta a través de la proyección en otras personas, que pasan a encarnar el lado racional y crítico o el lado infantil que anhela vivir en "la tierra de nunca jamás". Sea como fuere, se trata esencialmente de un diálogo interno en el que suelen consumir muchísima energía.

Asociaciones afectivizadas, mecanismos

La clave del mecanismo es la negativa inconsciente a *discriminar dentro de la sensibilidad*. Esto se enmascara con un conflicto externo en el cual se busca la hegemonía de uno u otro aspecto: lógica vs. sensibilidad, realidad vs. magia, subjetividad vs. objetividad, trabajo vs. poesía... Cualquiera de ambos términos puede "ganar" y muchas veces, una Luna en Piscis oscila toda la vida en esta dualidad, a través de sus distintos niveles. Pero en todos los casos se conserva incólume la absolutización de la sensibilidad lunar, que se niega a ser examinada y verificada en un diálogo con las otras funciones.

En el estado primario de la Luna en Piscis, no se trata de un adulto que evalúa la capacidad y el sentido de registros diferentes, sino de un niño asustado a quien un adulto severo pretendiera convencer racionalmente de que las hadas no existen. Comprender cómo se atesora un niño mágico, que se niega sistemáticamente a atravesar por las desilusiones del crecimiento, es aquí el primer paso. Como siempre, esto no dependerá de un acto de la voluntad. El destino mismo —o la circulación de la energía que procura la síntesis— creará situaciones que posibiliten desilusionar el mecanismo, sin negar las cualidades lunares. Pero nada garantiza que esas experiencias no repitan el circuito infantil y refuercen el anhelo de refugio.

La presencia de la protección mágica *es* el refugio, porque satisface el anhelo infantil de una realidad autónoma respecto de las vicisitudes del mundo concreto. De allí que "la cueva del lago encantado" se haga inaccesible a las funciones racionales. Esos mundos llenos de imágenes y sensaciones están más allá de la palabra y la verificación; envueltos en la Madre, no se necesita hablar. Su sabiduría infinita se expresa por contacto, a través de los sueños y los milagros, con los mensajes de la sincronicidad, con el registro de la increíble pureza de la vida, que ningún hecho "objetivo" puede mancillar.

Gran parte de esa información es probablemente válida pero también confusa, aplicada indiscriminadamente a niveles de realidad que no corresponden. El mecanismo de la Luna en Piscis tiene por rasgo característico negar el acceso a ese ámbito, por parte de las funciones arquetípicamente "masculinas" del límite y la discriminación porque, si éstas entraran, se rompería el encantamiento. *El anhelo del mecanismo no es utilizar creativamente los dones de esa sensibilidad, sino procurar que ese mundo encantado permanezca incólume a las desilusiones de la vida.*

Esto provoca habitualmente una fuerte introversión, que impide a los demás acceder a los mundos internos y a las emociones más profundas de la persona con esta Luna. Ella acentúa así la dificultad real de su verbalización permaneciendo en el anhelo de la comunicación simbiótica, que es la matriz de seguridad. Establecer vínculos sin esa magia la obligaría a confiar en funciones trabajosas, no precisamente milagrosas. Tanto con otros como consigo misma este funcionamiento la lleva, inevitablemente, a la confusión e idealización. Y, sobre todo, al hábito de eludir sistemáticamente las ocasiones aclaratorias de situaciones en las que haya proyectado ese mundo de anhelos infantiles.

Es poco probable que la Luna en Piscis quiera hablar de sus verdaderos problemas, particularmente los varones, que ocultan su mundo de fantasías mostrando una máscara dura, callada y silenciosa que muchas veces confunde. Difícilmente se entreguen de lleno a aclarar las dificultades de su vida y sus tribulaciones internas porque "aclarar" — esto es, llevar orden a ese mar de sensaciones e imágenes— es experimentado como un sacrilegio que rompe la totalidad de la vida perfecta en "la Madre Universal". Es muy difícil, por lo tanto, enfrentar el mecanismo de esta Luna, porque la persona siente que se destruiría algo de exquisita pureza y raramente está dispuesta a hacerlo.

"Protejamos al niño, del dolor y el sufrimiento": ésta es la voz de las Madres, maravillosamente certera cuando a niños reales se refiere. Pero en el ámbito del mecanismo, la persona no advierte que tras esa imagen de sabiduría maternal se oculta el anhelo de la niñez eterna.

El anhelo de indefinición

En la Luna en Piscis, la dificultad para despegarse de la energía materna va mucho más allá de la necesidad de proximidad física típica de la Luna en Tauro; o de su presencia afectiva, como en Cáncer y aun del anhelo de fusión de la Luna en Escorpio. Acá se trata de perderse, de indiferenciarse por completo en un estado en el que no existen disticiones. Se trata de *no ser.*

El adulto con esta Luna —cuando el mecanismo está activo— pone en juego un nivel de sí mismo completamente simbiotizado con el mundo emocional de la madre. Lo complejo es aquí que todos los temores y deseos de aquélla se apoderan del hijo, quien inadvertidamente los toma como propios. Puede descubrir que muchas cosas que desea o teme, son cosas que su madre también había deseado o temido pero que jamás había manifestado explícitamente. Por ejemplo, puede haber sentido desde pequeño terror ante las situaciones de examen, pero recién veinte años después se entera de que su madre —cuando joven— había renunciado a proseguir sus estudios, precisamente por esa dificultad. Otra posibilidad es que, con la hija a punto de casarse, escuchemos a su madre decir: *"¡Estoy tan contenta! ¡Se casó exactamente con el muchacho que yo quería! Por supuesto que yo jamás le dije nada, porque no quería invadirla..."*. Sin duda, esta madre posee un deseo inconsciente muy fuerte, que no expresa de modo manifiesto y no invade de un modo claro y nítido, lo que permitiría al hijo o hija —eventualmente— defenderse de él como podría hacerlo una Luna en Aries o hasta una Luna en Escorpio. Aquí se trata de algo tan imperceptible, tan sutil, que el chico sigue creciendo "cómodamente" dentro de ese líquido amniótico extendido. Por eso, se trata de una cuestión difícil de rastrear. Si hubiera claridad con respecto a "lo que mamá dijo o sintió", habría existido más estructura o más límite en el vínculo.

La influencia sutil de la madre no es habitualmente percibida y conlleva un largo trabajo discriminarse de esta identificación inconsciente —que a veces se enmascara bajo la forma de un rechazo consciente— e independizarse de una pauta emocional tan compleja. Por ser la simbiosis absoluta la matriz de seguridad, más importante aun que la discriminación posterior con las emociones maternas es comprender que lo más anhelado es perderse en una sensación de total indiferenciación.

Las situaciones imprecisas en las cuales es posible ensoñar sin verse obligados a definir y que encierran infinitas posibilidades actualizables por la imaginación, son tremendamente apetecibles para el mecanismo. La persona no sabe bien por qué se encuentra en esa situación y desde el plano consciente afirma querer saberlo, pero en lo profundo elude toda aclaración. Son personas a quienes les duelen las palabras porque éstas definen, ponen límites, y el mecanismo rechaza las definiciones y los bordes. En realidad no es una dificultad con el deseo, como podría darse en ciertas estructuras librianas o en los contactos Marte-Neptuno. Acá se trata de permanecer en una totalidad, en una virtualidad gozosa que incluso puede provocar el anhelo de verse liberado de ella. Pero el héroe que libere a la Bella durmiente o la Ariadna que rescate al prisionero del laberinto, formará parte del mismo sueño.

Muchas veces resulta difícil para los demás comprender los móviles de una Luna en Piscis en determinadas situaciones. No es fácil sospechar que sólo se mueve en aquellas direcciones que permitan soñar más y mejor, sorteando casi sonambulescamente los esfuerzos de los otros —e incluso las exigencias de su propio nivel consciente— para llegar a una definición.

De hecho la vida, tarde o temprano, produce definiciones que podemos suponer raramente son las que desea la Luna en Piscis. Es posible que reconstituya con velocidad otro campo de ensoñación; de cualquier manera, si el golpe es demasiado fuerte, se encerrará en sí misma hasta perderse en la melancolía y la depresión. Este es quizás, uno de los puntos más insidiosos del mecanismo porque —como la disolución está ligada al estado de máxima seguridad— deprimirse y melancolizarse son formas de sentirse protegida.

Cuando el mecanismo se polariza

En general, cuanta más distancia interna exista entre las funciones duras del sistema —sobre todo Saturno y Plutón— y el "mundo perfecto" de la Luna en Piscis, más fácil aparecerá la melancolía como refugio poéticamente sufriente ante la implacabilidad del mundo. En muchos casos, especialmente entre los varones, este anhelo de disolución permanece inconsciente y ellos parecen totalmente ajenos al mismo; sin embargo, la posición infantil está articulando sutilmente la personalidad masculina.

Quien se encuentra rígidamente organizado para satisfacer a un superyó exigente es el mismo niño que veíamos en la posición anterior, quien ahora debe obedecer a la fuerte función paterna del sistema, que no lo autoriza a disolverse en la madre. De hecho, con la necesidad de metas, ocupaciones y logros, la persona pone un dique a su anhelo de disolución. Sin embargo, es probable que se despersonalice en el exceso de trabajo o por las características del mismo, cumpliendo con los deseos de otros y deprimiéndose cada vez que sus metas se ven frustradas. Tarde o temprano, el niño agotado por la tortura de su superyó buscará disolverse en la energía femenina para regresar a su mundo ideal, incluso a través del fracaso de su carrera o de la enfermedad. El espejismo de una mujer que satisfaga todas sus necesidades —y de la cual, en su inconsciente, no desea ser más que un hijo— es muy fuerte con esta posición.

Así es como estas personas, aunque adultas, pueden tener comportamientos muy aniñados. La imposibilidad, en este nivel, de tolerar la coexistencia de la enorme sensibilidad y fantasía lunar con fuertes energías marcianas, saturninas o plutonianas, suele generar dos mundos. Por un lado, uno de mucha autoexigencia y responsabilidades; por el otro ámbitos donde reinan la hipersensibilidad y la necesidad de cuidado. Como dijimos, esta dualidad muchas veces arrastra a estas personas a la melancolía e incluso a la depresión. En casos extremos, las lleva hacia adicciones a sustancias que produzcan las mismas sensaciones no autorizadas conscientemente, sobre todo en los momentos o períodos en los que sube al máximo la tensión entre el lado que exige madurez y el lado regresivo.

Un caso bastante notable de Luna en Piscis es Michael Jackson, capturado por el arquetipo de la indefinición y buscando refugio en un mundo de imágenes y presencias infantiles cuya ambivalencia llega hasta los extremos. Otro caso es el de Maradona quien —más allá de la potencia de su Sol en Casa XII— ha encontrado evidentemente refugio despersonalizándose en corrientes de emoción colectiva. En esas escenas actuó como un nene caprichoso que anhelaba sentirse querido y protegido por todos, de un modo casi insaciable. Y cuando su absorción en el deseo colectivo llegaba a lo intolerable, la única forma de protección es la simbiosis con sus hijas y su familia, como último refugio.

Distintos niveles de la Luna en Piscis

La ambivalencia fundamental de esta Luna reside en la identificación confusa entre el arquetipo de la Madre Universal y la posición de hijo eterno. Toda una serie de patrones de destino suele manifestarse a partir de ese nudo inconsciente. A riesgo de aclarar en demasía y por consiguiente no poder dar cuenta de todos los matices que están en juego, podríamos definir distintos niveles de esta estructura.

1. La ensoñación pasiva del hijo en el seno de la madre hace que la persona busque ámbitos o gente que la contenga, para escapar de las dificultades del mundo.

2. El fortísimo componente de entrega y sabiduría maternal los lleva, a su vez, a proteger y cuidar a los seres desvalidos y necesitados, quienes se sienten atraídos por la energía de las personas con Luna en Piscis y que buscan naturalmente su protección.

3. Este segundo nivel puede no ser totalmente consciente y la persona, en consecuencia, no canaliza creativamente el talento y toda su sensibilidad a través de actividades que tengan como propósito criar y proteger. En este caso, el exceso de energía maternal invade todos sus vínculos, que son la única vía de expresión de ese enorme caudal de energía. Aquí, la ambivalencia entre el deseo de ser protegido de todos los males y el anhelo de proteger a otros, es máxima. La persona suele buscar ambas cosas en una misma situación, con resultados poco felices.

4. Cuando la cualidad maternal es plenamente asumida, estas personas cuidan y protegen mucho más allá de los vínculos cotidianos. Trabajar con niños, mujeres embarazadas, animales y

226

plantas, comprometerse fuertemente con la ecología tanto en sus niveles teóricos como prácticos, hacerse cargo de enfermos, ancianos, etc., suelen ser actividades habituales. Podríamos incluir muchas más, a través de las cuales estas personas entregan su energía para crear ámbitos protectores y nutricios para otros.

En este nivel, la energía materna no invade con tanta fuerza los vínculos personales como en el anterior. Sin embargo, aún lo seguirá haciendo porque el núcleo central del mecanismo continúa incólume: se ha identificado con el "lado madre" del arquetipo, en el punto en el que ella *está absorta en el hijo, anhelando permanecer con él, eternamente, en ese estado.* Aquí la energía materna cuida y protege pero inconscientemente inhibe —o por lo menos retarda— el crecimiento de aquéllos sobre los cuales se vuelca.

5. El paso siguiente es la discriminación profunda entre la sabiduría protectora de la madre y la ensoñación del hijo. Aquí surgen los mejores talentos de esta Luna, que cumple plenamente su función para los demás. Al mismo tiempo, la persona se ha singularizado del océano de fantasías y proyecciones inconscientes asociadas. Sus efectos excesivos ya no invaden la vida personal que, de todas maneras, girará en torno a una enorme capacidad de afecto y sensibilidad.

Veamos ahora cómo se presentan las dificultades del mecanismo lunar en el plano de los vínculos, sin hacer particulares distinciones en los distintos niveles. Dejaremos para el final los puntos 4 y 5.

El rasgo más común, derivado del anhelo de simbiosis materna, es entrar en situaciones donde estas personas se constituyen en madres de otros y, al mismo tiempo, en hijos o hijas; es decir, en la situación de contener y ser contenido al mismo tiempo. Para simplificar, no vamos a especificar el modo como esto ocurre en los varones puesto que, si bien la estructura no se manifiesta de idéntica manera, la modalidad protectora —tanto para varones como para mujeres— siempre presenta rasgos básicamente maternales.

Mientras el mecanismo se impone a la conciencia, esta modalidad suele determinar las elecciones de pareja. La profunda ambivalencia entre el deseo de ser protegido incondicionalmente y la capacidad de proteger a quienes más lo necesitan, llega a un punto máximo en estas situaciones. La persona con Luna en Piscis suele ser tremendamente sensible a las necesidades de los otros; de hecho, sin propónerselo, la potencia de su energía logra que hasta las personas más sólidas y organizadas se distiendan ante ellas, mostrando sus máximas carencias y vulnerabilidades. Ahora bien: en el momento en que la Luna en Piscis toma contacto con el nivel desvalido de otra persona, es invadida por una oleada de sentimientos tan intensa que, posiblemente, no pueda distinguirla del enamoramiento. Automáticamente se forma un arco de atracción entre las dos personas, en el que se produce un fortísimo anhelo de entrega para satisfacer y ver satisfechas sus carencias más básicas.

Así, la Luna en Piscis que anhelaba una madre o padre se encontrará súbitamente enamorada/o de un hijo/a. Todo vínculo amoroso se ve atravesado por esta sombra edípica pero en este caso se activa el nivel más básico de la misma, haciendo muy difícil la salida del mecanismo lunar, una vez que la estructura se constituyó.

El principal efecto de esta articulación es el aniñamiento. Invadida por el arquetipo, la persona no comprende que todo su comportamiento lleva a la despotenciación del otro, que se entrega beatíficamente a esa sobreprotección pero que, al mismo tiempo, se refugia en un vínculo que activa sus lados más infantiles y, muchas veces también, su anhelo inconsciente de aislarse del mundo. De hecho, la persona con Luna en Piscis encontrará que casi todo ser humano anhela encontrarse con "la Madre universal"; por ello, la energía de la que es portadora potencia esos aspectos en los otros, a niveles insospechados.

Esto lleva a experiencias tales como la constitución de una maravillosa familia centrada en los hijos, con la total desaparición de la sexualidad en el vínculo de pareja. O tremendas frustraciones ante el incomprensible aniñamiento y la súbita dependencia del otro, que se queda sin trabajo, se enferma o decide abandonar todas sus actividades para dedicarse a escribir poesías, actividad que raramente pasa de ser un sueño. O el sorpresivo abandono por parte del otro/a quien, una vez cumplida la tarea reparadora de la simbiosis, se retira en busca de una "pareja más madura".

No es nada fácil para la Luna en Piscis, en estos casos, comprender qué ha sucedido realmente. Para hacerlo debería penetrar en los laberintos de su mecanismo, rompiendo dolorosamente el velo de ilusión que lo protegía. Sólo así podrá comprenderse a sí misma y los comportamientos vinculares que su energía desencadena.

Al mismo tiempo, el desequilibrio inicial hacia el lado de la Madre hace que muchas personas con esta Luna arrastren una búsqueda —muy compleja y llena de ambivalencias— de la figura del padre. Esto también obstaculizará el encuentro hombre-mujer, si no es elaborado.

Mientras perdure su inconsciente sobrevaloración de lo materno en el universo, la persona dispone sólo de estos dos lugares para vincularse: ser hijo/a o madre. Como si en la vida sólo existieran esas funciones y no hubiera lugar para adultos independientes.

• ¿Será por esto que muchas mujeres con esta Luna no se animan a ser madres biológicas?

Es algo bastante común en las Lunas en Piscis o en casa XII. En realidad, esta energía está destinada a ser madre de todos, no de unos pocos. Si tanta energía maternal queda circunscripta a los hijos biológicos es muy probable que se constituya un mundo familiar extremadamente simbiótico, donde resulte muy difícil crecer y llegar a ser adultos plenos. Muchas mujeres con esta Luna temen inconscientemente la experiencia de la maternidad, porque intuyen que desencadenaría un proceso que —por lo menos en su fantasía— las excedería. De hecho, la experiencia del parto y la maternidad es de una intensidad conmovedora para estas personas. Una vez abierto ese canal, suele despertarse un anhelo casi irrefrenable de tener más hijos, nietos, cachorros, gatitos... que los lleva a veces a adoptar —en sentido literal o figurado— a los hijos de otros casi como propios. En estas situaciones la persona podrá experimentar la potencia de la absorción en la maternidad, propia de su energía, y la manera como se genera ese campo absoluto que estaba presente en el inicio de su vida. Con una natural diferencia de intensidad, esto le sucede también a los varones con Luna en Piscis.

Esta absorción en el hijo no está inmediatamente ligada a un deseo devorador, como en la Luna en Escorpio. Aunque las palabras no pueden expresarlo correctamente, podemos decir que no está en juego un anhelo de fusión sino la profunda satisfacción de participar en la manifestación de la vida y su misterio creador. O sea, algo que está más allá de todo deseo personal.

Si las sensaciones que esto provoca no llegan a la conciencia con un nivel de elaboración que permita integrar estos contenidos a la totalidad de la personalidad y expresarlos en forma creativa, es probable que las imágenes inconscientes se impongan, con sus efectos no deseados. Estos no son siempre sufrientes ya que la persona puede entregarse como objeto de las corrientes arquetípicas, aceptando los costos que tal posición entraña. Pero, indudablemente, habrán de inhibir otras posibilidades latentes en el resto de la carta, empobreciendo incluso los mejores dones de la Luna en Piscis.

Los talentos de la Luna en Piscis

En realidad, nadie mejor que una madre conoce la diferencia entre el relato mágico que arrulla al niño y el dolor de la existencia, con sus privaciones y sacrificios. Pasar del esfuerzo cotidiano a la ternura que crea el mundo perfecto que necesita el bebé, es el arte de la madre. Ella *sabe de esta distinción:* cuándo es necesario ocultarla y cuándo hacerla explícita.

Sólo quien anhela permanecer eternamente en la niñez desea vivir en el estado inicial del vínculo, absolutizando un solo aspecto de la madre. No quiere enterarse de su rostro tenso por el esfuerzo, ni de sus limitaciones y dolores, o de la enegía que ella pone en los deseos que no tienen al hijo como único centro.

La Luna en el signo de Piscis nos obliga a recorrer todas las articulaciones del arquetipo lunar y, por sobre todo, aprender a sortear sus más profundas fantasías.

Dijimos que quien nace en el instante de esta Luna tiene la posibilidad de transmitir toda la sabiduría de la función lunar, pero para hacerlo deberá recorrer previamente el camino de lo que se ha arquetipizado en el inconsciente de la humanidad. Deberá conocer como nadie *el patrón de respuesta colectivo a la función de la Luna en el sistema,* con sus hechizos y puntos de inercia o estancamiento.

Como vimos desde el principio, la absorción de la conciencia en un objeto único absolutiza su importancia y rompe la constelación natural en la cual éste aparece. Esta fragmentación impide la percepción holística y fuerza una circulación de destino en la cual los deseos conscientes no pueden verse satisfechos; aquí el sufrimiento es el complemento obligado de la ignorancia en la que nos ha sumido la fascinación por el objeto.

Así como la sustancia indiferenciada de la Luna —en el plano biológico— lleva en sí la ley de su forma, que progresivamente se manifestará hasta su concreción definitiva, *la sabiduría de la madre incluye la presencia del padre desde el principio.* En ésta no existe el "círculo madre-hijo" como totalidad absoluta: el borde inicial de ese círculo es el padre, que irá ingresando progresivamente en él para articular el triángulo "padre-madre-hijo" y permitir el desarrollo pleno de las posibilidades del niño.

En el imaginario de la humanidad, en cambio, es posible excluir al padre y soñar con un vínculo absoluto sin límite, discriminación ni ley, que no necesite jamás abrirse ni articularse con la diversidad del mundo.

Este sueño colectivo es el núcleo del mecanismo lunar pisciano. En los casos anteriores vimos cómo se configuraba un imaginario —diferente para cada Luna— ligado a la absolutización de las experiencias infantiles. La dificultad arquetípica para dejar atrás la fantasía del absoluto lunar aparecía allí en relación a una particular corriente zodiacal, con su matriz específica. *En Piscis, en cambio, se condensa el imaginario colectivo acerca de la Luna en sí misma.*

Si el talento de la Luna en Piscis consiste en manifestar la sabiduría más profunda de la función materna, esto implica la necesidad de singularizar la experiencia arquetípica, transformándola en atributo de un individuo diferenciado. Su mecanismo, en cambio, lleva a perderse en esa corriente colectiva, renunciando a toda capacidad de elaboración para permanecer en *el hechizo de la madre desde el lugar del hijo o la hija.* Esto es, desde el ángulo materno, eternizando el momento de absorción plena en las necesidades del hijo.

Por lo general, las personas con Luna en Piscis tienen una capacidad indudablemente superior a la de los demás para comprender las necesidades de lo que acaba de nacer y de aquello que no puede bastarse a sí mismo, en cualquiera de los reinos de la naturaleza. Sin embargo, sus dificultades comienzan cuando esta energía se irradia sobre aquello que ya no está en esos estadios.

La fijación con el embeleso del momento inicial de la crianza provoca una natural repugnancia a la presencia del límite, la incompletitud y la desilusión, implícitos en todo crecimiento.

Es evidente que para una sensibilidad de estas características, abrirse al hecho de que el dolor, la frustración y la muerte forman parte esencial de la vida y que nadie puede estar más allá de ellos, exige un gran esfuerzo. Pero es fundamental comprender que se trata de una dificultad psicológica; en su nivel esencial, la Luna en Piscis tiene la capacidad de contener todos los pasos de la creatividad de la vida, sin exclusiones.

En realidad, toda vez que una persona con Luna en Piscis se refugia en su sensibilidad interior —que por cierto es limitada puesto que excluye las honduras de la vida— constatará que el destino la lleva a lugares donde se verá forzada a comprenderlas. Por más que se esconda en la ingenuidad, buscando afanosamente reconstruir el mundo perfecto para sí o para otros, tendrá que enfrentarse con el sufrimiento y la muerte, la soledad, la desilusión, los efectos del poder o de la violencia. Los caminos hacia esos lugares dependerán del conjunto de la matriz energética pero constituyen un itinerario inevitable para consumar la experiencia de la Luna, como lo requiere el signo de Piscis.

El don fundamental de esta Luna es el de entregar a cada ser viviente, según su necesidad, la amplitud de una sensibilidad amorosa que no excluya y que al mismo tiempo proteja sabiamente. Pero para esto es necesario desarrollar una verdadera maestría acerca de la Luna. Y aunque todos los elementos están a su disposición, también se enfrenta con la máxima posibilidad de caer en el hechizo de la exclusión y la fragmentación. *Maestría acerca de la función lunar quiere decir, en realidad, maestría en la relación entre la Luna, Saturno y el Sol.*

Al cerrar el ciclo de las Lunas, Piscis nos lleva de nuevo al principio, esto es, a la evidencia de que donde se encuentran las mayores posibilidades, allí debe enfrentarse la mayor dificultad. Ninguna función es absoluta; sólo la correcta articulación de las mismas permite que florezca la síntesis creativa de cada estructura. Esto es válido para cada luna y, en particular, para la que arquetipiza todos sus significados.

Así como de la existencia concreta de las personas con Luna en Acuario, con todo su sufrimiento y dificultad, podemos esperar la inspiración que renueve las emociones humanas hacia una mayor libertad, del trabajo de las Lunas en Piscis puede esperarse una nueva sensibilidad hacia todo lo viviente, para toda la humanidad.

Crear ámbitos que renueven nuestras pautas en relación a la concepción, embarazo, parto y crianza de nuestros hijos; el cuidado y protección de las especies, una mayor sensibilidad hacia la función del ser humano en relación a los otros reinos de la naturaleza. Y, en fin, un sinnúmero de actividades que lleven hacia el conjunto de la vida una ternura y una inteligencia amorosa, infinitamente sutil y necesaria, son algunas de las manifestaciones que podemos esperar de la Luna en Piscis.

Llegados a este punto, podemos entrever cómo la Luna posee distintas significaciones, de acuerdo al grado de integración en el sistema que la conciencia pueda haber desarrollado en cada caso.

A lo largo del texto hemos puesto nuestra atención en los mecanismos lunares, a fin de comprender con el mayor detalle posible las dificultades iniciales que todos tenemos para sintetizar la cualidad de la Luna. Pero esto no agota en absoluto sus significados. Como vimos, a medida que se desarrolla la personalidad integrada afloran los talentos de cada Luna, y su temerosa sensibilidad se transforma en una profunda capacidad afectiva.

Pero cuando comienza a expresarse el nivel sintético del Sí-mismo vincular —o núcleo integrador del mandala natal— *la Luna se manifiesta como una sustancia que entregamos a los demás, como fuente de nutrición y protección.* El origen de esta cualidad atraviesa la memoria de la especie, para encontrarse en la fuente misma de la vida con la peculiar creatividad de lo receptivo.

Desprendiéndonos ya del análisis en el nivel psicológico e incluso personal, podemos observar cómo cada Luna crea ámbitos acordes con su energía, para que los demás la habiten y se nutran de ella. Como el destilado de una cualidad profunda de la cual la persona "conoce" íntimamente secretos, posibilidades y limitaciones, la energía de la propia Luna queda a disposición de los que la necesitan. O, podríamos decir, el contacto profundo del núcleo del mandala natal con la Luna del sistema solar le permite a ésta manifestarse con toda su potencia y su capacidad de nutrición, a través de la cualidad específica de esa Luna de nacimiento.

Sólo a modo indicativo, podemos decir que la Luna en Aries exteriorizará ámbitos y modalidades a través de los cuales las personas que lo necesiten puedan iniciar nuevos procesos, actuar libre y dinámicamente o descubrir su propia iniciativa; las Lunas en Tauro generarán sustancia para que otros puedan apoyarse y crear con ella desde una base sólida y tangible; las Lunas en Géminis podrán brindar la sustancia del conocimiento y proteger con la palabra a aquellos que necesiten acceder a regiones inexploradas por la conciencia, y así en cada caso.

Alrededor de cada Luna sintetizada se constela una red de conciencias atraídas por esa sustancia esencial y protectora.

En este nivel de desarrollo la sustancia de la Luna ha dejado de ser un ámbito protector y nutriente para que se produzca una síntesis en el nivel personal. Ahora pasa a ser un elemento integrado a la creatividad de quienes participan de una red vincular más amplia, cuya finalidad específica es la de satisfacer las necesidades más profundas de sus miembros.

APENDICE

Existen otras posiciones de la Carta Natal que expresan fuertes analogías con la descripción de las Lunas según cada signo. Estas son: la casa que ocupa la Luna, los aspectos duros (conjunción, cuadratura, oposición, semicuadratura, sesquicuadratura) de la Luna con otros planetas, la situación (signo y planeta) de la casa IV de la carta y, a veces, la casa cuya cúspide está en el signo de Cáncer. Todas ellas deben ser tenidas en cuenta a fin de realizar una síntesis entre los distintos factores que componen lo que podemos llamar *estructura lunar de un sistema*.

A modo indicativo enumeraremos algunas de estas posiciones, que deben ser tomadas siempre como analogías y resonancias (nunca como identidades) y cuya importancia relativa sólo puede establecerse en el contexto global de la Carta Natal.

LUNA EN ARIES

Aspectos duros entre la Luna y Marte
Aries en la Casa IV
Marte en la Casa IV
Marte en Cáncer

LUNA EN TAURO

Luna en Casa II
Aspectos duros entre la Luna y Venus
Tauro en Casa IV
Venus en Casa IV

LUNA EN GÉMINIS

Luna en Casa III
Aspectos duros entre la Luna y Mercurio
Géminis en Casa IV
Mercurio en Casa IV

LUNA EN CÁNCER

Luna en Casa IV
Cáncer en Casa IV

LUNA EN LEO

Luna en Casa V
Aspectos duros entre la Luna y el Sol
Leo en Casa IV
El Sol en Casa IV

LUNA EN VIRGO

Luna en Casa VI
Aspectos duros entre la Luna y Mercurio
Virgo en Casa IV
Mercurio en Casa IV

LUNA EN LIBRA

Luna en Casa VII
Aspectos duros entre la Luna y Venus
Libra en Casa IV
Venus en Casa IV

LUNA EN ESCORPIO

Luna en Casa VIII
Aspectos duros entre la Luna y Plutón
Escorpio en Casa IV
Plutón en Casa IV

LUNA EN SAGITARIO

Luna en Casa IX
Aspectos duros entre la Luna y Júpiter
Sagitario en Casa IV
Júpiter en Casa IV

LUNA EN CAPRICORNIO

Luna en Casa X
Aspectos duros entre la Luna y Saturno
Capricornio en Casa IV
Saturno en Casa IV
Saturno en Cáncer

LUNA EN ACUARIO

Luna en Casa X
Aspectos duros entre la Luna y Urano
Acuario en Casa IV
Urano en Casa IV

LUNA EN PISCIS

Luna en Casa XII
Aspectos duros entre la Luna y Neptuno
Piscis en Casa IV
Neptuno en Casa IV

CASA XI

Casa XI es un ámbito de formación donde se privilegia la enseñanza vivencial de la astrología. El aprendizaje se organiza en torno a contenidos como el del presente texto y de los que aparecerán en los restantes libros de esta serie, que se complementan con visualizaciones, dramatizaciones, juegos y un trabajo interpersonal muy intenso entre alumnos y docentes.

Esta metodología pone un énfasis particular en el proceso global del estudiante, desde la organización de su sistema de pensamiento hasta su nueva integración emocional y corporal.

El programa de astrología de Casa XI está organizado en tres niveles. En el primero —que dura dos años— se estudian los elementos básicos de la astrología como lenguaje sagrado, el pensamiento mandálico y el concepto de polaridades. El segundo nivel —los siguientes dos años— gira alrededor de la noción de destino entendido como juego de luz y sombra en redes vinculares, y la matriz del tiempo que le es inherente, con sus ciclos y progresiones.

En un tercer nivel —que no tiene plazos pautados— se realiza un seguimiento detallado de la carta natal del estudiante mediante un trabajo personal con un docente de la institución, que dura aproximadamente un año. La formación se completa con la realización de una monografía sobre la vida de un personaje histórico, donde se ponen a prueba los conocimientos adquiridos a partir del análisis y la reflexión sobre ese destino.

INDICE

Este libro se termino de imprimir
en abril de 2010
Gral. Vedia 280 (1872) - Avellaneda
Buenos Aires - Argentina
Tel. 4204-9013

Tirada 800 ejemplares